私募帝国 经典版

全球PE巨头统治世界的真相

THE NEW TYCOONS

inside the trillion dollar private equity industry

that owns everything

［美］贾森·凯利（Jason Kelly）◎著

唐京燕◎译

巴曙松　陈剑◎审校

机械工业出版社

CHINA MACHINE PRESS

希尔顿、汉堡王、玩具反斗城、J. Crew、Dunkin'Donuts 这些世界知名的大公司有何共同特点？它们均由私募股权资本所拥有、控制并运营。最近 20 年来，私募股权行业野蛮生长，部分基金抓住机遇，脱颖而出，成长为资本巨鳄。

《私募帝国》将带领我们到这些私募股权公司的幕后去一探究竟：那些身价亿万的发起人，有着雄心壮志的投行家，为人所津津乐道的创建及发展历程，探究万亿私募股权公司资本运作内幕，揭秘华尔街角落里的投行家如何成长为资本的巨擘。

图书在版编目（CIP）数据

私募帝国：全球 PE 巨头统治世界的真相：经典版/（美）贾森·凯利（Jason Kelly）著；唐京燕译. —北京：机械工业出版社，2018.5（2023.12 重印）

书名原文：The New Tycoons: Inside the Trillion Dollar Private Equity Industry That Owns Everything

ISBN 978-7-111-59750-6

Ⅰ. ①私… Ⅱ. ①贾… ②唐… Ⅲ. ①股份有限公司－企业融资－研究－世界 Ⅳ. ①F276.6

中国版本图书馆 CIP 数据核字（2018）第 082138 号

机械工业出版社（北京市百万庄大街 22 号 邮政编码 100037）
策划编辑：李新妞 责任编辑：李新妞
责任校对：李 伟 责任印制：孙 炜
北京联兴盛业印刷股份有限公司印刷
2023 年 12 月第 1 版第 7 次印刷
170mm×242mm · 18.5 印张 · 3 插页 · 181 千字
标准书号：ISBN 978-7-111-59750-6
定价：69.90 元
凡购本书，如有缺页、倒页、脱页，由本社发行部调换
电话服务　　　　　　　　　　　网络服务
服务咨询热线：（010）88361066　　机工官网：www.cmpbook.com
读者购书热线：（010）68326294　　机工官博：weibo.com/cmp1952
　　　　　　　（010）88379203　　金书网：www.golden-book.com
封面无防伪标均为盗版　　　　　　教育服务网：www.cmpedu.com

谨献给我的妻子Jennifer和我的三个儿子Owen、William和Henry

我们接受并欢迎环境上的不平等，接受并欢迎工商业经营集中在少数人的手里，接受并欢迎他们之间存在竞争的法则，我们把所有这一切看成是我们必须适应的条件，看成对人类未来的进步不仅有益，而且是很有必要的。

——安德鲁·卡内基（Andrew Carnegie）

在称心如意的主流人群中始终有这么一部分人，他们爱任何身价亿万的人。

——约翰·肯尼思·加尔布雷思（John Kenneth Galbraith）

中文版推荐序　揭开私募王国的内幕 《《

中国并购公会会长　王　巍

　　中国这一代企业家和金融家的学习能力非常强，当私募还是国际资本市场中小圈子人的专业词汇，还有许多内幕仍在陆续展示的时候，我们这边已经如火如荼地热闹多年了。无论是否真正理解其核心要素，中国的各种私募基金在过去七八年里如雨后春笋般破土而出、临风而舞。据各种不同的统计渠道，我们已经有超过万家从事股权投资的私募基金了，其中，最早的推动城市天津据说曾经拥有超过 3000 家。不过，风向变化很快，这两年这个圈子突然鸦雀无声了，许多习惯在电视镜头前抛头露面的"大佬"们相当谦虚地声称要苦练内功，仿佛都是先买了昂贵时髦的行头后，发现穿衣戴帽的本领还没有学会。

　　所有经济中的资本战略设计运作都是高深的技巧，必须到了一定功力后，彼此才能欣赏借鉴、惺惺相惜一番。在我们这个习惯了"大干快上"群众运动的环境中，私募这个新生儿的成长实在是令人惊异，但也是可以理解的。我有幸曾亲身经历这个阶段，也是一种非常有趣的体验，记录几个片断，供本书读者参考。

　　其一，2006 年秋，我有机会与书中提到的美国高收益债券（垃圾债券）大王米尔肯见面讨论中国的机会，他推荐我参加在佛罗里达迪士尼乐园附近召开的美国企业成长协会年会并致辞。看到 3 000 人彼此在酒会上交头接耳地洽谈融资机会，我意识到这也许是中国中小企业成长中非常需要的一种交易方式。在全国工商联和天津市政府的支持下，我们邀请美国人来天津参加中国企业国际融资洽谈会（融洽会），当年便有 6 000 人到会，获得极大成功。同时我提议在天津建立了第一个协会"天津股权投资基金协会"。原本考虑将英文的 Private Equity 译成私募股权投资，也有人译成私人股权投资等，但与时任发改委主管司长曹文炼、全国人大财经委吴晓灵和天津主管市长崔津渡等专家反复讨论后，还是去掉了"私"字，主要是对于许多高层领导而言，私字会带来太多联想，如私利、非法、阴谋等。**名正才能言顺，概念建立是中国私募基金行业的先声。**

其二，2010 年秋，北京、上海、深圳、天津等地的投资界非常热闹，云集了全球各地的私募基金代理。当然，政府也创立了各种旨在带动跟风者的引导基金、创业基金或种子基金。民间有钱人和企业家更是看到私募投资给上市公司带来的巨大收益，纷纷从主业转行试水私募基金。池子大了鱼多了，自然要建立钓鱼的规则。于是各地纷纷成立基金协会以示权威。作为中国并购公会的创始人，我有一定民间发起协会的经验，于是也被朋友邀请来推动中国股权投资基金协会的成立。在杭州的一次午宴上，我在吴晓灵、邵秉仁、衣锡群、方风雷等朋友的鼓动下，向时任浙江省省长吕祖善建议在杭州举办中国协会的发起会议，戏称如果未来发展好，这就是基金行业的"嘉兴游船会议"。结果，当时吕省长立即安排了政府的公务游艇，当晚便在西湖夜色中举办了包括北京、上海、天津、深圳、重庆和苏州六个城市金融主管部门和基金巨头们的会议，宣布中国协会的成立。**政府主导、监管先行是中国私募基金行业的基础。**

其三，2012 年有几件大事搅动了中国私募基金市场的格局。一是基金投资中与企业和股东签署的对赌协议，被地方两级法院否定，却被最高法院肯定；二是国家税务局在市场上不断试探调整对私募基金收益的纳税基础，让业界心惊胆战；三是国家发改委动员几十个所谓民间协会上万民伞，恭请发改委统一监管，不久，中国证监会却暗渡陈仓，用上市审批权将全体私募基金纳入瓮中。这种诸侯利益和部门割据的博弈让本来是民间融资的规则变得九曲回肠机变百出。**规则无道，在荒郊野岭上踩着石头到处找河是中国私募基金行业的指导原则。**

私募基金在国际市场上已经是非常成熟的行业，无论如何扭曲和包装，大体上有四个要素可以支撑：职业化的投资管理人，合格的投资人群体，市场化的企业和项目，交易市场。同样，私募基金也就是办四件事：筹资，投资，管理和退出。明眼人一看便知，前面四个要素在中国都是似是而非的特色国情产物。因而，中国私募基金的运作也将采取一个非常奇特的模式。以笔者经历看，目前中国的大多数私募基金多是这样几类：

- 没有职业投资人的家族基金，根据投资人自己熟悉的产业和地区寻找机会，可以称为**财团**；

- 没有任何决策权的代理人或顾问公司，作为境外投资人或真正投资人的探子和谈判助手，应该称为**财务顾问**；

- 没有任何市场行为的政府投资公司，用基金的名义开辟了财政第二渠道，从事政府希望投资但被政策限制的领域和项目，应该称为**小金库**；

- 政府和政府安排的国有企业投资为主体的引导基金，高薪雇用若干有海外留学经历或在外企工作过英文流利的管理人，从事政府安排的投资，可以称为**投资公司**；

• 临时根据项目搭起的投资组合,一把一利索,根据业绩和信任不断重新组合投资人,随时解散团队成为标的的股东,可以称为**"炒基团"**,与炒房团一样;

• 其他的各种培训班、项目对接会、项目考察团甚至一次饭局都可以用私募基金这样时尚的名字作为招牌。

最值得关注的许多动辄上百亿的产业基金,基本都是政府安排出资,选择项目,安排定价,直接管理甚至退出,只是支付了所谓行业待遇的惯例,就摇身一变称为私募股权投资基金了。我曾向一位领导明确提出,这种结构才是"国有资产的流失"。管理人除了当招牌,什么都不用干,就可以拿高薪。可以想象,这些年,有多少自称私募基金专家的骄兵悍将们。

如果读者熟悉上述对中国私募基金行业的描述——这显然是片面的,不客观的,不成熟的,也会引起业界不满的。因此,大家就有强大的理由来读读这本书,这本真正揭示私募基金业内幕的书,这个与我们所熟悉的故事完全不同的版本。

没有比较就没有鉴别,没有学习就没有进步。我期待本书读者能从这本书中受益,能参与中国私募股权投资基金市场的发展,成为未来影响全球经济发展的力量。

2013 年 3 月 7 日于北京

wangwei@mergers-china.com

目 录 《

第一章　募资之道 ·· 1

　　钱肯定不会如神迹一般降临到私募股权基金，而是从有投资需要的投资者手里募集得来。在过去的三四十年里，并购基金经理们发现，这类有投资需要的投资者越来越多。

第二章　满城尽带黄金甲 ···································· 25

　　大卫·鲁宾斯坦是当之无愧的最知名基金经理，他好像空中飞人一样，在世界各地往来穿梭，拜访投资者、发表演说以及举办路演活动。年复一年，热情始终不减。

第三章　债务世界 ·· 55

　　一场硝烟弥漫的竞购战爆发了，四家私募股权基金——黑石集团、凯雷集团、TPG 和帕米拉集团（Permira）同意以比市场价高出 30% 的 176 亿美元的价格联合收购飞思卡尔。交易结束后，飞思卡尔变身为负债最多且负债率最高的半导体公司。

第四章　"你上次购买马桶座圈是什么时候？" ··········· 69

　　KKR 进入了并购的狂欢期。在 2006 年年底，KKR 打破了长期以来由自己保持的最大规模的交易纪录（20 年前，KKR 收购雷诺兹公司），收购了连锁医院 HCA。数月之后，黑石集团收购房地产上市公司（Equity Office Properties，EOP）打破了纪录。KKR 又以 432 亿美元收购得州公共事业公司（TXU），再次回到了收购额最大的宝座。

亨利·克拉维斯和表弟乔治·罗伯茨各自写下一张支票，再加上他们的前老板和现合伙人杰罗姆·科尔伯格的支票，总共有 10 万美元。这是设立科尔伯格·克拉维斯·罗伯茨公司（Kohlberg Kravis Roberts & Co.）的全部启动资金。

TPG 收购大陆航空带来民用航空业的革新，成为了私募股权投资的标志性交易。该笔交易孕育了 TPG 的诞生，并为之后的募集工作铺设了康庄大道。

"这是私募股权行业的革新，"黑石集团的史蒂夫·施瓦茨曼表示，"游戏规则不再是购买企业后被动地等待它的表现。"

TPG 钟情于离经叛道。从 TPG 的企业文化以及在那里工作的人们身上，你总能找到库尔特孩童般的聪明伶俐以及邦德曼不走寻常路的乖僻邪谬的混搭。后者如同一位天马行空的先知，使得与其共事或为其工作的人都对他忠心不二。他很少在一个地方待上好几天，但通过邮件和电话，他似乎无处不在。

有些数字不言自明。美国的私募股权机构共雇用了约 810 万人，而全美劳动人口大约为 1.54 亿。这意味着每 20 人里面就有 1 位是在替私募股权机构打工，即不论在鸡尾酒会、啤酒晚会或者家庭聚会上，总有那么一位是为私募股权机构工作的。

做基金的终极目标是"退出"，这直接影响到了后续的利益分配——先支付给投资者，余下的则留给投资经理。通常投资者将获得80%的利润，而私募股权投资机构则获得剩下的20%，这一块被称为附带权益。

2012 年，对罗姆尼个人税金的猛烈声讨成为了舆论的焦点。经过几个星期的抵抗后，罗姆尼在 2012 年 1 月公布了 2010 年和 2011 年的税单。

在对华尔街的广泛质疑中，施瓦茨曼为满足客户对客观公正顾问的需求，也在拓展企业重组和并购顾问部门。就像一个竞争对手的高管所言："黑石集团想要成为高盛第二。"

私募股权成就了黑石集团，也在个人财富方面成就了其创始人和其他高管。但无论从资产管理规模还是贡献利润等指标来看，私募股权已不再是黑石集团最重要的业务。这股变革思潮全系于一个人，不论正面还是负面，他都象征着这个行业的顶峰。

　　私募股权业正在树立全新的公众形象,要知道这件事情本来是资本巨鳄们连想都不敢想的。长久以来,私募股权基金行事极为低调,只有在公开上市后才暴露了行迹。

加州养老基金、
阿布扎比投资局、
哈佛大学

KKR、凯雷
集团、TPG
和黑石集团

有限合伙人
80%

普通合伙人
20%

募

利益分配

退出

私募股权基金通过派息、IPO、向其他投资者或
大型公司整体出售等方式，收回本金并赚取利润。

企业出售

参与管理运营

企业新的所有者会花费数年时间来改造企业，可能
会增加或者削减工作岗位，新设或者关闭工厂。

企业

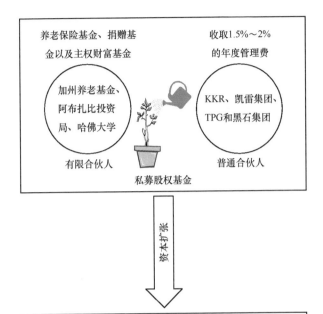

养老保险基金、捐赠基金以及主权财富基金

收取1.5%～2%的年度管理费

加州养老基金、阿布扎比投资局、哈佛大学

KKR、凯雷集团、TPG和黑石集团

有限合伙人

普通合伙人

私募股权基金

集

资本扩张

财务杠杆

华尔街的银行通过贷款和债券为交易提供债务融资。对于私募股权基金来说，杠杆组合就像房产购买者申请住房抵押贷款一样。

企业收购

交易达成

经营

购买企业，包括从现有的企业所有人或从公众股东购买全部股票。私募股权基金的投资团队在达成交易前，可能已经花费了数年时间来研究拟投资企业。

《私募帝国》中出现的私募巨头简介 《《

The **Blackstone** Group®

黑石集团（The Blackstone Group）：又名佰仕通集团，由彼得·G.彼得森（Peter G.Peterson）和史蒂夫·施瓦茨曼（Steve Schwarzman，中文名苏世民）于 1985 年联合创立，总部位于美国纽约，并在亚特兰大、波士顿、芝加哥、达拉斯、洛杉矶、旧金山、伦敦、巴黎、孟买、香港和东京等地设有办事处。在全世界 24 个办事处共有将近 18 000 名员工。股票代码：BX，上市地：纽交所。

黑石集团是全世界最大的独立另类资产管理机构之一，也是一家金融咨询服务机构，它管理着规模约达 2 180 亿美元的资产。其另类资产管理业务包括企业私募股权基金、房地产机会基金、对冲基金的基金、优先债务基金、私人对冲基金和封闭式共同基金等。黑石集团还提供各种金融咨询服务，包括并购咨询、重建和重组咨询以及基金募集服务等。

"黑石"一词源于两大创始人——史蒂夫·施瓦茨曼和彼得·彼得森对于两人祖籍的纪念：他们两人的姓氏中分别嵌着德文的"黑色"和希腊文"石头"。黑石集团曾收购醋酸生产商 Acetex 公司、Wyndham International、Travelport、飞思卡尔（Freescale）、EOP 和希尔顿酒店集团等。2007 年 5 月，筹备中的中国国家外汇投资公司斥资 30 亿美元，购入黑石集团约 10%的股份。2007 年 9 月 10 日，黑石集团和中国蓝星集团正式签约，黑石集团出资 6 亿美元购入蓝星 20%的股权。2013 年 10 月，黑石集团收购了中国最大的软件外包公司文思海辉软件公司。

THE CARLYLE GROUP

凯雷集团（Carlyle Group）：由威廉·康威（William Conway）、丹尼尔·德安尼埃罗（Daniel D'Aniello）和大卫·鲁宾斯坦（David Rubenstein）于 1987 年联合创立，总部位于华盛顿，是全球最大的、最成功的投资公司之一，有"总统俱乐部"之称，拥有深厚的政治资源 。股票代码：CG，上市地：纳斯达克。

凯雷集团在北美、南美、亚洲、澳洲、欧洲、中东及非洲设有 31 个办事处。凯雷集团管理着规模约 1 740 亿美元的资产，拥有 306 只投资基金，主要有企业私募股权、实物资产、全球市场策略、投资解决方案四大业务部门。长期投资于最熟悉的行业，包括：航空、防务与政府服务、消费与零售、能源与电力、金融服务、医药保健、工业、基础设施、房地产、科技与商业服务、电信与传媒以及交通运输等。超过 625 位专业投资人员投资于六大洲的 271 家企业，这些企业拥有员工 650 000 人。

凯雷集团在中国参与投资的项目有太平洋保险、雅士利集团、安信地板、分众传媒等。

KKR

KKR 集团（Kohlberg Kravis Roberts & Co.）：由杰罗姆·科尔伯格（Jerome Kohlberg）、亨利·克拉维斯（Henry Kravis）和乔

治·罗伯茨（George Roberts）于 1976 年联合创立，总部位于纽约，并在旧金山、伦敦、巴黎、香港和东京设有多个办事处，是老牌正宗的杠杆收购天王。股票代码：KKR，上市地：纽交所。

KKR 在过去的几十年里完成了诸多里程碑式投资，其大型投资项目涉及 25 个行业，完成超过 335 笔私募股权交易，企业价值总额超过 5 000 亿美元。KKR 以完成庞大而复杂的直接投资交易著称，并一直致力于打造在全球各行各业中占据领导地位的企业。KKR 在世界范围内拥有一个汇集金融界、企业界、政界精英的庞大的网络资源，并一直注重通过充分利用 KKR 的全球资源帮助所投资企业提升运营管理水平，创造长远企业价值。公司一贯以诚信、公平著称，并长期保持着卓越的投资业绩。

对劲霸电池（Duracell）的收购就是 KKR 运用杠杆并购方式最为成功的案例。在被称为美国 20 世纪最著名的恶意收购——纳贝斯克（RJR Nabisco）的收购过程中，KKR 名声再次大振。在中国，KKR 长期协助一批企业家和高级管理人员在中国打造了多家行业龙头企业，其中包括平安保险、百丽国际、南孚电池、山水水泥、恒安国际、蒙牛乳业、永乐家电等。

TPG

TPG 集团（Texas Pacific Group）：中文译名为德太投资，由大卫·邦德曼（David Bonderman）、詹姆斯·库尔特（James Coulter）和威廉·普莱斯（William Price）于 1992 年联合创立，总部位于得克萨斯沃思堡（Fort Worth），但是大部分管理高层在旧金山办公，并在全球 10 个国家设有 17 个办事处。TPG 管理着超过 500 亿美元的资产。

TPG 集团为公司转型、管理层收购和资本重组提供资金支持，在通过杠杆收购、资本结构调整、分拆、合资以及重组而进行的全球股市和私募投资领域有着丰富经验。

TPG 致力投资于世界级企业，涉及的行业广泛，包括名牌消费品（知名皮鞋品牌 Bally、美国快餐连锁汉堡王）、零售业（英国 Debenhams 百货公司、美国 PETCO 连锁宠物商店）、航空业（美国西部公司、美国大陆航空公司）、媒体及娱乐业（美国电影公司米高梅、美国赌场运营商凯撒）、工业（德国卫浴产品供应商高仪、美国 TXU 电力公司）、高科技产业（联想集团、飞思卡尔、希捷科技）、金融服务业（韩国第一银行、深圳发展银行）及医疗卫生业（美国邦美医疗器械公司、美国昆泰生物医药公司）等。

Bain Capital

贝恩资本（Bain Capital）：1984 年由米特·罗姆尼（Mitt Romney）等人创立。总部设在波士顿，在香港、上海、东京、纽约、伦敦和慕尼黑有分公司。贝恩资本的母公司贝恩咨询公司（Bain & Company）由威廉·贝恩（William Bain）于 1973 年创建。罗姆尼以及贝恩资本的部分同事曾在贝恩咨询工作。贝恩咨询是贝恩资本的孕育地，1984 年夏天，贝恩咨询出资 3700 万美元建立了贝恩资本公司。

公司现有专业人士 200 名。贝恩资本为全球多个行业超过 250 家公司提供私人股权投资和附加收购。贝恩资本是国际性私人股权投资基金，管理资金超过 750 亿美元，涉及私募股权投资、公共股权投资、固定收益和信贷业务、上市股权对冲基金和杠杆债务资产管理。

贝恩资本长期致力于科技业务投资，目前的投资项目包括 SunGard Data Systems, NXP, Sensata Technologies, FCI, Sun Telephone, Applied Systems 和 MEI Conlux 等，并在 2002 年前后投资了中国的新浪、百度、腾讯等互联网企业。

》》 《私募帝国》中涉及的行业术语

AUM：资产管理规模（Assets under management），是指私募股权基金管理的总资金以及通过基金所拥有公司的总市值之和。

Carried interest：附带权益，也被称为 carry，是指在项目成功退出后，私募股权基金将所得收益返还给投资者以后，留给自己的一部分。与其他职业所支付的薪酬不同，carry 是按照较低的资本税率征税，而不是收入所得税率。有人认为应该按照收入所得计税，这样的话，投资经理的税负将增加一倍。但是私募股权投资经理反驳，carry 是投资收益，等同于企业风险投资的血汗资本所得，应该获得与出售公开股票或者债券一样的税收政策。该话题在其后的占领华尔街运动以及 2012 年的总统竞选中引起了广泛关注。

Dividend recap：股息资本重组（Dividend recapitalization）。包括向私募股权基金支付的股息，通常是通过借款的方式进行支付。"重组"的说法源于这是返还私募股权基金初始资本的一种方式。对私募股权基金获取回报的方式和时间问题，业界存在争论。

Exit：退出，意思是私募股权基金出售其早前购买的公司，来为自身和投资者获取利润。它可以通过将收购公司推向上市、出售给另一家私募股权基金、出售给另一家普通公司的方式来实现"退出"。

Financial engineering：金融工程，是一个带有嘲讽意味的术语，是指私募股权基金通过借大量的钱来购买一家公司，对其本身不做太多改进，就迅速卖掉获利。私募股权基金不断宣传它们改善公司业务和运营的能力，以证明他们并不是简单的金融工程师。

Fund：基金。私募股权投资机构通过独立的资金池来对不同类型的公司进行投资。通常，私募股权投资机构会管理多只基金，凯雷集团在全球就拥有 89 只活跃的基金。

General partner：普通合伙人，简称 GP，是私募股权基金经理的另一种称谓。黑石集团、贝恩资本、凯雷集团、KKR 和 TPG 这些耳熟能详的公司都算是普通合伙人。

ILPA：机构有限合伙人协会（The Institutional Limited Partners Association），是私募股权基金的投资者组织，为争取透明管治以及降低管理费率提出了一系列纲领性文件。该组织始于 20 世纪九十年代初的超级俱乐部，逐渐演变为极具影响力的交易协会。

IPO：首次公开募股（Initial public offering），是指公开向投资者出售可以通过证券交易所，例如纽约证交所或纳斯达克进行交易的股票。包括黑石、阿波罗以及凯雷这样的私募股权基金与它们所控股的公司一样，也曾经完成了 IPO。

IRR：内部收益率（Internal rate of return），是一种衡量基金表现的常用指标，它可以综合评估基金运作产生的收益以及资本回收需要的时间。

Limited partner：有限合伙人，简称 LP，包括养老保险基金、捐赠基金以及主权基金等，是私募股权基金的重要构成部分。加利福尼亚以及华盛顿的公共养老保险基金是有限合伙人的典型。

MOIC：投入资本收益倍数。另外一个基金表现衡量指标，它计算在投资周期里真正赚取的资金额 [⊖]。投资者通常使用 IRR 以及 MOIC 来衡量私募股权基金的表现。

Portfolio：组合，包括股票组合；私募股权基金经理用来表示旗下控制的众多企业。

SWF：主权财富基金（sovereign wealth fund），由政府控制与支配的资金。中国、新加坡以及部分中东国家的主权财富基金拥有千亿规模的资产。这些基金也是私募股权基金的有限合伙人以及联合投资者，扮演着越来越重要的角色。

Vintage：投资年期。类似于红酒，投资年期是指某只特定的私募股权基金封闭期的起始年。因为外部市场会对基金的表现造成影响，故投资者通常对比同一投资年期的基金产品。

⊖ 与 IRR 反映投资的时间动态指标不同，MOIC 通常反映的是投资的静态回报指标。
——译者注

引　言 《

2011 年，当我履行诺言，带着八岁的儿子威廉到加州卡尔斯巴德（Carlsbad）的乐高乐园游玩的时候，感触颇深。我其实正在围着黑石集团拥有的物业转。清晨，我们在黑石集团控股的希尔顿酒店的木屋套房中醒来。我们开着一辆从 Hertz 公司租来的车抵达乐高乐园，而 Hertz 由私募股权基金凯雷集团和 Dubilier& Rice 所有。事实上，但凡那些我需要掏腰包的时刻，花花绿绿的钞票统统流向了由资本巨鳄们控制的企业。即便是假日，我也摆脱不了。

几个月之后，我和格雷格·格伦尼曼（Greg Grenneman）一起吃晚饭，他曾在数家由私募股权基金控股的企业担任高管：洲际酒店（Continental）、汉堡王（Burger King）以及奎丝诺三明治（Quizno's）。格伦尼曼如今是 CCMP 资本的主席，他们投资的企业包括 1-800-Flowers.com 网站以及 Vitamin Shoppe。我们详细地讨论了私募股权基金无处不在的身影——例如我的 J. Crew 毛衣，我太太家乡卡茨基尔（Catskills）的连锁店达乐（Dollar General）。我开始在我的黑莓手机上记录有关的公司名字，不一会儿就写下了数十个。这些品牌中，从玩具反斗城（Toys "R" Us）到宠物食品（Petco），应有尽有。我查询得越多，就有越多的品牌映入眼帘。

总的数量让人难以置信。截至 2011 年 1 月，在全世界范围内，私募股权基金管理着近 3 万亿美元的资产。[1] 它们所拥有的公司为美国 GDP 贡献了 8%的产值。[2]

思考这些投资机构是如何聚集这么多的财富时，也让我想起另一件事情：一位同事的母亲曾是多伦多郊区的教师，她的养老金账户是交由安大略省教师养老保险基金管理的。我曾于 2010 年初在《彭博商业周刊》上介绍过该基金，他们的投资策略是直接购买目标公司，就如同维生素零售商 GNC。从美国加州到新加坡，成百上千的养老基金、捐赠基金以及政府基金，都将数以千亿的资金交给黑石集团、KKR 等私募股权巨头打理。我想起岳父母大人都有类似的养老基金，他们和其他千百万老年人，才是我手机中不断加长的名录上的企业的幕后持有者。

虽然购买或出售并不是什么新鲜事儿，但是这些行业参与者（PE）的出现还是出人意料。在 20 世纪七八十年代，私募股权基金还属于摸着石头过河的试水阶段，并且以并购基金自称。在 90 年代，私募股权行业开始迅速生长，部分基金抓住机遇，脱颖而出，成长为资本巨鳄。在世纪之交，更加响亮的名字"私募基金"成为了最新的称谓。虽然名称改变了，但基本的运营流程还是那些：募集资金，配比负债，收购企业，最后高价脱手出售。

从 2000 年至今的十几年中，一切都已经变了样。私募股权基金从几亿美元规模的小打小闹，开始发起规模超过 100 亿美元的超级基金，并向期望年化收益率可达 20%～30% 的养老基金和保险基金进行募资。华尔街转眼变成了乐善好施的出资方，并以债务借款的姿态出现，以赚取巨额的中间费用。大型投行与机构投资者利益捆绑，同气连枝。

这些资金渠道成为私募股权基金随时随地的提款机。2005 年至 2007 年，我们见证了各式各样的交易发生，与我们日常生活息息相关，从连锁医院巨擘 HCA 到信用卡数据中心第一数据（First Data），再到连锁酒店希尔顿。我对私募股权行业刮目相看，并从

2007 年 2 月开始重点报道该行业。在关注的头一周里，史上最大的杠杆交易——得州电力公司（TXU）被收购的消息就不胫而走。

接下来发生的事情令人始料未及。2007 年和 2008 年的信贷冰冻期让许多交易戛然而止，随之触发了全球金融危机。私募股权基金经理们基本上无所事事，还得竭力安慰被公开市场打击得心急火燎的客户们——投资者们也担心投资并购基金后自己究竟还拥有什么。不同于对冲基金会因为一个错误操作可能导致巨额损失，私募股权的某笔技艺拙劣的交易仍然可以苟延残喘。等一切尘埃落定，私募股权基金仍然会持有那些在经济繁荣期购买的企业。

危机本身带来了存在主义的问题。我在乐高乐园的顿悟使我彻底接受了私募股权基金与我们的日常生活盘根错节地纠缠在一起的事实。对于每个人来说，我所踏足的这方土地在金融世界看似偏居一隅，实际上却处于核心位置，并且只有极少数人才能真正明白这个行业以及他们所从事事业的本来面目。

商业新闻——尤其是针对金融行业以及纽约的报道，让人觉得恍如置身于一场混乱的体育比赛中，只是简单地记录并追踪着富人更富、穷人更穷的故事。但在这个行业里，如此比喻仅仅是浮于表面。资本大亨们所做之事对于我们每个人都有这样或那样的重要意义。

从本质和设计角度来说，私募股权基金是较为隐秘的，虽然拥有巨额财富，但总是寂静地躺卧在世界一角，有些名字只会偶尔从纯粹的商业世界跳到普罗大众之中，例如史蒂夫·施瓦茨曼、大卫·邦德曼以及大卫·鲁宾斯坦。通过创立规模相对较小的基金公司，他们撬动了更大规模的资金池，以购买企业转而对所有者及员工产生巨大的影响力。施瓦茨曼的黑石集团就通过其控制的企业影响着上百万人。他们是私募股权基金层层帷幕背后的巨鳄，堪称现代的魔法师。

了解这些人的最好方式就是研究他们所创造的产物。让我惊讶的是，大型私募股权机构在很大程度上是创始人自身的镜子，这些镜像都以自我实现为最终目的。相比普通人，这些商业巨子毅然决然地放弃了成功的经理人生涯，因为他们发现了只有极少数人才能够洞悉的机遇，并且继续让梦想成为现实。在他们的努力下，巨无霸似的私募股权基金将基业永存。

为了摸清这些无时无刻不在影响着我们生活的私募股权基金背后的意义，我决定沿着资金的投资路径观察他们的一举一动，来探寻投资活动的真正价值。我的追踪从公共养老基金一尘不染的会议室开始，然后到拥有无敌景观的顶级写字楼，接着到打折的连锁超市、比萨连锁餐厅以及酒店，再回到起点公共养老基金，最终发放至退休的教师和消防员手中。我发现，私募股权基金的投资者还是某些依赖养老基金生活的企业员工的老板。

一路向前，这些资金经过财务杠杆而变得更加壮大，投进目标企业后或增值或保值，再不然就是逐渐贬值缩水。在罗姆尼的一次竞选造势大会上，这些资金的往来把华盛顿的国会议员们弄得稀里糊涂、百思不得其解。罗姆尼的私募股权基金生涯让这个行业以前所未有的方式走向公众，也迫使行业巨头们不得不掀开帷幕，起身为自己辩解。

他们并不是为了享受聚光灯下的关注，而是为了个人状况考虑。在积累了不可思议的巨额财富后，他们正在认真盘算着将来，包括亲手建造的金融帝国以及最终如何花掉这笔财富。

听到这些大亨们都在谈论退休的话题，很容易让人忘记这不过是个相对年轻的行业。我个人把私募股权基金行业看作是拥有很大潜力的青春期少年：时而缺乏负责心，时而轻率，时而自私，时常在暴怒和自我怀疑之间摇摆。因为自身的努力和上帝的安排，这个少年获得了成长为社会中流砥柱的机会。忽视或诋毁这个行业都是不明智的，它的影响力正与日俱增。而且，无论是你早晨饮的那杯咖啡或是你出差时睡榻的床单，抑或是你邮箱里的退休金支票，你总和它脱不了干系。

第一章

募资之道

Find the Money

从新奥尔良到阿布扎比

　　史蒂夫·施瓦茨曼位于 44 层的办公室在纽约市公园大道东部。这位华尔街巨头站在窗边向北眺望，从曼哈顿（Manhattan）一直延伸到布朗克斯（Bronx），纽约市北区的风光徐徐铺展开来。这不由得让人回忆起老动画片中提到的"纽约人眼中的世界"。若是遇到晴朗的日子，施瓦茨曼还可以看到北边横跨哈德逊河（Hudson River）的两座大桥——乔治·华盛顿桥（George Washington bridge）和塔潘奇伊桥（Tappan Zee bridge）。换个角度向西瞭望，他可以清楚地看到新泽西州（New Jersey）。在北与西的视角之间，他可以随时掌握多年的竞争对手以及合作伙伴所处的位置：KKR 创始人亨利·克拉维斯的办公室位于第 57 街某摩天高楼的第 43 层，距离施瓦茨曼只需步行十分钟；向西步行约五分钟，是凯雷集团的纽约分部所在地（纽约分部是其华盛顿总部之外最大的分部），其联合创始人大卫·鲁宾斯坦在第 41 层办公；朝着哈德逊方向再走几条大街，TPG 集团大楼的第 37 层办公室里并没有出现大卫·邦德曼和詹姆斯·库尔特的身影，他们应该还在旧金山。

私募股权投资[⊖] 行业的各路精英均聚集在曼哈顿中心这几条街上。沿着公园大道，随便走进任何一座摩天高楼，往指示牌一瞥，全是这类从事杠杆收购或类似交易的投资机构。私募股权巨头个个衣饰高贵优雅，乘坐黑色豪华轿车穿梭于摩天高楼之间，赶赴各样的商务宴请并洽谈交易；但乍看上去，他们与其他忙忙碌碌的纽约客并无二致。

这个以钱生钱的故事是从对面的 5 号州际高速公路上真正铺展开来的。这条位于美国最西部的南北向高速公路，北连加拿大，南接墨西哥。公路一旁有一小片极不起眼的办公楼群，就是在这里谱写了私募股权历史的重要篇章，并对全球经济以及我们每个普通人的生活产生了深远影响。这里也是本书带领您探索私募股权之旅的起点。

要想真正了解私募股权投资，首先要解决的就是资金募集之道。钱肯定不会如神迹一般降临到私募股权基金，而是从有投资需要的投资者手里募集得来。在过去的三四十年里，并购基金经理们发现，这类有投资需要的投资者越来越多。养老保险基金要按期支付养老金，高校希望已获赠的教育捐款能够持续增值，富人渴慕累积更多的财富，外国政府期望主权基金的投资品种能够多样化而且基金规模能够增长。钱生钱到底如何才能令人满足呢？至少要比持有股票或债券来得多吧。于是，这类投资者踊跃地奔向私募股权基金的怀抱，成为有限合伙人（Limited Partners，简称 LP）。

■ ■ ■

从俄勒冈州（Oregon）波特兰市（Portland）中心到郊区泰格

⊖ 私募股权投资（Private Equity，简称 PE），从投资方式看，是指通过私募形式对私有企业即非上市企业进行的权益性投资，在交易实施过程中附带考虑了将来的退出机制，即通过上市、并购或管理层收购等方式出售持股获利。——译者注

德（Tigard）开车只需要约 20 分钟，俄勒冈州财政大厦就在泰格德，距离三明治连锁店英雄大镇（Big Town Hero）只有几个街区。俄勒冈州养老保险基金（简称俄州养老基金）投资委员会在这栋低矮的大楼里办公。

2010 年 7 月，在 190 室这个小会议室里，一群俄州人呈圆弧状围坐在黑石集团总裁汉密尔顿·托尼·詹姆斯（Hamilton "Tony" James）身旁，像撒胡椒面儿似的洋洋洒洒地向他提出各种问题，包括基金的历史表现、所需各项费用以及当前投资状况。

此次拜访，詹姆斯胸有成竹，对拿下该笔募资充满信心。通过多年努力，这将是黑石集团从州立养老保险基金募得的第一笔资金。俄州养老基金的工作人员已经与詹姆斯的募集团队进行过多轮面谈，并充分审核了黑石集团递交的意向书。由于全球金融危机对整个投资组合造成的破坏影响深远，投资委员会全体成员尤为谨慎，对詹姆斯的发问不留丝毫情面。

接下来的一个小时，詹姆斯侃侃而谈，礼貌地回应了各种各样的质疑。投资委员会成员凯瑟琳·杜兰特（Katherine Durant）问詹姆斯："整个融资计划听起来极富吸引力，只要完成募集就可以展开投资赚钱。不过您能解释一下为什么五号基金看起来回报率较低吗？"詹姆斯耐心地回答道："虽然五号并购基金损失了 2%，但同期标准普尔 500 指数跌幅达到 7%。"[1] 另一位投资委员会成员要求詹姆斯保证，养老基金不会用于为黑石集团举办的奢侈而无用的投资者会议买单。詹姆斯表示，由黑石集团组织的投资者会议大都选在纽约华尔道夫酒店（Woldorf-Astoria）举行，而该酒店隶属于由黑石集团控制的希尔顿连锁酒店。不选择其他地方，也是为了让黑石集团的投资项目间接获益。

詹姆斯最终赢得了俄州养老基金投资委员会的认可，为六号基金募集到 2 亿美元。在接下来一年里，六号基金共募集到 160 亿美元。根据与俄州养老基金的约定，黑石集团同意降低管理费，最终这样的约定也推广至其他投资者。另外，黑石集团表示若认购金额超过 10 亿美元，管理费还将从 1.6% 再下调至 1%。

不到一年时间里，俄州养老基金投资委员会还接待了 KKR 的共同创始人兼联合首席执行官乔治·罗伯茨，并向 KKR 最新发起的基金认购了 5.25 亿美元。[2] 2006 年，KKR 曾向俄州养老基金募集了 13 亿美元。新一期基金计划募集 80 亿美元，是上一期基金的一半。实际上，俄州养老基金在 30 年前就曾投资于 KKR。相比黑石集团，KKR 显然更受俄州养老基金的认可，罗伯茨可能挤掉了属于詹姆斯的部分额度。

早在 20 世纪 80 年代初，罗伯茨与俄州养老基金共同参与了现代私募股权基金的创立。作为第一批投资私募股权基金的有限合伙人，俄州养老基金备受赞誉。华盛顿州随后也加入私募股权投资队伍。到 1990 年，加州公共雇员退休基金（California Public Employees'Retirement System，简称 CalPERS）制定了包括私募股权在内的另类投资计划，这成为私募股权历史上的里程碑。

此后不久，基金经理们获得了提加德市和奥林匹亚市等地的养老保险基金认购，在得克萨斯、奥斯汀、哈里斯堡和宾夕法尼亚州等全国范围内都能看到他们奔走不停的身影。

养老保险基金的动机很简单：他们需要按期向退休人员支付养老金，而任何其他类型的投资收益都无法与私募股权投资相比。KKR 以及后来的竞争者证明了他们可以使基金池里投入私幕股权投资的小部分资金翻倍甚至更多。俄州养老基金早期投向 KKR 的资金即获得了超过三倍的收益——近 40%的年回报率。

大学捐赠基金[一]也是极具影响力的有限合伙人之一，耶鲁大学和哈佛大学等高校都在与优秀的并购基金经理的长期合作中获取了巨额收益。捐赠基金对基金经理是很有诱惑力的，因为高校往往将不急于使用的部分资金搁置一旁，这正与私募股权投资的运作模式相契合。私募股权基金通常有 10 年的存续期，基金经理在存续期头几年专注投资，而后几年则通过出售已投资的项目来获取收益。优秀的对冲基金经理能够在几分钟甚至几秒钟内赢得回报，但私募股权基金经理需要花数年时间来改善已投资企业的经营现状，提升效益并扩大规模，一直等到合适的时机才出售以赚取巨额回报。养老保险基金是最合适的有限合伙人，因为他们实际上是替数以万计的退休人员管理退休金。不同的养老保险基金也会适当地向公众披露各自的特质以及投资偏好，以供基金经理选择。

若是没有俄州养老基金、高校捐赠基金或各类主权基金，托尼·詹姆斯将不会从事他现在手头的工作。

回到詹姆斯与俄州养老基金的故事上，最后，詹姆斯终于争取到了 2 亿美元的认购，并将在未来的 10 年时间里管理这笔资金。另外，俄州养老基金每年将给予黑石集团 300 万美元的管理费（按照管理资金规模的 1.5%收取），用来支付黑石集团日常运营所需的人员薪酬和办公室租金等费用。黑石集团在开始的五年时间里将使用这笔认购资金购买价值被低估的企业，并用接下来的五年时间想

[一] 大学捐赠基金（university endowment fund）是在大学内设立，以捐赠资金或其投资收益用于大学教育事业，从而起到兴教助学效果的非营利性社会组织。在欧美等发达国家，捐赠基金占大学经费的较大比重，为大学的运转提供了强有力的财务支持。——译者注

法子把这些企业卖个好价钱。

投资收益的 80%将返回给俄州养老基金，20%将留在黑石集团。这就是私募股权基金中投资人（被称为有限合伙人或 LP）和管理人（被称为普通合伙人或 GP）的合伙制关系。

在之后的两年里，詹姆斯、施瓦茨曼以及其他黑石集团高管发起数轮募集路演，直至他们有足够的资金开始投资。到 2011 年年中，黑石集团完成募集工作，总计募得 160 亿美元，是全球信贷危机结束以来规模最大的杠杆收购基金。虽然资金规模小于黑石集团在 2007 年募集到的 217 亿美元，但这足以反映在挥之不去的金融危机阴影下依旧饱满的投资需求。

■ ■ ■

但是，投资条款正在发生变化。特别是美国公共养老保险基金以外的大型机构投资者开始预备从黑石集团、KKR、凯雷集团等 GP 手中夺回巨额的管理费。最积极的当属一些加拿大养老保险基金，在与私募股权巨头的长期紧密合作中，他们逐渐建立起强大的内部投资团队。

安大略省教师养老保险基金（Ontario Teachers'Pension Plan，简称安省教师基金）是多伦多资金实力最强的机构投资者之一，其管理中心位于市中心金融区海湾街（Bay Street）街边一栋矮胖的郊区办公楼里，距离地铁站约 20 分钟的车程。

在过去 20 年里，安省教师基金面临着巨大的投资压力，计划投资私募股权基金。最终，安省教师基金用脚投票，没有选择将资金交给私募股权投资机构这类的第三方，而是组建自己的投资团队进行直接投资。

这样的决定绝非偶然。在 20 世纪 90 年代初，像其他养老金一样，安省教师基金观察到杠杆收购能给投资者带来惊人回报，并远远超过投资二级市场股票和固定收益带来的收益。环顾加拿大本土的并购基金经理，安省教师基金没有找到合适的选择，于是他们决定单干。

不过，直投团队出师不利，第一笔投资导致灾难性后果，差点使自己夭折在婴儿期。1991 年，白玫瑰工艺品公司（White Rose Crafts & Nursery Sales）获得安省教师基金约 1 575 万美元的注资，但在不到一年的时间里宣布破产。这笔失败的投资与其他成功案例一同刻在了记录"失败与荣耀"的基金总部董事会会议室里，永久地载入历史。

直投团队还与艾利斯资产管理公司（Ares）联合并购维生素经销商健安喜（GNC），后者在 2010 年成功上市。直投团队亦投资了加拿大黄页集团（Canada Yellow Pages Group）、行李箱制造商新秀丽（Samsonite）等优秀企业。它还曾同时拥有加拿大的几家体育特许经销商，包括多伦多枫叶（Toronto Maple Leafs）曲棍球俱乐部、猛龙（Raptors）职业篮球队以及多伦多足球装备商。2011 年，直投团队出售了控股这几家经销商的集团企业。2011 年年底，安省教师基金管理的资产总额达到了 1 171 亿加币（约合 1 150 亿美元）。

在安省教师基金起起伏伏的杠杆收购阶段，旗下一项无疾而终的杠杆收购交易颇为惹人关注。由该基金牵头的并购财团突出重围，以 423 亿美元巨资竞得加拿大最大的电信集团贝尔公司（BCE）。根据彭博社提供的数据，如果收购成功，这将成为迄今为止规模第二大的杠杆收购交易，仅次于 KKR 和 TPG 以 432 亿美元的价格联合并购得州公共事业公司（TXU）。

在 2007 年年中，紧缩的信贷市场让所有交易相关方都忧心忡忡，特别是花旗集团（Citigroup）、德意志银行（Deutsche Bank）、加拿大多伦多道明银行（Toronto-Dominin Bank）等贷款机构。收购消息传出后，BCE 的债券沦落到接近垃圾债券的地步而远低于账面价值，无人问津。如果交易达成，各家银行的直接账面损失将达到 100 亿加币。[3]

由安省教师基金以及普罗维登斯（Providence Equity Partners）、麦迪逊（Madison Dearborn）和美林（Merril Lynch）并购部共同组成的并购财团表示了同样的担心。该交易酝酿于消费者对经济前景信心满满的 2007 年年初，但是谁都无法预料到，2008 年，曾经志在必得的大财团只能眼睁睁看着 BCE 走向衰退却无计可施。交易各方在 2008 年全年使出浑身解数希冀重新商议交易价格或者干脆放弃投资。直到年末，BCE 的会计委托机构出具的评估报告显示，BCE 无法达到相应偿债能力要求，以完成私有化融资交易。交易最终无法落实，这使得财团终止购买行为，各大银行也长长地舒了一口气。一年之后，当安省教师基金的 CEO 吉姆·里奇（Jim Leech）提及此事时，他表示"这样的结果实在是令人欣慰"。[4]

BCE 交易的夭折并没有破坏里奇的战略布局。他希望能够把直投和信贷与类似艾利斯和普罗维登斯的机构特质相融合，打造出独一无二的专业投资团队。

为强调有限合伙人在私募股权投资中扮演的重要地位，里奇开始积极奔走。他公开质疑管理费结构的合理性，认为目前的管理费率对有限合伙人非常不公平。"私募股权投资机构在商业运作中自始至终都把自身利益放在第一位，"2011 年年底，我打电话向他咨询业务时他提到，"整个收费结构完全错误，这是跳槽过来的前投行家们故意扭曲财务模型造成的。"

里奇说，如果投资者整日到你的办公室拜访，你很难一心一意。大多数日子里，基金办公室总能看到退休教师的身影。"我们之所以能够保持专注，是因为我们深深地了解自己的服务对象，"他说，"而对绝大部分资产管理公司而言，它们的投资人甚至从未见过管理人。"

安省教师基金的混合模型已逐渐被其他地区选择性地采纳，其在多伦多的邻居加拿大退休金投资委员会（Canada Pension Plan，简称 CPP）聘请了里奇在安省教师基金的副手马克·怀斯曼（Mark Wiseman），为其制定类似的直接投资策略。现在，CPP 已成为地位显赫的直接投资者，并且作为联合投资者频繁出现在达乐（Dollar General）、尼尔森（Nielsen）和悠景（Univision）等交易中。相比安省教师基金，CPP 把更多资金投给传统的私人股权投资机构，例如黑石集团、KKR、TPG 等。

与安省教师基金类似，怀斯曼领导的 CPP 作为积极投资者，与私募股权投资机构展开了密切的合作。虽然大部分有限合伙人都要求更多信息，CPP 仍是少数真正做到在对方办公室认真获取信息、努力吸收对方专业知识的公司。

美国的公共养老保险基金悄悄抱怨说，即使他们有心追求类似安省教师基金或 CPP 的直接投资策略，实际上却困难重重。美国养老保险基金缺乏与直接投资相关的政策性指导文件，没有政府许可，亦没有像里奇或怀斯曼领导的专业投资团队。加拿大友人的另一项秘密武器是为投资团队提供更市场化的薪酬体系，至少比美国养老保险基金管理人员的市场化程度更高。

里奇在 2010 年的薪资总额约为 438 万加币（合 439 万美元）。根据当年安省教师基金的财报披露，投资总监尼尔·佩特罗夫（Neil Petroff）也就赚了 350 万加币。而根据最新提供的数据，CalPERS 的首席投资官约瑟夫·迪尔（Joseph Dear）的年薪为552 052 美元，[5]还不到里奇的 1/6。虽然里奇在购买房产时仍然无法与资本巨头史蒂夫·施瓦茨曼或亨利·克拉维斯匹敌，但他的薪水远超过其美国同行。

不过，美加同行们终于齐聚多伦多，为未来的宏伟蓝图共同做出努力。20 世纪 90 年代初，在安省教师基金展开宏伟计划的同时，机构有限合伙人协会（Institutional Limited Partners Association，简称 ILPA）以非正式晚餐俱乐部的形式出现在公众眼前。机构投资者从金融危机的噩梦中惊醒，通过 ILPA 这样的应急扩音器，向外表达机构投资者对过度涉足私募股权业的担忧。

在 2010 年至 2011 年期间，对于富可敌国却又无处散财的投资者，只需说出"ILPA"（大多数人发音为"伊尔帕"）就会引来私募股权巨头的关注。这是由于 ILPA 在 2009 年发布了《私募股权投资原则》（简称《原则》），这是最大的机构投资者们联合起来对外发出的一致声音，在整个私募股权投资业引起重大反响。

《原则》的正式提出要追溯到金融危机时期。那时，大型养老保险基金面对发生在自己以及旗下投资组合的惨痛打击，均不知所措。这不是形而上的理论问题——实际上，所有投资均随着股票大跌而损失惨重。即使是旗下表现最好的对冲基金也面临大面积亏损（尽管比市场指数的亏损要小），对私募股权投资的资金也基本上冻结。全球性经济衰退留下了不少后遗症——特别是大型基金发现短暂的资金困境最终已演变为全面危机。根据西北大学（Northwestern University）约书亚·罗（Joshua Rauh）以及罗彻斯特大学（University of Rochester）罗伯特·诺维-马克思（Robert Novy-Marx）的研究显示，截至 2010 年，美国公共养老保险基金面临的资金缺口共计 3.6 万亿美元。[6]

养老保险基金只能把目光投注在私募股权投资机构上，他们内心的想法不言而喻，就是实际的投资回报能够真正达到巨头们在募集时忽悠的回报率。在实际零利率时期，两位数的年回报率着实吸引眼球。然而在过去 10 年中，养老保险基金从浑浑噩噩到如梦初醒一般，终于发现高昂的管理费换来的不过是平庸的收益。

新世纪伊始，LP 们亲眼目睹了私募股权交易的金额逐步扩大，在 2006 年至 2007 年期间甚至达到了历史从未企及的规模。为争取更大的利益，私募股权巨头以把自由资金与其他机构放在同一资金池这样的"聚合（clubbing）"方式来收购更大的企业。这类巨型交易给投资多家 GP 的大型保险基金带来了重大风险。2006 年，黑石集团、TPG、凯雷集团和 Permira 基金共同组成的财团对半导体公司飞思卡尔进行私有化收购。不幸的是，CalPERS 投资了每一只参与交易的私募股权基金。根据官方网站公布的数据，在恶劣的经济环境下，作为该笔交易的最大投资方，CalPERS 为自己的赌注付出了惨痛代价。

由于低流动性的特质，私募股权投资与宏观市场相关程度较低——就是说你无法随心所欲地将资产变现——这被视为天然的风险庇护港。自 2008 年金融市场触礁以来，私募股权投资也没能独善其身。虽然 GP 们还不至于被迫出售资产，但收购来的企业都在破产边缘苦苦挣扎。LP 们焦虑不已，甚至到发疯的程度。

2009 年，LP 们终于团结起来。在当年的 1 月，来自美国和加拿大的部分养老保险基金的明星当家人聚集在丹佛机场的会议室里，他们代表的基金规模超过了 1 万亿美元。此次会面的主题是私募股权投资等式的另一方——GP 是否能够把控投资机遇。就在这里，"丹佛小组"的成员们正在一边吃花生米，一边整理对私募股权基金经理的愿望清单。

这次会议是由一位名叫史蒂文·勒布朗（Steven LeBlanc）的得州人发起的，勒布朗在得克萨斯州教师退休保险基金（Teacher Retirement System of Texas，简称得州教师基金）担任高级董事总经理一职。得州教师基金在奥斯汀（Austin）为 130 万得州居民管理 110 亿美元的退休金。勒布朗负责管理私募股权和房地产投资的部分，约 35 亿美元。

勒布朗曾在房地产基金从事投融资工作多年，作为教师助理的儿子，他最终回到了谈判桌的另一边——接受了得州教师基金的工作邀请。他曾担任房地产投资信托基金 Summit Properties 的 CEO，在任期间他为股东取得了 144% 的年回报率。之后，他在得克萨斯州大学教导房地产投资的相关知识，这样他可以名正言顺地从事喜爱的门徒辅导工作。正在他思忖下一步人生计划的时候，布里特·哈里斯（Britt Harris）打来电话。

哈里斯是得州教师基金的首席投资官，他费尽唇舌才说服勒布朗加盟。那时得州教师基金还把私募股权和房地产投资区别看待，不过勒布朗不想把二者分开，对此勒布朗非常坚持，不愿让步。一直等到 2008 年，哈里斯采用统一的投资策略，勒布朗终于以比当时低 75% 的薪酬接受了这份工作。

勒布朗达成心愿后，立即从基金内外部同时入手寻找问题的根源。随着市场经济形势持续恶化，他观察到私募股权基金指数以及房地产基金指数在后危机时代的表现依然起起伏伏，他的疑惑更大了。于是，他邀约志同道合的 LP 在丹佛聚集，寻找问题，采取行动。

在丹佛聚集的人们并不是唯一希望把私募股权投资拉回正轨的群体。在当年的 3 月，ILPA 在亚特兰大举行年度会议，该组织的执行董事凯西·杰拉马斯-拉尔森（Kathy Jeramaz-Larson）把异见人士召集起来，针对透明度（GP 究竟怎么花 LP 的钱）和费用收取（在什么时间、为什么付钱）等关键问题进行深度对话。在随后的几个月中，丹佛小组和 ILPA 创始团队把各家的经验归纳并整理成处理 LP 和 GP 之间关系的重要原则。

2009 年 9 月，ILPA 推出《原则》第 1 版，列出了一组私募股权投资应该遵循的最佳实践案例，LP 们抱团以谋求更多权力的公开声明犹如平地一声惊雷，震撼了整个私募股权行业。但是第 1 版《原则》中多处引用基金协议的原文，内容繁杂冗长，弊端明显，使得《原则》"确保 GP 的利益与 LP 保持一致的最终诉求难以达成"。[7]背后的逻辑非常简单：为保证投资回报，LP 需要了解清楚 GP 的投资策略以及执行情况。重量型 LP 们终于能够携手合唱同一首歌了，但并购基金经理们却不愿意齐声颂赞。ILPA 的本意是让等式两边的 LP 和 GP 能够为追求共同利益而对《原则》进行背书，但是大多数 GP 却踌躇不决，他们认为《原则》不过是 LP 们"一边倒"的强势宣言，尽管表面上看起来真诚友善，不管 GP 是否自愿，最终都不得不选择依从。

勒布朗不愿意接受这样的结果。他和手下向得州教师基金的 LP 分发了详尽调查问卷，希望从反馈信息中找出每家机构对《原则》的评价。2010 年，他和 ILPA 的其他董事成员通过实际考察，对《原则》的内容及结构进行重新调整和编排。2011 年年初，经过一年多时间的辛苦努力，ILPA 发布了修改版《原则》。

"第 2 版是对第 1 版的修订和完善，延续并涵盖了第 1 版中的绝大部分内容，在第 1 版的基础上，突出了主旨，使得表达更清晰，增加了实用性。"[8] ILPA 强调了《原则》不是"一边倒"的 LP 宣言。几周之后，业内如雷贯耳的私募股权投资机构 KKR 公开表示支持新版《原则》。黑石集团、凯雷集团、TPG 紧随其后也表明了支持态度。

《原则》被看作是 LP 在私募股权产业的福音，尤其对人员精简、缺乏时间及资源而无法对 GP 展开尽职调查的小型投资者而言，更是如此。LP 可以把这些原则记在小抄本上，带进融资会议，以备讨论。人手不足的保险基金有底气要求与其他 LP 同等的优惠条件。"这改变了游戏规则。"CalPERS 前高级投资组合经理、2007 年至 2010 年 9 月担任 ILPA 主席的约卡罗·马克（Joncarlo Mark）表示。[9]

勒布朗为旗下的保险基金制定了另一套更大胆直接的原则。根据基金说明书的介绍，勒布朗的"得州路径"好似把与私募股权投资机构的不平等关系按了重置按钮。

2011 年 10 月，我第一次见到勒布朗，那时他正在曼哈顿中城 57 街底商小酒馆 $8\frac{1}{2}$（Brasserie $8\frac{1}{2}$）享用法式晚餐。第 57 西大街 9 号大楼在金融业享有盛名，投资界人士称之为"西街 9 号"。这里曾经是 KKR 的办公处，就是那本《门口的野蛮人》中常常提到的地名。现在这栋建筑里还有私募股权投资机构阿波罗、普罗维登斯以及银湖基金（Silver Lake）。

勒布朗正与 KKR 的斯科特·纳托尔（Scott Nuttall）共进晚餐。作为 KKR 首席副总裁以及全球资本管理部总监，纳托尔的地位显赫，他主要负责融资和投资者关系等事宜。在过去的几年中，他负责部门的员工数量从最初的 6 位迅速增加至 40 余位并遍布世界各地。以勒布朗为代表的大型养老保险基金都认识到了纳托尔的能力及野心。

这段时间，勒布朗在公开场合出镜率极高。第二天清晨，勒布朗再次莅临西街 9 号，参加与阿波罗的高层会面。两次会议后，他跟 KKR 和阿波罗签署了总金额为 60 亿美元的投资协议，对两家机构各投资 30 亿美元，这是史无前例的。

由于资金规模庞大，KKR 和阿波罗均同意适当降低管理费用。勒布朗运用 ILPA 的《原则》以及"得州路径"，迫使一贯强势的私募股权巨头放下眼前的经济利益，帮助得州教师基金争取到更低的管理费率。换句话说，不要让 GP 通过管理费来赚钱，而是通过为投资者赚钱来致富。

KKR 和阿波罗的投资条款不尽相同。得州教师基金不再把钱投向单一策略，而是希望 KKR 和阿波罗能够进行多样化投资，包括传统并购、能源、债务投资等。此外，协议中的"循环（recycle）"条款，确保了得州教师基金从投资中获取的部分收益，无需经过又耗时又耗财的返还后再募资流程，便可直接用于再投资。得州教师基金、CalPERS 以及主权财富基金等大型投资者，在一定程度上对投资规模以及所需资金用途也缺乏掌控能力。理论上，投资者们可以把投资注意力放在少数 GP 上，这样就更容易发现他们是否偏离了原有的投资策略。勒布朗打造的"得州路径"核心就是把更多的钱集中交付于少数几家 GP 来打理。

概括勒布朗的投资策略，就是经过严格甄选找出最优秀的 GP，创建个性化的"最优投资机构清单"，再严格监管 GP 的投资流程。越优秀的 GP 将获得的资金越多，而表现不好的 GP 将被踢出清单，或者是在内部人员缩减（第二轮不再继续认购）时被自然遗忘，再或者是通过向二级市场的特殊基金出售手持权益被淘汰。

有趣的是，养老保险基金等投资者在评估各自的投资机构清单时，过于乐观，盲目自大。新的评价细则主要是由如勒布朗这样的高级管理人员终日关在房间里踱来踱去、苦苦思索得来的。他们深谙交易过程中的诀窍，并把丰富的交易经验与 ILPA 提供的谈判筹码结合起来。（勒布朗在履行与哈里斯签署的五年计划之后，离开了得州教师基金的岗位。2012 年年中，他又重新加入私募股权投资机构。）

其他私募股权投资机构的高管们也进入养老保险基金担任要职。2011 年，劳伦斯·施洛斯（Lawrence Schloss）在纽约市开展了一项雄心勃勃的计划，以协调城市工人的雇员保险。

2010 年伊始，施洛斯开始在纽约市削减保险基金经理人的规模，从 100 余人降至 70 人。他认为纽约保险基金应该直面表现不佳的现实，而不是一味纠结冗员问题。在他就任之前的 12 年里，基金的年平均回报率为 6.8%，他觉得"不太好"，尤其是考虑到整个投资组合的目标年回报率为 8%。然而，在他的统率下，优秀的基金经理人团队为纽约保险基金赚得了更高回报。在接下来的 2011 年，他承诺，私募股权投资占投资组合的比例将从原来的 4%提高到 6.5%。[10]

  跨过哈德逊河，来到新泽西州。新泽西州养老保险基金（简称新州养老基金）现任投资委员会主席罗伯特·格雷迪（Robert Grady）曾在凯雷集团担任董事总经理一职，负责风险投资事宜。2009 年，他离开凯雷集团之后，曾在怀俄明州（Wyoming）的小型私募股权投资机构夏延资本（Cheyenne Capital）任职。格雷迪采取了类似的投资策略——把更多的钱集中交付于少数 GP 管理。2011 年 12 月，在新州养老基金的月度会议上，格雷迪宣布与黑石集团签订投资协议。协议条款与得州教师基金与 KKR 和阿波罗签署的类似。新州养老基金将投给黑石集团 18 亿美元，其中的 15 亿美元将被划分成独立账户（separate account），只包含新州养老基金的资金，不与其他投资者的资金混合。这些条款让黑石集团和新州养老基金可以共同参与到项目投资当中，包括传统并购、信贷投资以及能源交易等。另外，新州养老基金还向黑石集团旗下的能源基金认购了 3 亿美元份额，用于黑石集团为所有客户开放的投资。

  协议还包括，新州养老基金将在 12 个月内向黑石集团投资 25 亿美元，这是黑石集团在一年时间里从同一投资者获取的最大认购份额。新州养老基金能够从交易中得到什么呢？除去承诺的未来回报，根据新州养老基金提供的数据，黑石集团同意在托管期间将管理费降低至 1.22 亿美元。[11] 在 2012 年 5 月，黑石集团同样也为 CalPERS 的 5 亿美元设立独立账户，并降低管理费用。这给黑石集团的托尼·詹姆斯以及其他巨头们的明确信息是，现在的募集规模是空前的，即使是私募股权投资极度火热的 2006 和 2007 年，也无法企及。不过，从俄勒冈州到新泽西州一路传来的信息，使资金募集变得越来越困难，GP 需要在自己赚钱之前，向投资人保证他们的收益。不过，在美国以外的地方，这样的关系结构并不成立。

■ ■ ■

阿布扎比投资局（Abu Dhabi Investment Authority，简称 ADIA）位于阿布扎比[⊖]首都阿布扎比滨海大道上一座宫殿式的大楼里。相比邻邦迪拜，阿布扎比的知名度较低。从迪拜到阿布扎比城有一小时的车程，途中穿越漫漫沙漠，波斯湾边的豪华建筑群打破了这片金色的沉寂。在 21 世纪的头十年里，迪拜因快速发展的经济与城市基础建设而享誉全球。直至 2009 年，房地产过度开发导致迪拜爆发了债务危机，实体经济至今尚未完全恢复。不过，迪拜依然骄傲地向世界展示着新建成的第一高塔——哈利法塔，[⊖]以纪念现任阿联酋总统、阿布扎比酋长哈利法。

阿布扎比拥有占阿联酋 90%以上的石油储量，这使其在迪拜债务危机之中得以独善其身。反之，曾有"建筑师的天堂"美誉的迪拜沦为了世界上最华丽的烂尾楼聚集地。作为世界上最大的一只主

⊖ 阿布扎比（Abu Dhabi）是阿联酋七个酋长国中最大的一个，面积 67 340 平方公里，人口约 160 万人。同时该国的首府也命名为阿布扎比。因陆地和波斯湾海底有藏量丰富的油田，阿布扎比是阿联酋最富有的两个酋长国之一（另一个为邻邦迪拜）。——译者注

⊖ 哈利法塔（Burj Al Khalifa Tower）原名迪拜塔（Burj Dubai），有 162 层，总高 828 米，是世界第一高建筑。2010 年完工后，为纪念现任阿联酋总统、阿布扎比酋长哈利法·本·扎耶德·阿勒纳哈扬，更名为哈利法塔。——译者注

权财富基金，ADIA 显得尤为低调，据估计，该机构管理的资产总价值高达 7 500 亿美元，是全球最有影响力的投资者。[12]在 21 世纪初，ADIA 以及其他海湾合作委员会（Gulf Cooperation Council，简称海合会）⊖成员国的主权基金，在石油价格上涨中积累了大量财富。中东主权基金日趋成为重要的潜在 LP。相对迪拜的高调和绚丽，阿布扎比更有贵族血统，低调而富贵。很明显，这些主权基金的富有程度远远超过美国的公共养老保险基金。当我向 ADIA 的服务人员出示身份证明并自我介绍以后，我被带领至一张桌子旁，他递给我一份精致的茶水单，有各种咖啡和茶饮料可供选择。站在宫殿的最高处，阿拉伯海湾的美景尽收眼底。这种招待外宾的方式，更像 KKR 而不是 CalPERS。

ADIA 是机构投资者中的先行者，渴慕与私募股权基金经理建立更亲密的合作关系。2007 年夏季，ADIA 还收购了阿波罗的少量股权，希望在私募股权运营和管理中占有一席之地，而不仅仅以认购者的身份参与投资。凯雷集团也与阿布扎比的另一投资平台穆巴达拉发展公司（Mubadala Development Company）签署了类似的投资协议，参与其日常运营和投资管理。

从已证实和潜在的资本资源来看，私募股权巨头认为中东是一片尚待开发的流着奶与蜜的富饶之地。虽然部分中东基金对欧美金融机构的投资在后金融危机时期的表现不能令人满意，但确实已为该地区打开了投资窗口。作为新兴资本市场，建立与中东地区的金融合作关系充满了吸引力。

⊖ 海湾合作委员会（Gulf Cooperation Council）是海湾地区最主要的政治经济组织，简称"海合会"或 GCC。海合会成立于 1981 年 5 月，总部设在沙特阿拉伯首都利雅得，成员国包括阿联酋、阿曼、巴林、卡塔尔、科威特和沙特阿拉伯六国。自成立以来，海合会各成员国充分发挥语言和宗教相同、经济结构相似等方面的优势，积极推动经济一体化进程。——译者注

2007 年，在资本融资和项目交易大门敞开的双重作用下，广受关注的私募股权基金盛典——中东投资会议在迪拜召开。迪拜正在国际金融舞台上展示自己雍容华贵的容颜，鳞次栉比的摩天大楼，美轮美奂的人工岛，价格高企的旅游地产，迪拜的奢靡夜生活甚至超过了拉斯维加斯。

面对此情此景，私募股权投资机构忍不住垂涎欲滴（主要指投资机会），急盼与本地投资者搭成梦幻般的组合——一方面，渴望成长的中东投资者缺乏那些常驻纽约和伦敦的资本私募大鳄们的投资经验；另一方面，快速扩张的中东企业渴望借助外部资本最终走向全世界。

作为业内最具传奇色彩的投资家，凯雷集团联合创始人鲁宾斯坦和 TPG 联合创始人邦德曼，在中东投资会议上公开表示非常看好中东区域的发展，并希望借此机会与海合会成员国的潜在投资人会面。10 个月后，即雷曼兄弟（Lehman Brothers）申请破产保护后的几个星期，美国和全球市场陷入困境。黑石集团的施瓦茨曼和 KKR 的克拉维斯出现在当年第二次投资会议的现场，施瓦茨曼错误地认为当年早些时候的贝尔斯登（Bear Stearns）破产事件引发的信贷危机已经进入尾声，并称赞美国监管部门的反应迅速。当时，迪拜及其邻邦至少远离了美国的麻烦，成为西方经济的避风港。

经过鲁宾斯坦与本地官员的多次交涉，凯雷集团终于在 2007 年把全球化扩张的脚步迈到了迪拜，这是欧美私募股权投资机构首次在迪拜设立办公室。办公地点位于迪拜国际金融中心（Dubai International Financial Center，简称 DIFC），吸引了众多国际和地区性的金融机构入驻。在"门"字形主楼前，各国的银行家进进出出，有穿着法式西装的欧美人和穿着长袍的阿拉伯人。写字楼下层的美食广场则是美国和海湾地区私募股权基金进行合作谈判的场所。星巴克在明尼苏达州的竞争者卡瑞宝咖啡（Caribou Coffee）最终被巴林 Arcapita 基金收购，该只基金的 LP 均为阿拉伯背景，它的北美办事处设在亚特兰大。[⊖] 紧随凯雷集团之后，KKR 和黑石集团也在迪拜设立办公室。这片金色的土壤正在孕育着无数的投资机会。基金经理们承认，这里不像美国或欧洲地区，强势的 GP 们掌控整个投资流程，包括传统的杠杆收购、私有化等方式。相比之下，他们更愿意与当地投资者合作，或者采取少数股权方式投资高增长企业。

随着迪拜危机的凸显，美好前景很快变成了海市蜃楼。到 2009 年年底，迪拜由于房地产泡沫破裂而陷入信贷危机并迅速走向衰退，甚至转向阿布扎比寻求经济援助。

尽管如此，迪拜危机依然无法遮掩中东主权财富基金在私募股权行业的闪耀光芒。大部分人认为，未来 10 年，它们将成为私募股权基金的最大资金来源，并在战略和战术层面对行业产生深远影响。在亚洲，特别是在中国，我们看到越来越多的主权财富基金的身影。在全球经济体系中，中国既是欧美私募股权巨头的盟友又是潜在威胁。2007 年，中国国家外汇投资公司入股黑石集团。与此同时，施瓦茨曼和他的竞争对手们在中华大地上大显身手，中国也开始紧锣密鼓地发展私募股权投资事业，以求与美国同行们分庭抗礼。这一切让私募股权行业硝烟弥漫。

凯雷集团的鲁宾斯坦认为，大型投资者为谋求较低的管理费会

⊖ 将在第十一章提及，2012 年 Arcapita 申请破产保护。——译者注

继续向 GP 施加压力，并要求以联合投资的方式获取更多的知情权和决策权。同时，部分主权财富基金也将遵循安省教师基金的模式，培养直投团队，以缓解受制于第三方的情况。鲁宾斯坦坦言："私募股权投资的商业模式正在一点点发生改变。"

鲁宾斯坦淡然面对未来的挑战，他相信专业的私募股权投资机构仍然是投资者的首选，并将继续专注于杠杆收购及相关投资业务。虽然这仅仅是鲁宾斯坦对行业的个人看法，但他在过去 20 年里筹得数百亿美元，足以为自己赢得这份从容不迫的底气。

第二章

满城尽带黄金甲

All the
Money in the World

凯雷揭秘

　　大卫·鲁宾斯坦喜欢以提问的方式作为其演讲的开场白。他会示意台下的观众举手回答："你们哪些是有限合伙人？哪些是普通合伙人？哪些是交易顾问？"在了解观众的背景之后，他会根据最新的政治经济局势接着提问，比如希腊是否会发生债务违约，或者美国民主党是否能控制众议院。时不时地，他还会抛出一个很无厘头的问题："你们知道我每年缴纳多少个人所得税吗？"——这个提问，是针对华盛顿长期以来试图改变并购基金经理应缴纳的税收额度的努力。

　　对熟悉私募股权行业的人们来说，鲁宾斯坦是当之无愧的最知名基金经理，这也要归功于他的频繁曝光率。他好像空中飞人一样，在世界各地往来穿梭，拜访投资者、发表演说以及举办路演活动。年复一年，热情始终不减。

　　鲁宾斯坦告诉我，几年前，他开始坚信伍迪·艾伦的人生秘诀——"成功的 80%应归因于积极展现自我"。[⊖]作为凯雷集团的

⊖ 伍迪·艾伦（Woody Allen,1935— ）是美国著名导演。在他导演的影片《爱与死》（*Love and Death*）（1975）里出现了"成功的 80%应归因于积极展现自我"（80 percent of success is just showing up）这句台词。——译者注

融资负责人，从企业创始至今，他单枪匹马，四处寻找资金，足迹延伸到私募股权基金经理从未涉猎之地——例如中东地区。"就是因为大卫，凯雷集团才可以融得巨额资金。"一位竞争对手半是钦佩半是妒忌地说。

不管是面对几百人、几十人，哪怕一个人，鲁宾斯坦都能打动对方并获取其信任。他的话语不带太多花哨，却充满智慧与幽默。2007 年，一次他在迪拜演讲的间隙，我问到，中东地区最近有何变化。他不假思索地回答说："纽约的记者同胞们更多了。"

由于鲁宾斯坦的勤勉，他的差旅直接照亮了凯雷的大量基金业务，有确凿的数字为证（截至 2012 年 5 月，凯雷的基金共计 89 只，其中大部分是私募股权基金），这让任何一个竞争对手都相形见绌。在私募股权投资方面，黑石集团拥有一只大型的全球基金和数只规模较小的区域型基金，其中包括一只中国基金；KKR 拥有类似数量的基金。对于私募股权公司的商业模式，募集资金以及招募本地团队并进行管理的能力是非常重要的。这样的基本架构，能允许身在巴西的经理以凯雷集团的名义，借助鲁宾斯坦和旗下几十人团队的帮助来募集资金。凯雷集团以此得到了合作伙伴关系以及获利以后的部分附带权益（carried interest）。㊀

凯雷集团以特许经营模式在各地建立私募股权基金，竞争对手们对此却嗤之以鼻，认为这种方式像是遍布世界的冠名餐厅，虽然各地的餐馆拥有共同的品牌名，但是质量却参差不齐，通常是离总

㊀ 附带权益（carried interest）是投资者收回投资成本后基金管理者应获得的利润份额。附带权益通常以基金利润总额的百分比来表示，业内标准是 20%。所以基金管理者通常会从基金利润中获利 20%，并将余下的 80% 利润分配给投资者。——译者注

部越远的口味就相差越大。凯雷集团主席丹尼尔·德安尼埃罗提出了"一个凯雷"的口号，鲁宾斯坦及其他高管也积极响应，还推出了现金奖励等激励手段来鼓励多方合作，以确保所有的凯雷人都能同声高歌凯雷之曲。

鲁宾斯坦全神贯注的工作形象令人着迷。他崇尚的"伍迪·艾伦宣言"让他每年至少有超过 250 天处在旅途中，并且睡眠极少。他长期吃素，并且不喝带咖啡因的饮料。他的白发和白衬衫与湛蓝色的细条纹西装形成了鲜明对比。鲁宾斯坦讲话的时候总是慢条斯理，很少大声呵斥或者天马行空地侃侃而谈，在一对一的谈话时，他的眼神总是难以捉摸。在讲台上，他从超然理性到黑色幽默，完成了温和转型。在 2012 年的一次公开亮相中，他提到母亲曾经鼓励他学习牙科，但是他却成为了一名律师。

在凯雷集团创始团队的策划下，鲁宾斯坦俨然成了公司面对投资者和新闻界的门面。他承认，这样的形象并不是与生俱来的，而是用强大的意志力克服内心胆怯后得来的。他花费大量时间和精力与媒体周旋，每周阅读数本书籍以及多份报纸杂志作为补充，也似乎很享受与记者、教授或者同事玩捉迷藏的游戏。跟他聊天，就好像看着他从大脑的文件柜里拉出一抽屉资料，做好记录后放回，然后又拉出另一抽屉资料。他那种捉摸不透的态度是在早期的职业生涯中磨炼形成的。那时，他是卡特总统的国内政策顾问，每天都要面对各类媒体的会面和电话访谈，每当触及敏感话题，比如通胀问题，他就需要摆出高深莫测的姿态。"卡特担任总统期间，我将通胀控制在 19% 以内。要知道，这非常困难。我经常对美联储的工作人员说：'如果你担心通缩，就把我请回来，因为我可以解决这个问题。'"[1]

他从小生长在巴尔的摩（Baltimore）蓝领工人聚集的犹太居民区。他的父亲是一名邮政工人，母亲在服饰店工作。他先后进入杜克大学（Duke University）和芝加哥大学（University of Chicago）法学院学习，并获得了奖学金。毕业之后，他在华盛顿开始了职业生涯。在卡特的连任竞选输给罗纳德·里根（Ronald Reagan）之后，鲁宾斯坦离开白宫，在肖·皮特曼律师事务所（Shaw Pittman）工作。

三十而立后，他逐渐厌倦了法律工作，觉得自已不甚擅长。鲁宾斯坦读到一篇分析文章，说企业家开始创业时的平均年龄是 37 岁。他注意到对吉布森公司（Gibson Greetings Inc.）的杠杆收购交易，收购方是一家名为 WesRay 的纽约投资机构，他们通过 100 万美元的投资获得了 2 亿美元的回报。WesRay 是由已故的美国前财政部长威廉·E. 西蒙（William E. Simon）和雷蒙德·钱伯斯（Raymond Chambers）创建的，该公司的名字即来源于钱伯斯和西蒙的名字首字母缩写。WesRay 还以杠杆收购的方式入主 Avis 汽车租赁公司（Avis Rent A Car）和威尔逊体育用品公司（Wilson Sporting Goods）。

鲁宾斯坦说服了他在白宫的前同事——另一位前财政部长比尔·米勒（Bill Miller）。他们一起在华盛顿创建了类似的从事杠杆收购的专业投资机构。鲁宾斯坦很快就发现，他和米勒没有相同的愿景。[2] 米勒专注于咨询业务，而鲁宾斯坦则在保留律师特性的基础上，想从事投资业务。于是，他打电话给埃德·马蒂亚斯（Ed Mathias）。

马蒂亚斯与鲁宾斯坦相识于 1977 年，在由已故的鲍勃·布理伯格（Bob Brimberg）于华盛顿举行的一次晚宴上。布理伯格有着广泛的关系网，被称为"斯卡斯代尔脂肪"（Scarsdale Fat）。[一] 在卡特政府工作期间，鲁宾斯坦被公认为是华盛顿的后起之秀，并因刻苦努力的工作态度而著称——第一个到岗，最后一个离开；他经常从自动售货机购买饭食。马蒂亚斯善于与性格各异的人建立关系并保持联系。那天，他彻底被这位二十几岁的年轻人迷住了，他对未来的凯雷集团联合创始人的评语是"目标明确，对认定的事情坚持不懈，鲜有情绪。他不让对失败的恐惧控制自己。在此后的 35 年中，也丝毫未变。"

马蒂亚斯坐在凯雷集团内部办公室的一个角落，正对着以四面时钟为背景的十字形门厅（公司所在的写字楼是电影《广播新闻》[二] 的取景处）。现在，他主要参与凯雷集团成长型基金的运营管理，这不同于典型的杠杆收购，而与风险投资（venture capital）有一些相似之处。作为该公司多年的团队成员，他深得创始人信任。在 2012 年凯雷申请 IPO 的过程中，他被任命为董事会成员。每当他谈起凯雷集团，就立刻表现得如同一位骄傲的父亲。事实上，他确实在公司初创阶段提供了很多帮助。

还在 T. Rowe Price [三] 公司任职的时候，马蒂亚斯和他的老板们就看到，像 KKR 这样的公司正在从新兴的杠杆收购业务中赚取非凡的回报。他们敏感地察觉到风险资本将发挥重要作用，并希望尝试该项业务。马蒂亚斯把相识的投资者拉到一块儿，其中包括他的

[一] 赫尔曼·塔诺威博士(Dr. Herman Tarnower)在其著名的著作《完全斯卡斯代尔医学节食法》中创建了一种在 14 天内减重 20 磅的速成节食法，也被称为"斯卡斯代尔节食法"。这是另外一种低热量、低脂肪、低糖、高蛋白的饮食方式。——译者注

[二] *Broadcast News*，1987 年的一部关于电视台新闻制作内幕的美国影片，故事背景是华盛顿某电视台的新闻部，获得多项奥斯卡提名。——译者注

[三] T. Rowe Price 是美国知名的资产管理公司，曾投资国美电器（00493.HK）。——译者注

雇主、巴尔的摩的 Alex Brown &Sons 投资银行、洛杉矶第一州际银行（First Interstate Bank of Los Angeles）以及他的客户梅隆家族（Mellon）。

马蒂亚斯共计募得 500 万美元，其中 200 万美元将作为营运资本，300 万美元将用于投资。接着，他和鲁宾斯坦摩拳擦掌，全身心地投入到公司的创建中。

鲁宾斯坦与肖·皮特曼律师事务所的旧同事、现万豪（Marriot）高层史蒂文·诺里斯（Steven Norris）接触，诺里斯向鲁宾斯坦推荐了同事丹尼尔·德安尼埃罗。另一位朋友向马蒂亚斯推荐了威廉·康威，那时康威已经贵为美国世界通信公司 （MCI）的首席财务官，不过他听到消息后还是颇感兴趣。鲁宾斯坦与康威通话以后，邀请康威在华盛顿市中心的盖瑞牛排馆（Gary's Teak House，该牛排馆已经不复存在）面谈，康威同意加入。

德安尼埃罗正处在事业上升期，他在万豪酒店的财务梦之团队工作。后来，他的同事史蒂夫·博伦巴克（Steve Bollenbach）负责运营希尔顿酒店，他的老板约翰·达斯伯格（John Dasburg）成为了汉堡王的 CEO。⊖

在万豪酒店还有一周就任期期满的时候，德安尼埃罗接到了老比尔·万豪（Bill Marriot Sr.）的电话，要求他解释金融工具的用途，彼时这种工具正在潜移默化地改变酒店的经营方式。德安尼埃罗时任万豪酒店的高级财务顾问。

⊖ 希尔顿酒店和汉堡王最终都被私募股权机构收购——希尔顿酒店被黑石集团收购，汉堡被 TPG 收购。新的大股东进入后，均重新提名了 CEO。——译者注

当时，小比尔·万豪（Bill Marriot Jr.）负责酒店的整体运营。德安尼埃罗正在考虑是否加入鲁宾斯坦的团队。在与这位年轻的万豪先生进行办公室面谈后，德安尼埃罗终于决定离开万豪，参与创建凯雷集团。当时万豪先生把德安尼埃罗叫进办公室，跟他讨论潜在的工作机会。德安尼埃罗援引了老万豪的经历："我只是以您父亲为榜样——追逐梦想。在追逐梦想的道路上，我希望能得到您的祝福。"多年以后，当他们在商务会议中相会，小万豪说道："我不知道你为什么要离开我们。你不过是付了更多的税款罢了。"虽然德安尼埃罗的岳父担心女婿是抵不住"别国的月亮更圆"的诱惑，但是德安尼埃罗意识到自己不想留下遗憾："我不希望在 70 岁的时候，还坐在摇椅上悔恨当初。"

他以及原有的四位合伙人——至今还有三位，再加上诺里斯，终于齐聚一堂。在阅读了拉扎德银行（Lazard Bank）安德烈·迈耶（Andre Meyer）的传记以后，他们以迈耶在纽约曼哈顿上东区的居所——著名的凯雷酒店作为公司的名称。[3] 不久后，部分凯雷集团的投资者发现持有凯雷股份构成利益冲突，主要是因为凯雷集团购买的企业将有可能成为银行端的潜在客户。因此，创始人向 Alex Brown & Sons、T. Rowe Price 和洛杉矶第一州际银行回购了原始股份，梅隆家族则选择在凯雷集团多留几年。创始人的股权从 52% 增至 90%。"我们最赚钱的投资之一是对凯雷集团自己的投资。"德安尼埃罗说。

1993 年，马蒂亚斯在 T. Rowe Price 的合同到期，他向鲁宾斯坦和康威坦言，表示自己想离开老东家。他们立刻邀请马蒂亚斯加入凯雷集团。马蒂亚斯回忆道："我们之间存在着很强的凝聚力，面试不过是形式而已。"

■ ■ ■

与其他大型投资机构一样，凯雷有着让自己名垂投资史的经典交易：在 1990 年以 1.3 亿美元从劳拉集团（Loral）收购军工企业 BDM 国际公司。凯雷集团钟情于军工行业由来已久：首先，华盛顿是多家军工企业的聚集地，在华盛顿起家的凯雷集团有着天然的优势；另外，他们还聘请了美国前国防部长弗兰克·卡路西（Frank Carlucci）作为高级顾问，为凯雷集团在军工行业开辟道路。BDM 就是第一单。

在 20 世纪 80 年代末和 90 年代初，柏林墙的倒塌重塑了全球格局。冷战结束后，军工合同大幅减少，军工企业的收购变得极为廉价。作为劳拉公司收购福特航空航天公司（Ford Aerospace）的一部分，凯雷从劳拉公司收购了 BDM 的子公司。七年后，凯雷和其投资者从 BDM 交易中完全退出，赚得了 14 倍的回报。但德安尼埃罗和康威表示，凯雷集团从收购 BDM 的交易中认识到，除私人部门以外，国防和其他政府相关行业中存在着更广泛的投资机会。

"BDM 改变了一切，"康威说，它不仅给凯雷集团和投资者带来了丰厚的经济收益，"还表明我们深谙与政府做生意之道。"

该交易还巩固了凯雷的关系网。在此后的军工交易中，凯雷集团经常向 BDM 前高管咨询。这也给未来的非军工交易提供了模板，凯雷集团利用老练的企业高管来寻找合适的投资机会、组织尽职调查并担任董事会要职。"最初，我们的业务只关乎金融资本，"康威说，"后来，我们明显地察觉到，人力资本才是交易中真正重要的元素。"

康威表示，第一只基金筹集到的 1 亿美元，体现了了解所收购的行业至关重要。这 1 亿美元中有 42% 投资于航空航天和军工企业，而这 4 200 万美元的投资带来了超过 3.72 亿美元的回报；剩下的 5 800 万美元投资于非军工领域，最后仅剩下 3 000 万美元。

■ ■ ■

凯雷集团植根于华盛顿地区，几位创始人背景迥异，都对凯雷的风格演变起到了重要的影响。虽然凯雷集团在纽约曼哈顿有着显赫地位，但是它秉承了华盛顿低调谨慎的作风。凯雷集团的办公室位于宾夕法尼亚大道（Pennsylvania Avenue）上一栋普通建筑的第二层楼里，看起来很不起眼。办公大厅稍显拥挤，除去唐恩都乐餐厅（Dunkin' Donuts）的咖啡休息室以外，就没有厨房了。传统的西装领带装束是这里唯一可以接受的装扮。首席营运官格伦·杨金（Glenn Youngkin）强调："这或许是因为我们在华盛顿生活多年，而不是在纽约。"

地理位置也被证明是搜寻交易的重要因素，显然没有人会对来自某个偏僻小镇的融资活动感兴趣。"若是我们在竞争激烈的纽约，就要狭路相逢勇者胜，"1992 年加入凯雷的现任并购业务联合主管艾伦·霍尔特（Allan Holt）说，"而华盛顿是公司扎堆的城市，但玩的是政治而不是金融。当我参加社交聚会，有人听到'凯雷集团'的时候，会问我：'现在你们究竟是干什么的？'"

创始团队成员及他们之间的相互影响，是凯雷不可或缺的一部分。每位创始人声称，他们从没有想过要压过另一方，而且集团内部有"三巨头"DBD[⊖]的力量制衡。集团内外部对创始团队的各自

⊖ DBD 是大卫·鲁宾斯坦、比尔·康威、丹尼尔·德安尼埃罗三人名字的首字母缩写。
　　——译者注

分工都了如指掌。

鲁宾斯坦是前端的募集者；康威则是交易执行者以及事实上的首席投资官；德安尼埃罗负责整个集团的行政管理、人事以及集团层面方案的落实，比如使全球 33 个办事处能够保持同步的"一个凯雷"政策的贯彻，同时他还负责房地产方面的投资。多年以来，这三个人很少参与工作以外的社交活动。每周末，他们都会在弗吉尼亚州（Virgina）麦克林（Mclean）的希尔顿酒店共享早餐或者咖啡，对共同关注的公司事务进行商议。

这样的分工与各自的背景和实际情况有关。康威和德安尼埃罗有商业背景，擅长评估潜在交易并找出合适的企业。鲁宾斯坦是律师出身，专注于筹集资金。鲁宾斯坦说："这很明显，其他两人通晓金融，我想自己可以通过筹集资金来提升公司价值。"

在某个星期天的下午，凯雷集团的办公室里人声鼎沸，鲁宾斯坦正在介绍募集资金的公司理念，他注意到，在工商管理的相关课程中，涵盖了市场营销、财务管理以及企业运营等多个范畴，却对于如何筹集资金只字未提。"在一个星期里，没有人可以不张口要钱或者不被人借钱的。"他说。在这个特殊的双休日，鲁宾斯坦身着西装上衣和休闲裤，一丝不苟地打着领带，这对他而言已算是休闲装。

鲁宾斯坦开始尝试着募集资金，先是向家人和朋友募集，然后又去找资金充裕的本地机构，接着又奔向国内其他地区……几乎没有什么地方是他没有去过的。他强烈的好奇心压倒了各种的不适应，让他喜欢与不同的人会面交谈。鲁宾斯坦认为自己有两项优势——首先，人们喜欢听他介绍白宫的工作经历，即使是一个很少受到公众赞赏的部门；另外，他也意识到，作为公司创始人的身份，哪怕是在公司做大做强之前，人们在访谈中都对他赞誉有加。

他的成功秘诀在于一遍遍不厌其烦地出现在投资者面前，尽管他很少用语言来表达募集需求。特别是在随后的几年里，大家对他出现的目的都非常清楚。"我其实很少向别人要钱。"他说。

鲁宾斯坦在早期就预见了凯雷集团将实现的梦想。现任国内并购业务联合主管的皮特·克莱尔（Pete Clare）于 1994 年加入凯雷集团，属于资历较浅的元老。他负责并购的企业——名为 Fresh Fields 的区域性连锁有机杂货店——总部设在马里兰州（Maryland）。以现代标准衡量，这笔交易规模并不大，总股本约 3 600 万美元。但是在快要交割之前，凯雷集团尚缺约 300 万美元的资金。

那天正是星期六，克莱尔埋在办公室里，为即将在下周三进行交割的并购交易确定最后细节。他尴尬地发现凯雷集团的投资款尚差数百万美元。最后，他只能硬着头皮穿过大厅，向鲁宾斯坦寻求建议。他发现老板正弓着背，全神贯注地在淡黄的书写纸上勾勒着凯雷的梦幻远景，纸中央的圆心辐射出来的直线代表了凯雷欧洲部和亚洲部。鲁宾斯坦把书写纸展示给克莱尔，并详细地向他介绍。克莱尔耐着性子听着，最后实在是忍不住了，终于脱口而出："大卫，这确实很伟大！但我需要 300 万美元，现在！"鲁宾斯坦挥挥手，让他不要担心，这笔资金是很容易弄到的。72 个小时后，鲁宾斯坦填补了并购 Fresh Fields 所需的资金空缺。

鲁宾斯坦告诉我说，虽然他已经不太记得具体的细节，但大致如此。"很显然，在这件事情上，皮特比我的印象更深刻。"他说。

同时他也承认，从公司创立初期，他就有着建立凯雷帝国的雄心抱负。

■ ■ ■

在过去的 10 年里，鲁宾斯坦在实现梦想的过程中也赚得了巨额的个人财富，这为他成为一名杰出的慈善家提供了条件。他是 2010 年兴起的"捐赠誓言"运动的签字者之一，每人需承诺捐赠至少一半的个人财富。该运动由亿万富翁沃伦·巴菲特和比尔·盖茨发起，该誓言已获得投资人卡尔·伊坎（Carl Icahn）、朱利安·罗伯逊（Julian Robertson）、罗纳德·佩雷尔曼（Ronald Perelman）等富豪的支持。私募股权巨头黑石集团的联合创始人彼得·彼得森也签署了该誓言。

鲁宾斯坦写了一篇 1 400 字的书信来解释他的决定。鲁宾斯坦表示，他真正开始考虑慈善事业，是在他 54 岁的时候。由于白人男性的平均寿命为 81 岁，从统计学角度看来，他已经走过了人生 2/3 的路程。"我不想直到自己临终前，才开始寻找合适的捐赠对象。"鲁宾斯坦写道。他说，希望能在生前履行捐赠一半以上财富的承诺。

鲁宾斯坦将他在资金募集过程中以及为凯雷工作过程中提炼的普适性方法，带到了由他担任董事会职务的 20 多个非营利性组织中。不过，他也在适当减少这类活动，以便专注于他所说的捐赠事业变革上。在 2012 年年初，他向政府捐出华盛顿纪念碑维修所需的一半费用，用于修复 2011 年地震留下的破坏痕迹。〔根据知情人士披露，鲁宾斯坦多次向史密森学会 ⊖ 捐款，并担任董事会职务——是获得此殊荣的极少数普通公民之一。2011 年，他还向

⊖ 史密森学会（Smithsonian Institution）是唯一一由美国政府资助的、半官方性质的博物馆机构，由英国科学家 J.史密森遗赠捐款，根据美国国会法令于 1846 年创建于美国首都华盛顿。董事会由美国最高法院院长、副总统、三名参议员、三名众议员和六名非官方人士组成。——译者注

国家动物园协会（National Zoological Association）捐款，笔者的父亲在该协会担任董事。]

　　他还担任了肯尼迪艺术中心（Kennedy Center）主席一职，这是他最负盛名的慈善活动之一。让鲁宾斯坦耿耿于怀的是，黑石集团的施瓦茨曼曾担任该职位长达八年。不过，现任主席的宝座属于他，鲁宾斯坦对此很是得意。主席的身份还有助于他提升个人形象，并为他打开了结识艺术名流的大门。在 2011 年秋天，他作为马克·吐温幽默奖[⊖]的颁奖嘉宾，经过多次排练后，在典礼现场把"极其贵重"的奖项颁给了喜剧演员威尔·法瑞尔（Will Ferrell），并看着他滑稽地把奖杯扔在地上。

　　一段上传到 YouTube 的视频再现了鲁宾斯坦和法瑞尔在白宫接受美国总统奥巴马接见时的有趣情景。法瑞尔居然把奖杯座留在白宫的椭圆办公室里，让美国总统穿过白宫的一间间大厅追上他才将奖杯座物归原主。

■　■　■

　　康威和鲁宾斯坦像是一对永远争吵不休的爱侣：康威总是循循善诱且耐心劝诫，而鲁宾斯坦却一路高歌猛进，努力募得更多资金以推进业务。一位前高管这样表述他们彼此间的配合："大卫踩油门，比尔踩刹车。"

　　2007 年，康威使劲地踩了一次刹车。当其他公司在各项交易中忙得晕头转向时，他向凯雷集团的全体员工发出了一封措辞严厉

⊖ 马克·吐温幽默奖（Mark Twain Prize）是美国幽默艺术界的最高奖项，奖项以美国著名作家马克·吐温命名。每年表彰一位在喜剧界有突出表现的喜剧从业者，并在华盛顿特区的肯尼迪中心录制颁奖晚会。——译者注

的信函，要求他们不要被满大街的交易迷了双眼。他警告同事们，廉价的债务杠杆使凯雷集团的对手倾向发起规模越来越大的交易。为了推销自己的观点，他用全大写字母写着："我们的战略发展是关注风险较低并且回报稳定的交易，并不是为了少许增量回报而甘冒巨大风险。"[4]

回头看的时候，他表示自己仅仅是把正在发生的事情用语言表述出来。"这就像皇帝的新衣，"他告诉我，"所有人都知道市场已经过热。我只是讲了出来：'这样的热闹场面已经接近尾声。'"

凯雷集团预感到经济已经走入下行通道，要求旗下企业动用信贷额度，以备过冬。

康威对凯雷集团每一次并购交易的具体细节都了然于胸。经过缜密分析，他认为在 2007 年新一轮交易中需要尤为谨慎。凯雷在 2006 年共完成价值约 750 亿美元的收购交易，其中三笔交易的规模突破了 100 亿美元。2007 年，交易规模降至 440 亿美元，下降了 40%。根据彭博社提供的数据，当年规模最大的交易是以 85 亿美元收购家得宝公司（Home Depot）（承包商导向的部分）的家得宝供应部门（HD Supply）。在美国次贷危机的波及下，并购交易在经历了繁荣时期的巅峰后进入了混乱无序的年代。

康威是交易天才，是私募股权界公认的投资大师。一方面，他和蔼可亲，体格强健，为人低调，充满魅力；另一方面，他可以说是公司里最可怕的人物。作为虔诚的天主教徒，他几乎每周都参加教堂弥撒。他在新罕布什尔州（New Hampshire）长大，在达特茅斯学院（Dartmouth）完成本科学位。之后，他白天在银行工作，晚上在芝加哥大学攻读 MBA。加入 MCI 后，他一跃成为首席财务官。在当地最大的公司工作，让他成为华盛顿金融圈的一代传奇。

杨金说："康威就好像是凯雷集团的道德标尺。"就如同麦肯锡咨询公司（McKinsey & Co.）的创始人马文·鲍尔（Marvin Bower）对管理咨询行业的影响力一样，⊖ "每位凯雷员工都会问：'换做康威，他会做什么？'"每位新加入的员工在第一天上班的当务之急是熟悉康威为凯雷大家庭制定的整套原则。"我们希望康威随时与大家在一起。"杨金说。

若说负责资金募集和宣讲路演的鲁宾斯坦以及带领投资交易的康威时时活跃在公众眼前，德安尼埃罗则是三巨头中最不为人所知的。德安尼埃罗来自宾夕法尼亚州西部的小城镇，毕业于雪城大学（Syracuse University）。在他的办公室里，为数不多的摆设之一就是 2003 年雪城全国篮球锦标赛男子篮球队的签名篮球。

他极为重视外表礼仪，在整日工作中总是以笔挺整齐的西服套装出现。他的态度温和，声音舒缓。他对鲁宾斯坦冲在前线、让他和康威可以避开聚光灯的事实坦然接受。康威全身心地专注于交易进程，而鲁宾斯坦则负责筹集资金以全方位地提升凯雷集团形象。德安尼埃罗则热衷于凯雷集团内部的运营管理，以及谋求建立持久的企业文化。埃德·马蒂亚斯开玩笑地总结道："康威总是目不转睛地盯着投资业务。如果我打电话告诉他，三楼着火了，他的第一反应会是：'打给德安尼埃罗吧。'"

在德安尼埃罗的职责中，核心部分是建立"一个凯雷"。他认

⊖ 在麦肯锡去世以后，马文·鲍尔成为麦肯锡咨询的掌舵者。作为现代管理咨询行业的奠基者，鲍尔是一位坚定的理想主义者，他为自己树立了极高的标杆，而这些标杆效应在未来几十年中直接提升了整个管理咨询行业的地位。——译者注

为这不仅是指企业文化,更是一种商业策略。但是持怀疑态度的局外人往往不重视企业文化背后传达的美好意义,认为这不过是商学院的繁文缛节。然而,事实上金融体系内部总是在"鼓励"合作。一只私募股权基金可以向其他基金参与的交易进行投资。这意味着巴西投资团队可以与来自纽约的从事消费行业研究的同事在同一项目上展开合作,部分顾问费用也将流入纽约办公室,并且美国的并购基金也可以参与联合投资。

"这类似于包含了行业技能、特殊工具和地理位置的魔方,通过调整和转换,把最具实力的一面完全展现,把握机遇。"德安尼埃罗说,"在这个行业的胜利总在咫尺之间。'一个凯雷'的公司文化有效地保证了协作策略的有效执行,并使得凯雷集团更加强大。"

■ ■ ■

凯雷准备在公开市场上市,参与投资的机构投资者对凯雷集团的未来发展都非常关注。三位创始人现今都已经 60 余岁了,需要启动寻找集团下一代接班人的计划。作为一家上市公司,鲁宾斯坦和康威为联合 CEO,德安尼埃罗为董事会主席。

三位创始人于 2009 年设立了八人的经营委员会,负责凯雷集团的日常运作。凯雷集团的接班人也将从中产生。在整个 IPO 进程中,杨金超过其他高管以及行政总裁阿丹娜·弗里德曼(Adena Friedman),成为曝光次数最多的高管。杨金有效地处理了股票公开发售的全程业务。在 1995 年加入凯雷集团以前,他曾在麦肯锡和瑞士信贷第一波士顿(CS First Boston)工作数年。加入凯雷后,他有五年时间在伦敦负责凯雷英国部,之后回到华盛顿负责工业投资部。他还在 2010 年年底至 2011 年年初的五个月里,担任公司的中期年报财务负责人。

熟悉凯雷集团的人士表示，杨金将凯雷的企业文化很好地展现在个人身上，且有能力把 DBD 的价值观及投资理念诠释出来并加以传承，因此深得三位创始人赏识。有圈内人告诉我，如果三位创始人一起生了一个孩子，那就是格伦·杨金。

正因为杨金具备优秀的综合素质，在漫长的任期中，他与公司共同成长，超过了经营委员会的其他同僚，成长为后辈中的第一人。对于与交易不直接相关的事宜，凯雷集团则交予关联方甚至是大家庭以外的友人打理。2007 年加入的大卫·马尔基克 （David Marchick）负责集团的所有外部以及政府事务，他曾是凯雷集团的外部律师以及克林顿内阁成员。阿丹娜·弗里德曼曾任纳斯达克的 CFO，她于 2011 年加入凯雷集团，负责公开上市事宜。米奇·帕特里克（Mitch Petrick）在摩根士丹利 （Morgan Stanley）效力 21 年后，加入凯雷集团负责交易业务。

杨金还在另一个更隐秘的管理委员会担任职务，其成员仅限于三位创始人、弗里德曼和他自己。该委员会的主要职责是制定战略计划和重要决策，原先这些工作是由 DBD 在周末早餐时间商定的。

杨金在 2008 年通过了严峻的考验：当时创始团队让杨金从每日的交易运作和实时决策中抽离出来，开始考虑全公司的未来运作方向。从最初的商学院课程在现实世界的应用，迅速转变为帮助企业在全球金融危机中找寻出路。杨金表示："我们甚至考虑过世界金融格局土崩瓦解的最坏情形，我们也考虑过对凯雷集团进行重组。"

他向创始团队提出建议——增加公司资产的流动性，以备在有限合伙人拖欠资金时仍然能够按时完成投资交易。康威、德安尼埃罗以及鲁宾斯坦放弃了当年的奖金。每位合伙人都出资购买 2 亿美元的公司资产，凯雷还减少了 1 亿美元的成本使现金流更为好看。面对即将来临的金融风暴，他们环顾四周，暗自欣喜一切还不至于太糟。凯雷集团关闭了东欧办公室，把相应业务交予欧洲其他办公室打理；公司还遣散了南美房地产部，把相应业务交还给美国。与此同时，亚洲信贷危机爆发。同年 9 月，雷曼兄弟破产等接二连三的事件把全世界卷进了金融海啸之中，而凯雷集团早已经封闭舱门，做好了应对危机的准备。

大约六个月以后，康威的悲观情绪开始转变。在从旗下近 200 家投资企业收集到的数据中，康威发现实体经济已经触底，并逐渐反弹。"情势好转了，"杨金说，"我们决定跟随康威的旗帜，在投资业务上勇敢前进。"

生活又恢复了表面上的平静。在 2009 年年中，杨金及创始团队重新调整了对凯雷集团作为一个整体组织的看法，他对公司内外的所有高管进行调查，最终形成了经营委员会，负责监督该公司的所有非交易性活动。

另一位在凯雷集团成长道路上的关键人物是丹尼尔·埃克森（Daniel Akerson），不过他在 2011 年离开了凯雷集团，现为通用汽车（General Motors）的首席执行官。他的离去给管理层带来巨大震动，主要是因为他是康威的亲信，也是康威用来衡量决策影响力的标尺。与创始人的密切关系以及万金油式的全才特质造就了埃克森在凯雷集团的独特地位。他可以毫不迟疑地告诉创始人下一步应该做什么。曾在 IBM 工作的路易斯·郭士纳（Louis Gerstner）现任凯雷集团董事会主席，作为新生代的代表，他在凯雷的地位也非常显赫。

马尔基克说："对创始团队来说，中坚力量的兴起表明凯雷集团已不再是一家小型机构，金融帝国已见雏形了。他们让创始人相信，是时候考虑下一代接班人了。"

该经营委员会囊括了三位创始人和众多青年领袖。马尔基克和迈克尔·阿佩（Michael Arpey）作为"小鲁宾斯坦"领导投资者关系部。杨金和弗里德曼在行政管理方面分担德安尼埃罗的职责。克莱尔和霍尔特作为美国并购业务的联合主管，是康威的左膀右臂。

具有讽刺意味的是，这样的转变导致创始人更不可能离开，因为每位年轻后辈只能分担他们各自擅长的一部分工作。创始人要在职位上留多长时间，他们自己也说不准。一位内部人士说，目前看来，鲁宾斯坦可能会继续留任。他有非凡的毅力，已经在全职工作之余担任了多项慈善组织的职务，充分满足了个人对慈善事业的诉求。因此，他怎么会选择离开呢？

这位内部人士还介绍到，鲁宾斯坦貌似最后才会考虑功成身退。康威亦没有减少工作的意愿。"三驾马车"中年纪最长的德安尼埃罗今年已经 65 岁了，他打算干到 70 岁再考虑名誉主席一职。

笔者认为，鲁宾斯坦选择急流勇退才是明智之举，很明显，他一直在思忖退位的问题，这也是每位年近花甲的私募股权投资创始人无法回避的问题。他对自己的难以放手给出了一个有趣的解释："作为公司创始人和企业家，你却发现后来者缺乏同样的企业家精神，"他说，"他们可以在大公司分享荣华富贵，却不愿意与之共担风险，同甘共苦。"

这样的说法恰好击中要害，在笔者过往与各大知名企业人士打交道的过程中，这是一个共同话题。因为企业几乎就是创始人按照自身形象和喜好打造的，无论产业继承者在之后的岁月中完成多少经典项目也不能满足创始人内心的期望。他们的名字已经或切实或意象地矗立在公司门前，创始人期望的不单是一位执行者，而是可以延续他们光荣传统的值得托付之人。大多数与凯雷集团类似规模的私募股权投资机构早已着手梳理这些关系，他们与成立之初的小型合伙制企业已经迥然不同了。如果鲁宾斯坦的愿景是希望未来的公司能够超越现有规模，他和其他创始人必须找到最好的放手的方法。

■ ■ ■

如果称 KKR 为野蛮人，凯雷集团就是幽灵，是公众臆想的政府关联方。这跟凯雷参与了多笔军工行业并购交易有关。凯雷集团把华尔街手艺（杠杆收购）和老家华盛顿最普遍的业务（政府以及军工）结合起来。第一任董事会主席卡路西首先提出了凯雷要在军工行业有所突破的想法。前国务卿詹姆斯·贝克三世（James Baker III）也是凯雷集团的顾问。美国前总统老布什（George H.W. Bush）也对凯雷集团在亚洲的业务给予意见。英国前首相约翰·梅杰（John Major）也担任集团顾问。创始人们强调，政客虽然没有给出直接的交易建议，但提升了公司的名望，吸引现有和更多潜在的投资者。

与权贵们的亲密往来帮助凯雷在建立初期树立了响亮的名声。随着岁月的流逝，这样的交往更是盘根错节、难以撼动。在阴谋论盛行的 20 世纪 90 年代，政府官员与凯雷集团来往频繁，使得凯雷集团在 2001 年 9 月 11 日恐怖袭击事件后与政府的关系更加深入且隐晦。

根据美国法律规定,除了公共养老基金其他基金需要透露资金的投资去向,而对有限合伙人的身份则可以保密。鲁宾斯坦在募集资金方面取得的成功（特别是在中东地区,那些富有的家族从石油和天然气资源中积累了惊人财富）,吸引了更多看重保密性和自由度的有限合伙人。在 2001 年的恐怖袭击事件后,有人揭秘说,沙特阿拉伯的本·拉登家族就曾是凯雷集团的有限合伙人。

在袭击的当日,凯雷集团正在举行年度投资者会议,创始人和合作伙伴、咨询顾问以及投资者都列席参加。美国前总统老布什在当晚的聚餐中进行演讲。在场的投资者包括沙菲克·本·拉登（Shafiq bin Laden）,他是奥萨马·本·拉登（Osama bin Laden）众多同父异母的兄弟之一。他是拉登家族的代表,并向凯雷集团的第二只旗舰并购基金（总规模为 13 亿美元）认购了约 200 万美元。[5]

迈克尔·摩尔（Michael Moore）的纪录片《华氏 911》（*Fahrenhet 9/11*）就提到了凯雷集团通过布什家族与本·拉登家族建立联系的情节,这意味着凯雷集团的政治影响力远超过华盛顿的任何游说家,尤其是在国防工业这层关系上。凯雷集团与本·拉登家族在 2001 年晚些时候终止了合作关系,但是这些联系在之后的十余年中还被人念念不忘。2011 年,奥萨马·本·拉登被美国海军海豹突击队 ⊖ 击毙,《财富》（*Fortune*）杂志的丹·普里马克（Dan Primack）意味深长地在网络上表示,时间已经过去这么久了,凯雷集团可以再攀上本·拉登家族了。[6]

⊖ 美国海豹突击队（Navy Seals）,又称美军三栖突击队,全称为美国海军海豹突击队（其中 Seals 是 "Sea、Air、Land" 即 "海、空、陆" 的简称）。突击队正式成立于 1962 年,是美国实施低强度战争、应付突发事件的杀手,是世界上最为神秘、最具震慑力的特种作战部队之一。——译者注

将顾问团队扩大至政府范围以外势在必行，毕竟军工行业的交易数量是有限的。凯雷集团认为自己在军工行业的声誉已经到了振聋发聩的地步，足以先人一步挖掘所有的潜在交易。创始人发现，依靠经验丰富并且交游广泛的顾问团队来开启投资领域的大门，这个模式可以在更多行业进行推广。

凯雷集团选择了IBM的郭士纳作为卡路西在2003年之后的继任者。郭士纳在2008年从凯雷董事会主席的职位上光荣退休。在就任期间，他把顾问团队推广至华盛顿环城公路以外，并开创了"财富500强"顾问团时代。凯雷集团在2005年聘请了美国银行前首席财务官詹姆斯·汉斯（James Hance）作为金融交易的高级顾问，其他高级顾问包括前3Com公司的CEO威廉·克劳斯（William Krause）。

即使对行业专家的需求越来越甚，凯雷集团仍然青睐于有政府背景的人士。美国证监会（SEC）前主席阿瑟·莱维特（Arthur Levitt）以及空军前参谋长约翰·江珀（John Jumper）被任命为高级顾问。⊖

■ ■ ■

凯雷集团通过背景深厚的顾问团关系网，在世界各地大肆扩张，鲁宾斯坦的飞行嗜好让凯雷集团在美国以外地区的扩张速度超越了任何一家私募股权基金。跨境的资金募集活动比境内的多了一倍，特别是凯雷集团擅长将本土专业团队和资本结合起来，更是如虎添翼。

从成立之初，凯雷集团就觊觎中东的巨大财富，积极挖掘并深

⊖ 莱维特还是彭博公司（Bloomberg LP）董事会成员。——译者注

入探索。鲁宾斯坦也非常乐意前往当地，体验异族文化，亲自拜访，建立友谊，为未来的合作奠定基石。

这项不计回报的付出在 2007 年终于迎来丰收。穆巴达拉发展公司参与持股凯雷集团。该项合作是凯雷集团在海外市场进军本土的变奏，为凯雷探得进入神秘中东的入口。同时，穆巴达拉发展公司也获得了超过其他有限合伙人的权力——持股凯雷集团。

穆巴达拉发展公司归属于阿布扎比政府的投资平台，但它并不是典型的主权财富基金。在阿布扎比，它归阿布扎比投资局管理。穆巴达拉发展公司的使命是通过投资让酋长国能够直接受益，并在最初的几年里建立起投资组合。除了持股凯雷集团以外，穆巴达拉发展公司还赞助了一级方程式车队，希望能够借势将赛事带入阿布扎比。穆巴达拉发展公司还做了一个大胆的尝试，与常年排名亚军的芯片制造商 AMD 合作设立合资公司，在阿布扎比创建半导体工厂，不过现在看来已经失败。

穆巴达拉发展公司也帮助凯雷创始团队从他们一手创造的企业中收获财富。2010 年，凯雷集团从穆巴达拉发展公司贷款 5 亿美元，主要用于向创始团队和加州公共雇员退休基金的股东支付股息。在 2011 年底至 2012 年初，凯雷集团还清了贷款，以避免穆巴达拉发展公司将债务转换为股本折价至 IPO 价格。

穆巴达拉发展公司也是将凯雷变身为全球性金融帝国的幕后推手。凯雷的创始人表示，区域多元化帮助他们领先了包括黑石集团在内的强劲对手。在 IPO 的路演材料中，凯雷也是这么讲的。

在 2007 年，施瓦茨曼完成了上市，克拉维斯也提交了 S-1 文件。凯雷集团的创始人步入耳顺之年，也开始认真考虑公开上市事宜。随后，信贷危机破坏了 KKR 的上市计划，KKR 只能先通过欧洲上市再曲线达成纽交所上市的初衷。低迷的全球经济挡住了凯雷寻求 IPO 的道路。

到 2011 年，凯雷创始人认定已是最佳的上市时机。在后信贷危机时期，众多公司因缺乏资金，不得不选择 IPO 或者出售，充分显示了"渠道为王"的力量。得资金渠道者，将富可敌国。好转的信贷市场促成了新的交易交割。更重要的是，有限合伙人在沉寂良久之后又跃跃而试，有助于鲁宾斯坦加快募集步伐。

凯雷集团又进一步拓展其他资产管理业务，聘请摩根士丹利的米奇·帕特里克来开拓信贷业务以及收购欧洲一家私募基金 AlpInvest，从而建立了多元化的投资组合，并大幅提升了凯雷集团的资产管理规模，建立起新的业务线。凯雷集团还购买了对冲基金 Claren Road 的股权。

这些举措在一定程度上扩大了凯雷集团的资产规模，使其接近黑石集团的水平。实际上，这两家公司彼此不相上下。私底下，他们总是观察对方的资产结构。黑石集团侧重对冲基金，凯雷集团在收购母基金 AlpInvest 以后，持有更多其他的私募股权基金。

这些新业务是为了向已上市的黑石集团学习，正确对待投资者的期望，披露可预测的收入来源以及建立更平衡的利润体系。在 2011 年的前三季度，帕特里克贡献的利润达到了凯雷集团总利润的 24%。

凯雷集团曾在产品多元化方面栽过跟头。凯雷集团发起的对冲基金蓝波（Carlyle Blue Wave）在 2007 年 3 月最高点时有 9 亿美元的资产规模；2008 年 7 月被迫关闭时，资产降至 6 亿美元，下跌了超过 30%。该基金在 2007 年损失近 10%，在 2008 年清算时取得大约 2%的回报，同期可比基金平均回报率为 4.8%。[7]

蓝波的提前清盘尚不及几个月前的另一次失利对凯雷集团的打击大。凯雷旗下一只公开上市交易的债券基金凯雷资本（Carlyle Capital Corp.）由于连续失误，在 2008 年年初被迫关闭。该只基金主要的投资对象为 AAA 级抵押贷款证券，在最初阶段赢得了众多投资者的支持，其中包括与母公司保持长期合作关系的私募股权基金。凯雷集团的三位创始人向该只基金进行个人投资，其他高管也紧随其后。总之，凯雷集团员工向该只基金共投资约 2.3 亿美元。

2007 年，尽管金融市场正摇摇欲坠，凯雷资本依旧逆市启动了 IPO 计划。不出所料的是，实际募资额比预期低了近 25%，共计 3 亿多美元。加上凯雷集团和私人投资者的股本，基金的总股东权益为 9 亿美元。

破产后的诉讼称，凯雷资本将该基金推向市场，目的是利用大约 19 倍的杠杆率，这意味着凯雷将为每 1 美元的股本借款 19 美元。但原告称，实际财务杠杆比率超过了 30 倍。[8]

在这种情况下，如果所持有的债券资产价值缩水，凯雷资本将收到债权银行追加保证金的要求，现金流吃紧。凯雷向债权人提出申请，其中包括花旗集团（Citigroup）和德意志银行（Deutsche Bank）等大型银行，希望争取到债务再融资。但是最终谈判失败，凯雷资本内部称之为"山穷水尽"，不得不进行清算，以满足保证金的要求。

凯雷资本在 3 月的清算，预示着即将到来的金融海啸远超预期，将带来排山倒海般的严重后果。"凯雷资本清算不是金融危机的终结点'，"总部位于悉尼的并购咨询公司 InterFinancial Ltd 的执行主席格雷格·邦迪（Greg Bund）告诉彭博新闻，"未来还会发生什么，没有谁能够预测得准。"9

即使是所谓科学的猜测，也没能预料到当年晚些时候发生了什么。尽管凯雷资本已经是凯雷集团难以启齿的重大失败，但是比起华尔街即将面对的炼狱焚烧，以及全球金融体系濒临崩溃边缘，这些只不过是厨房燃起的小火苗罢了。

凯雷资本和蓝波的失利并没有动摇凯雷创始团队对拓展私募股权以外的新兴业务的雄心和信念，因为这不仅仅是为了取悦投资者，更是拉拢有限合伙人和公开市场的股票持有者的必要之举。面对新兴业务，凯雷集团采取了更严格的监管措施，并拟聘优秀的高素质人才来担当重任。"我们决定在经营委员会中添加新的角色。"杨金说。

鲁宾斯坦进入了招聘状态，积极物色最佳人选。

2010 年年初的一个清晨，米奇·帕特里克正在科罗拉多的范尔（Vail）小镇跟家人共度滑雪之旅。他在摩根士丹利就职近 20 年，从销售交易部主管的位置上降职一个月后，就离开了这家华尔街投行。在各种选择的权衡中，他开始筹备自己的独立公司。大卫·鲁宾斯坦安排与帕特里克在范尔的会议室见面，希望能够说服他加入凯雷集团。帕特里克打发了家人前往滑雪场，自己则留下来与鲁宾斯坦对谈。

两个人来到打烊后的酒吧，前晚的滑雪游客狂欢后留下的痕迹以及啤酒香味仍然飘浮在空气中。鲁宾斯坦身着卡其色的休闲裤和毛衣，凑到帕特里克跟前，充满热情地描绘着美丽的愿景。"他实在是一位伟大的推销员，"帕特里克说道，"极具说服力，让我不得不接受与其共事比自己单干更美好的事实。"

鲁宾斯坦拿起笔来，在黄色信纸上为帕特里克勾勒出一番斑斓景象。20 年前，他也曾为皮特·克莱尔描绘过。帕特里克领导的业务线，后被称为凯雷全球市场战略部（Carlyle Global Market Strategies，简称 Carlyle GMS），它的特殊使命是让凯雷的投资触角能够遍及世界的各个角落。跟以前不同的是，帕特里克得到了创始人的完全授权，他将为部门设定方向和计划，并且为之前进。

"这是运作基金和经营业务的区别，"帕特里克说道，"在我们朝着目标前进的过程中，我们有制度可循，有规则可依。这并不是说不会出现问题，但我们会很明白如何到达彼岸。你不可以在战斗正酣时还想着另辟他径。"

凯雷集团对帕特里克领导的业务线予以人力和财力的全面支持，这标志着凯雷集团的重大演变，超越了 20 年以来的任何决定。它的成功将是凯雷集团得以不断增长的关键。"凯雷将不再只是一家私募股权投资机构了。"帕特里克表示。

■ ■ ■

凯雷重启 IPO 计划，预示着私募股权行业的萧条期已经过去，繁荣即将来临。早在注册申请之前，凯雷 IPO 已经成为华尔街的热门话题。著名资本巨头拟公开发行股票，狡黠的交易商们自然不会放过可以追名逐利的超级交易。黑石集团 IPO 的余温尚未褪去，此次，IPO 所选的时机极佳，至少从施瓦茨曼和彼得森的角度来看，他们为自己的赌注赚得了丰厚的回报。

2011 年的夏天，在后海啸时期稍显拘束的各家银行中，凯雷集团开始为 IPO 寻找承销商。三位创始人、杨金以及 CFO 弗里德曼均收到各大投行递上的竞标书，不光是投资银行业务的负责人全部出动，就连银行总部的 CEO 也亲自送鉴。

各大通讯社、报纸以及商业新闻也对路演活动进行全程报道。最后，摩根大通、花旗集团和瑞士信贷（Credit Suisse）获得了承销商资格。尽管 2011 年下半年的股票市场又是哀鸿一片，凯雷集团仍积极等待着上市时机，一旦市场信心恢复，立即公开发售。

正如五年前的黑石集团，承销商、银行家和记者们现在都极其渴慕能够通过凯雷集团的招股书，特别是其中有关高管薪酬的章节，揭开凯雷和私募股权基金的神秘面纱。在资本市场萎靡不振的几年里，人们很想了解私募股权行业能否带来巨额收益。

在 2012 年 1 月的某个星期二，凯雷集团终于在修订的招股说明书中补充了薪酬结构章节。2011 年，三位创始人共计获得 4.13 亿美元，其中绝大部分是来自基金的收益分配。每位创始人赚得 1.34 亿美元的分红，外加 27.5 万美元的工资和价值 355 万美元的奖金。相比之下，在黑石集团 IPO 的前一年，即 2006 年，施瓦茨曼共赚得 3.983 亿美元。

创始人的薪酬结构是凯雷集团在提交上市文件时极力回避的几个问题之一。该公司明确表示，与大部分公开上市的企业不同，凯雷集团不会设立薪酬委员会来决定创始人的薪资。与上市前一样，创始人将依旧保留决定自己荷包的权利。凯雷集团还提出了苛刻条件，包括在处理与股东可能产生的纠纷上将拥有保密主导权，并且禁止集体诉讼。但在咨询过证券交易委员会（SEC）后，面对投资者(除了并购基金的支持者以外，多数是上市公司的积极股东)的质疑，以及面临部分美国参议员甚至向美国证券交易委员会施压以阻止股票发售的窘境，凯雷集团只能作罢。

■ ■ ■

2012 年 2 月上旬，笔者与鲁宾斯坦共同出席在哥伦比亚大学商学院举办的私募股权行业年度会议，有数百名学生和管理人员参加。这次会议的主题是"海啸过后，险境重现"。上午的主题沙龙发言人是鲁宾斯坦和私募股权投资的早期实践者 Clayton Dubilier & Rice 公司创始人约瑟夫·赖斯（Joseph Rise）。赖斯是将财务投资者引入运营团队参与企业管理的倡议者。

这是鲁宾斯坦在 72 小时内的第二次公开讲话。两天前，他在由彭博社主办的中国会议上发言。在哥伦比亚大学的校园里，大家都对罗姆尼和鲁宾斯坦刻意回避的 IPO 话题议论纷纷。

鲁宾斯坦依然风风火火地出现在校园，以讽刺美国债务危机为开场白，再以一系列的数据和估算为结束。演讲中，他介绍了改变私募股权基金的征税率对全国预算赤字的影响，风暴过后严阵以待的私募股权行业，及其随着行业影响力的扩大对需求变化所做的让步。"如果你作为投资者的代理人，拥有众多企业，你需要有社会责任感。"他说。

会议结束后，他与会议组织者照完合影，就从讲厅的后门溜了出去，慢跑至私人座驾前。他立即开始了另一个电话会议，结束之后，又乘坐私人飞机于下午返回华盛顿。

第三章

债务世界

The L Word

史蒂夫·施瓦茨曼和吉米·李（James B. "Jimmy" Lee）都感到非常满意。这是 1989 年的夏天，二人刚刚完成了一场马拉松式的谈判会议——以 95 亿美元购买铁路公司 CNW。本次竞标十分激烈。李是化学银行（Chemical Bank）负责债务融资交易的银行家，他和施瓦茨曼在芝加哥某律师事务所的一层楼里，与楼下独立会议室的另一位竞购对手竞标至深夜。

施瓦茨曼终于赢得了交易，化学银行将为其提供 5.85 亿美元的借款。为庆祝交易成功，李表示一定要喝上一杯。黑石集团已安排了一架私人飞机接二位返回纽约。李硬是找来两罐喜力（Heinekens）啤酒，才登上了飞机。起飞之后，这对哥们儿坐在颠簸的飞机后舱，共同举起了酒杯。

在当时，这是利益交织的结果。黑石集团正迎来第五个生日，施瓦茨曼正在思考公司未来的发展方向。他知道有很多潜在交易将为黑石集团带来丰厚收益，但他需要融资来完成交易。

同样地，吉米·李非常渴望挖掘新的客户来为化学银行打响名号。化学银行是大通银行（Chase Bank）投资银行部的前身。他知道自己并不是施瓦茨曼的首要选择（因为施瓦茨曼是这样说的）。

于是，他决定让自己成为黑石集团不可或缺的融资伙伴以及之后的并购顾问。

李曾经在由迈克尔·米尔肯（Michael Milken）主导的德崇证券（Drexel Burnham Lambert Inc）交易部担任要职。米尔肯是德崇证券的交易员，他开启了交易高收益低等级债券（又名"垃圾债券"，junk bonds）的先锋，并广泛应用于恶意收购。在20世纪80年代，德崇证券和米尔肯助长了一轮兼并和收购的高潮，包括杠杆收购。后来，米尔肯被指控参与内幕交易而违反证券条例，德崇证券也在1990年1月申请破产。[1]

虽然德崇证券的崩盘使得市场失去了一家举足轻重的提供杠杆收购的机构，但是德崇证券确实也为市场培育了众多优秀人才，他们在德崇破产后纷纷创立或加入了一众私募股权基金和其他投资机构。最引人注目的是莱昂·布莱克（Leon Black）、约书亚·哈里斯（Joshua Harris）、马克·罗文（Marc Rowan）等德崇老将们创立了阿波罗全球管理公司。

总部位于纽约的阿波罗已经成长为最具规模的私募股权基金之一，以擅长处理复杂的债务关系而出名。投资者可以通过阿波罗开展广泛的投资业务，不仅可以将股权和贷款、债券进行配比投资，还可以在企业价值被低估时通过折价购买债券来控制企业。

德崇时代的终结，为李成为杠杆收购中债券的重要提供方拉开了帷幕。从20世纪80年代中期到90年代，施瓦茨曼和李联手完成了几十笔交易。李现任摩根大通（JP Morgan Chase）的副主席，在他的行政办公室里，随处可以发现他与施瓦茨曼20年友谊的纪念品——休息区的茶几上摆放着两张照片，都是与施瓦茨曼的合影。

其中一张记录了 2008 年纽约公共图书馆⊖捐款典礼上，这两位男人与摩根大通 CEO 杰米·戴蒙（Jamie Dimon）的美好瞬间。另一张可以追溯到更久之前，施瓦茨曼正在给李颁奖，这仅仅是多年以来两人多次互赠奖章中的一次。李与私募股权基金的交集不限于施瓦茨曼和黑石集团。他从 20 世纪 90 年代就帮助了 TPG 获取银行资金来完成对美国大陆航空（Continental Airlines）的收购，直到 2007 年，他还协助完成了 KKR 和 TPG 完成对得州公共事业公司（TXU）创纪录的杠杆收购交易。

早前，施瓦茨曼希望加快步伐完成更多的交易，而李也正在寻找自己的竞争优势，于是施瓦茨曼向李自告奋勇充当实验室小白鼠。在银团贷款（syndicated loan）市场中，李创造性地建立了"一站式金融服务"模式，把贷款发放和债券发行结合起来。施瓦茨曼和李应用创新模式完成的第一笔交易是 1994 年黑石集团收购电机制造商 UCAR 国际，大通银行承销了超过 10 亿美元的债务和权益。李回忆道："那时我们哥俩儿天天在一起探索，像极了 20 世纪六七十年代的摇滚乐团。"

■ ■ ■

私募股权投资获得的回报有限，除非可以和债务匹配，借助财务杠杆将收益扩大。借来的钱——通过杠杆收购放大的杠杆——才是私募股权基金赚取疯狂回报的策略。如果把债务从交易结构中

⊖ 纽约公共图书馆（New York Public Library）创建于 1895 年，从创建到发展，其资金来源一直依赖两条线：一条是商界或政界的成功人士；另一条是美国的民众。2008 年 3 月，美国纽约公共图书馆宣布了一个总投资为 10 亿美元的改造计划，由此一场募捐大战拉开了序幕。5 月份，施瓦茨曼个人捐了整整 1 亿美元。这是纽约公共图书馆有史以来最大的一笔私人捐款。根据规划，改造后，目前位于曼哈顿第五大道第 42 街的纽约公共图书馆总部将搬离，2014 年新馆完工后，旧址上那幢建于 1911 年的标志建筑将被命名为史蒂夫·施瓦茨曼大厦。——译者注

完全移除，投资经理将不能为投资者提供预期的回报，也就无法收取管理费，整个商业模式会随之土崩瓦解。债务是使这一切成为可能的原动力。私募股权基金经理认为，谨慎使用杠杆（重点强调"谨慎"二字）不仅合理而且必要，企业的良好经营离不开现金的合理管理以及通过债务等工具来保持适当增长。

不过，杠杆也一直拖累着私募股权行业的声誉。任何一位做过抵押贷款或拥有信用卡的人都知道，借钱存在固有风险。无论是向谁借钱，你都要按照一定条款予以偿还。在整个私募股权历史中，资本大亨们从来不缺如饥似渴的金主——类似于信用卡公司在大学里用地毯式轰炸的方式扫荡整个校园。

某私募股权基金筹划着用混合资金购买一家企业——一部分是自有资金（所有者权益），另一部分是通过债务或者贷款的方式借来的钱。这笔钱是以即将买来的目标企业作为抵押，并根据该企业的未来偿还能力来确定利息和条款的，即最终的债务人是目标企业本身。

这应用了与抵押贷款购买房屋同样的经济理论。买方仅用了少量自有现金，并配合从银行获取的大量借款。假设房产价值上升，回报率是本金乘以杠杆倍数。比方说，你买的房子值 10 万美元，用 2 万美元的首付和 8 万美元的抵押贷款买进。如果你用自有资金一次性付清，房子需要卖 20 万美元才能使回报率翻一番。但是，如果你用借来的钱当做杠杆，意味着只需要用 12 万美元卖掉，你的回报率就可以翻一番（12 万美元的销售价格减去 8 万美元贷款等于 4 万美元利润）。如果最终卖得 20 万美元，你将会获得五倍的回报。

从盈利角度出发，杠杆收购与贷款买房也有很多相似之处。例如，公司债的利息是可以抵扣所得税的。彭博社专栏作家威廉·科汉（William Cohan）言简意赅地总结道："公司债是杠杆并购所需的母乳，没有巨大的税收抵扣就没有私募股权行业。"[2]他接着表示，税收抵扣是对企业有效的公共补贴，杠杆收购后企业的营业收入与公司债利息之间的差额是私募股权基金的利润来源。私募股权行业一直在捍卫获得利息税抵扣的权利，并指出它的应用并不局限于杠杆收购业务。除了房产拥有者，那些非由私募基金所有的企业也可以享受利息抵扣的好处。

笔者多次提及，在私募股权投资流程中，债务具有重要的战略意义。实际操作者认为它是私募股权基金和投资者获取丰厚回报的重要工具。企业选择债务融资意味着需要遵守更高的行为准则，而这些准则是企业在成长中获得长期成功的保障。另外，普通企业也可以通过债务融资来募集资金，为新产品研发和并购活动提供资本，以期保障企业能持续成长。

批评者指出，企业资产负债表上显示的大量债务是对经济效益的严重侵蚀。他们的理由是，借贷迫使企业把现金用于偿还债务，并降低了潜在投资和持续发展的可能性。这就像个人或家庭不应该以过分透支的方式购买本不具备偿付能力的房产，私募股权基金也不应该让已经苟延残喘的企业再背负巨额债务。过重的负债会让企业苦不堪言，甚至被逼至破产清盘、员工丢掉饭碗的地步。

先把债务融资的战略意义放在一边，现在我要重点讲述的是杠杆并购的实际操作方法。按照债券的风险等级不同，对应的清偿顺序也不同。优先偿还的是由公司担保的高级债券，其他的属于次级债券（即在发生债券违约的时候，在高级债券之后进行清偿）。作为债券投资者，你持有的债券的等级越高，承担的风险就越小，因此，对应的预期回报也就越低。

银行通过贷款方式提供企业融资业务，李在此基础上进行了发挥。作为优秀的推销员，他发现自己可以把高风险债券转卖给其他投资者。这就是银团贷款市场的雏形。

虽然私募股权基金一再强调自己并不是华尔街的一员。特别是在金融海啸时期，资本巨鳄们面对高涨的占领华尔街运动，[⊖]向所有监管机构以及每位相关的立法委员反复重申。然而，私募股权投资流程中的债务融资步骤却犹如紧箍咒，始终把并购基金、投资银行和其他借贷方甚至是对冲基金都捆绑在一起。

诸如摩根大通和高盛这样的大型投行逐渐上位，成为杠杆收购交易中债务融资的主要提供者，并且，随着并购活动的次数增多以及单笔交易的规模增大，银行家与财务投资者（financial sponsor，私募股权基金的另一个称谓）结盟，并肩作战。因此，正如科技、消费、石油和天然气等行业里的大型企业与私募股权基金共享资源、共造辉煌一样，投行家们也对来自克拉维斯、施瓦茨曼和鲁宾斯坦等私募股权大亨的友谊日思夜盼。

银行与私募股权基金之间有着错综复杂的利益纠葛。大型的并购基金每年都要向华尔街投行支付巨额的财务顾问费用，被戏称为

⊖ 占领华尔街运动（Occupy Wall Street Movement）：在 2008 年全球金融危机爆发后，许多大公司濒临破产，导致美国等许多国家经济萎靡不振和失业率居高不下。运动于 2011 年 9 月 17 日开始，是一连串主要发生在纽约市的集会活动。运动的目标是要持续占领纽约市金融中心区的华尔街，以反抗大公司的贪婪不公和社会的不平等，反对大公司影响美国政治，以及金钱和公司对民主、在全球经济危机中对法律和政治的负面影响。——译者注

高帅富客户。纽约的顾问公司弗里曼（Freeman & Co.）估计，仅
2007 年，KKR、黑石集团等大型私募股权基金就向华尔街投行支
付了高达 163 亿美元的各项费用。在 2010 年，这个数字下降至 76.5
亿美元。弗里曼还发现，排名前 20 位的私募股权基金贡献了投行
收入的近一半份额，这表明私募股权投资是强者通吃的行业。[3]

同时，私募股权基金的并购业务还催生了投行、会计、法律、
顾问等交易相关的配套生意。并购业务实际上是宏观经济的映射，
决定了特定行业在整合过程中的兼并意愿，以及特定公司在资产重
组收购活动中的胃口大小。根据彭博社的数据，2000 年以来，全
球并购活动的总规模为 1.1 万亿美元；而在 2007 年的峰期，受杠
杆收购交易的驱动，并购总规模超过了 4 万亿美元。

由私募股权基金主导的并购交易，占有的市场份额越来越高。
并购交易还受到债务结构、公司销售部门的意愿以及其他并购基金
的竞争等因素影响。彭博社提供的数据显示，2007 年，私募股权
交易占已披露的并购活动总金额的 20%。2009 年，受次贷危机的
影响，私募股权交易的占比降至 7%。2011 年，又回升至 17%。

在 2005 年至 2007 年期间，资本市场掀起了杠杆收购的浪潮。
这与廉价的债务融资和宽松的信贷政策紧密相关，与导致购房危机
的根源类似：购房者可以找到便利的融资渠道，纷纷竞价购买，从
而导致房产的成交价远远超出其实际价值。

其中一个重要原因是养老保险基金和捐赠基金等有限合伙人
对高额回报的贪婪，以及无法接受私募股权投资回报率的不断下降
而在失望之余的无奈之举。另一个重要原因则是通过高收益债券市
场获得的债务融资。高收益（即高利息支付）债券市场是对非投资

级债务的广义术语。正因为信用评级机构给予的风险级别,为弥补额外的风险,投资者应当要求获得比安全的政府债券或者投资级债券更高的收益率(利息)。高收益债券通常被称为"垃圾债券"。

在 2005 年至 2007 年期间,高收益债券市场是活跃的杠杆收购活动的基石。作为屡试不爽的投资工具,高收益债券深得投资者青睐,例如由银行将中小型贷款汇集起来,再分割成不同风险级别的抵押贷款债务(collateralized loan obligations, CLOs)进行出售。此外,垃圾债券型基金也蓬勃发展,借贷双方更是热闹至极。

银行也设计了大量融资产品来加速市场膨胀,其中一种被称为"订书钉融资"(staple financing)。在实际的收购流程中,银行会同时发出投标书以及另一份单独的文件——预先拟定的债务融资方案。两份材料通常会用订书机钉在一起,从而方便私募股权基金寻找合适的拟投项目,并列明交易条款的核心信息。许多人对这种做法嗤之以鼻。2010 年,银行重启并购融资业务,其中很重要的策略就是"订书钉融资"。《华尔街日报》对这样的趋势评价道:"订书钉融资是有风险的,因为它存在潜在的利益冲突。投资银行向卖方提供顾问服务的同时,为了充分利用银行的贷款资源,也向买方提供交易建议。"[4]

除此以外,投资银行还有另一项秘密武器——"低门槛贷款"(covenant lite)。这类贷款不用强制执行违约测试。投行家的精心预备带给私募股权基金充足的底气,即使已并购的企业出现了财务困难,也不会因为债务违约而被迫变卖。另外,还有权益过桥(equity bridge),即如果私募股权基金因资金问题不能及时完成投资,银行会提供短期的"过桥"融资,以帮助交易顺利交割。债务市场上大量的融资工具可以用于并购活动,再加上不断上扬的经济趋势,共同描绘了一场属于并购行业的鸡尾酒盛宴。但是，继续用商品住宅作为比喻，就好像即将拿到钥匙的业主买下了自身经济实力难以承受的房产，私募股权基金与资金提供者正在不断挑战市场的极限。

1989 年，KKR 收购雷诺兹-纳贝斯克公司（RJR Nabisco），创造了规模最大的杠杆收购交易记录，该记录保持了近 17 年。直到 2006 年年底，KKR 又与贝恩资本合作，收购了连锁医院运营商 HCA。但该笔交易仅在头把交椅上待了三个月。历史上私募股权投资规模最大的十笔交易里，有九笔是在 2005 年至 2007 年期间发生的，另外一笔就是十几年前的 KKR 收购雷诺兹交易。

在杠杆收购热潮中，行业研究者看到越来越沉重的公司负债，十分惶恐。次贷危机在 2008 年中期初露端倪，进入 2009 年后破坏性越来越大。由于私募股权基金为杠杆并购活动在 2005 年至 2007 年期间发行的公司债到期日逐渐临近，一些私募股权基金投资经理也担忧起私募股权来。面对着大量的到期债务，公司再难获得再融资，还款压力巨大。

令人不解的是，甚至在一定程度上骇人听闻——各利益方不能联合起来，共同对抗这堵"债务墙"。虽然一些企业已经步履维艰，私募股权大亨们在 2010 年抓住机会，从转暖的市场又获得数十亿美元的债务融资，并努力延长债务到期日，迫使现有债券持有者要么以极低的价格变现，要么接受债权延期。他们也从"低门槛贷款"中获益良多，因此在负债率高企的时候仍能避免发生违约。

然而在这段时间里，杠杆收购活动中的债务问题仍然悬而未决，比如到底什么是借"多"了，"可以"借就借的危害有多大。2006 年，多家私募股权基金联合收购了半导体芯片制造商飞思卡尔，这是迄今为止该类公司最大规模的杠杆收购交易。虽然飞思卡尔还在持续经营，但已经给所有的交易参与方以及整个私募股权业都上了沉重的一课——并不是每家企业都能担负沉重的债务。

■ ■ ■

飞思卡尔曾是摩托罗拉公司的半导体事业部，这家来自芝加哥的传奇公司发明了现代手机。几十年来，公司的半导体事业部定义了现代电子工业，并积累了大量客户。但是，摩托罗拉的公众股东认为芯片业务已经无利可图，还会拖累公司业绩。众压之下，摩托罗拉在 2003 年宣布，将半导体事业部进行分拆。从母公司剥离出来的半导体事业部就是今天的飞思卡尔公司。2004 年底，完成分拆的飞思卡尔股票表现稳定。2006 年，当收购交易披露时，飞思卡尔的股票价格约为每股 30 美元。

杠杆收购热潮在 2006 年到达顶峰。在股权和债权资本均出现过剩的背景下，一夜之间，所有的公司都成了潜在的收购目标。半导体制造企业是有名的周期性行业，企业利润呈周期性表现：由于建立芯片工厂（被称为“晶圆厂”）需要庞大的资本支出，在新晶圆厂投产之后，企业利润会大幅增加；但是随着新一代产品问世，企业利润会迅速萎缩。

可以肯定的是，信息技术产业史上最繁荣的行业就是芯片制造业。英特尔、高通（Qualcomm）和得州仪器（Taxas Instruments）等大型企业构建了整个现代科技产业体系。英特尔一直是硅谷的中坚力量，是研发创新的摇篮。飞思卡尔生产的半导体应用广泛，是诸如汽车的仪表板、手机、游戏机等数以万计电子产品的核心元件。

世界上最大的几只并购基金，并没有被飞思卡尔的巨大体型吓跑。他们看到了飞思卡尔因管理效率较低、业绩下滑而被整体低估的投资潜力，认为可以在并购后通过几年的经营改善，再从二级市场退出以获利。一场硝烟弥漫的竞购战爆发了，四家私募股权基金——黑石集团、凯雷集团、TPG 和帕米拉集团（Permira）同意以比市场价高出 30% 的 176 亿美元的价格联合收购飞思卡尔。交易结束后，飞思卡尔变身为负债最多且负债率最高的半导体公司。几个月之后，全球经济开始上演"过山车"。眼看着摩托罗拉等大客户遭遇了前所未有的业绩滑铁卢，飞思卡尔也被拖累，公司经营遭遇了巨大的损失。

作为实际控制人，私募股权基金立即开始救援行动，把抢救重点放在资产负债表、业务经营和管理团队上。曾督导摩托罗拉剥离飞思卡尔全过程的迈克尔·迈耶（Michael Mayer）在 2008 年 2 月从 CEO 的位置上离职。私募股权基金另行聘请了芯片制造商 Intersil 的 CEO 里奇·拜尔（Rich Beyer）来执掌飞思卡尔。当他把跳槽飞思卡尔的决定告诉另一位 CEO 朋友时，得到这样的反馈："你为什么要加入一家病入膏肓的公司？"[5]

拜尔对飞思卡尔进行了大规模重组工作，关闭了三家工厂，并把研发中心从 66 家减少至 23 家。私募股权基金还通过发行债券掉期（debt swap）减少了 20 亿美元的债务。在各方面的共同努力下，飞思卡尔在 2011 年进行了 IPO。不过，这样狼狈的退出实在算不上光荣。上市募集的所有资金都用来偿还债务。IPO 的发行价为每股 18 美元，还不到并购平均价格的 50%。

2012 年年初，飞思卡尔总算稳定下来。公司市值为 37 亿美元，而承担的债务曾一度超过 100 亿美元，比前者高出了约 70 亿美元。

该笔交易为浮夸的杠杆收购敲响了警钟。虽然飞思卡尔一直在苦苦挣扎，但其所有者表示公司并没有发生任何违约情况，也没有申请破产。他们让情况看起来是如此：崩溃的宏观经济拖累了公司经营，才逼迫企业走到了被迫贱卖的地步；但是因为并购基金的介入，通过集中管理权，积极改善经营，才帮助企业死里逃生。对失败案例缺乏深刻的认识，只能使投资者继续迷失在复杂的交易中，被动地接受相互作用的众多变量，把企业的命运交给上天。

■ ■ ■

2010 年至 2011 年，随着全球经济的复苏，私募股权行业也稍显起色。一些并购基金的高管及时地指出，被私募股权基金控制的企业普遍不易违约。在过去的并购热潮中完成的几笔重大收购交易都表明，在很大程度上这是真实的。但是，"不会破产"并不是成功交易的衡量标准，毕竟业界末日是逐渐发生的。当然，还有一些失败的案例：2008 年和 2009 年，阿波罗控制的家装产品零售商 Linens'n Thing 以及 KKR 持有的商业房地产贷款机构 Capmark 分别提出了破产申请。

2010 年年初，被私募股权基金收购的企业与未被收购的企业的违约情况分析引发了激烈的讨论。波士顿咨询（Boston Consulting Group）组织了这场讨论，并预测被 PE 基金收购的企业将有一半会在未来三年发生债务违约，并且情况会越来越严重。[6] 但是，根据斯德哥尔摩经济学院（Stockholm School of Economics）的皮尔·斯特姆伯格（Per Stromberg）的报告，根据历史数据，被 PE 基金收购的企业发生债务违约的可能性较小。该项研究指出，在 1980 年到 2002 年期间，被 PE 基金收购的企业年违约率为 1.2%，而同期美国发行的公司债券违约率为 1.6%。[7]

私募股权行业的兴衰很大程度上受制于债务融资市场。在信贷危机中，惊醒的银行停止了放贷，支持杠杆收购的债务资金大量消失，导致并购活动陷入低潮。

2007 年，银行业和并购基金共同企盼的 1 000 亿美元规模的杠杆收购交易好像是一枕黄粱梦，醒来终成空。2012 年，市场上已经没有人再敢以交易规模来指手画脚。根据彭博社的数据，在希尔顿酒店并购交易后，2007 年最大规模的并购交易是由 KKR 牵头的财团以 72 亿美元收购石油勘探公司大力士（Samson Investment Co.）。

债务融资的辉煌再也不复从前。债务融资在并购价格中的占比是衡量其重要性的最简单方法。大量利用债务融资是早期私募股权基金的重要特征。在企业并购过程中，私募股权基金通常仅提供 5%~10% 的自有资金，其余部分全部采用债务融资。数据显示，对于规模在 10 亿美元以下的并购交易，2011 年债务融资在并购价格中的占比为 46%，比起 2006 年巅峰时的 57% 下降了 11%。规模在 10 亿美元以上的并购交易，债务融资相对并购价格占比为 61%，较 2006 年的 67% 下降了 6%。[8]

相对债权资本，股权资本对于急切的并购基金行业则越来越丰富。行业将这种尚未使用但已经认缴的股权资本称为"干货"（dry powder）。据估计，在 2008 年至 2009 年，私募股权基金大概拥有 5 000 亿元的"干货"可用于投资事业。债权资本不再唾手可得的现实在随时警告着并购方，不能随性买来又弃之如敝屣。在跌宕起伏的投资历史中，我们要接受教训——购买前一定要三思而后行。

第四章

"你上次购买马桶座圈是什么时候？"

"When Was the Last
Time You Bought a Toilet Seat?"

收购达乐

2009 年 11 月 13 日的夜晚，理查德·德雷林（Richard Dreiling）站在纽约梦酒店（Dream Hotel）酒吧外的阳台上，深吸了一口气。小雨淅淅沥沥地停了，一阵疲惫正向他侵袭而来。他与妻子埃伦回到大厅，与同事互告晚安，准备回房间休憩。

漫长的一日终于结束了。当天上午，德雷林在纽约证券交易所敲响了开市钟，以纪念达乐公司（Dollar General）回归主板。过去的两个星期里，德雷林向不同的机构投资者进行上市路演，每次介绍长达一个小时，每日从早餐、午餐再到晚餐，总共九次或十次。德雷林一直在各大城市间来回穿梭，从纽约到丹佛，再到洛杉矶，有时候会因为在同一城市举行多场路演而稍作停留。两年半以来，折扣零售商达乐公司迷失了前进方向，苦苦寻找出路，最终在杠杆并购的高潮中被 KKR 收购。

德雷林刚毕业就在堪萨斯城（Kansas City）的一家达乐零售店看管库房，一步步逐渐成长为达乐公司转型的首席建构师。达乐公司是 20 世纪 30 年代在肯塔基州创建的，以"城中最不寻常的商店"作为企业使命。达乐公司拥有庞大的连锁体系（在 39 个州拥有

10 000家连锁店），并且始终保持着自己的特色。有人告诉我，要想真正了解达乐，就必须要到公司总部实地考察。在纳什维尔（Nashville）北部郊区古德雷特维尔（Goodlettesville）的一座低矮小山上，修葺着两幢四层复合式综合体建筑，那就是达乐总部，具体地址为特纳1号信实城，整条街是为了纪念公司的创始家族而命名的。

你会首先被这里的熊雕塑深深吸引——几座栩栩如生的金属熊雕塑矗立在总部门前的喷泉四围，另一座则懒洋洋地倚在附近的石凳上。大门里也陈列了一座，在圣诞节临近的时候，它会带上圣诞老人的帽子。这些熊雕塑是德雷林的前任小卡尔·特纳（Cal Turner Jr.）设计的，他是达乐公司的两位创始人的后辈，并在达乐公司担任CEO一职长达20年。

跨进前门，在中庭的一侧是微型博物馆"价值厅"（Hall of Values）。伴随着班卓琴（banjo）和小提琴弹奏的悠扬旋律，音响里传来的南部男中音正向游客们讲述着达乐公司的辉煌历史。顺着逆时针的方向参观，达乐的历史慢慢铺展开来：老卡尔·特纳（Cal Turner Sr.）和父亲J. L. 特纳（J. L. Turner）在1939年于肯塔基州的斯科茨维尔（Scottsville）开了第一家商铺，起名为"J. L. 特纳和儿子的批发店"。老卡尔·特纳辍学的时候才11岁，为弥补遗憾，达乐公司在教育以及提高素养方面的慈善活动不遗余力。

到1955年，特纳父子决定在店内推广"一元日"（dollar days）概念，并面向个人消费者直接销售百货商品。他们思忖着，如果有一家百货店每日都能将实惠带给消费者，那该有多好。初始的策略是以低廉的价格大量购买不必要的商品，然后再转售出去。老卡尔·特纳与供应商联系，购入大量的粉红色灯芯绒裤子，再在达乐商铺以每条 1 美元的价格对外销售。[1] 达乐公司的销售额不断扩大，1967 年，公司的净利润超过了 100 万美元，并在一年之后宣告上市。1977 年，小卡尔·特纳从父亲手里接管帅印。接下来，达乐公司继续跑马圈地，不断开设新址，从事收购活动。1983 年至 1985 年，达乐共收购了近 500 家门店，并忙于门店整合的具体事务。1985 年，达乐的营销收入接近饱和，停止了广告投放，开始专注于重组改革和品牌建设。以上是价值厅里记录的历史事件。

博物馆尚未记录近期发生的事件，比如达乐公司在 2004 年接受美国证券交易委员会有关会计不合规的调查。虽然公司从未承认任何指责，但却同意支付 1 000 万美元来了结此事。特纳在 1999 年以及 2000 年行使了股票期权，加上年度奖金共获得 680 万美元，在 2002 年辞去了 CEO 职务，并在 2003 年辞去了董事会主席职务。[2]

■ ■ ■

私募股权基金有机构投资者撑腰，又可以轻易从华尔街获得债务融资，对于四平八稳的企业不感兴趣，因为稳定的企业通常不具备并购基金经理向投资人保证的回报潜力。当市场上再难获得庞大的债务杠杆时，现金和债务组合开始搜寻正在面临经营重组或者其他重大变革的企业，而这一切需要从主导风云变幻的管理层着手。

德雷林有一头浓密的白发，这让他看起来与已故喜剧演员莱斯利·尼尔森（Leslie Nielsen）有几分神似。在他漫长的零售生涯中，他凡事亲力亲为，尽心尽力地付出，也获得了很大成效。面对各样人情世故，他总能迅速做出判断，并给出及时嘉奖。当分析师向他电话咨询时，总会在得到答复前收到"这是一个非常好的问题"的第一反馈。

2008 年 1 月，德雷林在价值厅外与达乐公司的全体员工首次正式会面。他走进中庭，站在小型舞台中央——搭建在一座熊雕塑前，面对着"欢迎里克·德雷林"的横幅。他看了一眼，心想："希望在 90 天后，他们还能像今天一样欢迎我。"

这样的担心是有原因的。在德雷林出现前的几个月，这批员工刚刚见到了新东家的代表迈克尔·卡尔伯特（Michael Calbert），他曾经担任一家杂货店的高管，在过去七年里，他在 KKR 主导收购零售商玩具反斗城。卡尔伯特与 KKR 的伙伴拉杰·阿格拉瓦尔（Raj Agrawal）和达乐公司 CFO 大卫·泰荷（David Tehle）以及过渡期间的 CFO 大卫·贝雷（David Bere）一起，在过去的九个月里共同筹划着达乐公司的未来战略。其中一项重要的工作就是为公司寻找管理者，德雷林正是他们所选之人。

尽管 KKR 确信这将是一次成功的交易，仍有很大的赌博成分，尤其考虑到正处在火山口边缘一触即发的经济环境。在经历了去年 7 月的交易癫狂之后，KKR 和银行伙伴们还没有从疲软的信贷市场争取到交易所需的资金。

在 1 月的某天，德雷林意识到，此刻最重要的是安抚人心。他打破僵局，向当地报社透露 KKR 将带来"转机"的新闻。

"虽然我不是施行大逆转的行家，但我知道那一天很快就要来到。"他告诉聚集在身前的员工，并从楼厅向外望去，"这也是你们的公司，我要赢得各位的尊重。"

尽管在加州和纽约先后工作了几十年，德雷林依然保持着中西部的优雅，这在南部是很吃香的。一大清早，他在电梯里被员工认出来："很高兴见到你，德雷林先生。"德雷林回复："不是德雷林先生，叫我里克。""嗯，好吧。很高兴见到你，里克先生。"

另一次，也是在电梯里，两位员工没有认出德雷林。他听到二人心存担忧地谈到当前公司缺乏方向："你觉得这周的项目是正确的吗？"

这种混乱正是私募股权基金提到的机会。

私募股权基金控制一家企业似乎轻而易举。在私募股权投资流程中，从养老保险基金和捐赠基金所融来的资金，将对大部分人产生深远影响。投资者、工人、管理层、顾客以及私募股权基金经理有着共同利益。电梯里的对话以及楼厅中期待的面庞，这些画面都在时刻提醒德雷林，他要面对的绝对不是一场学术会议。依靠在过去 30 年投资中练就的十八般武艺以及积累的成功经验，KKR 对这次交易应该胸有成竹。

■ ■ ■

2006 年和 2007 年是私募股权基金最光辉灿烂的日子，不管从哪方来面看，KKR 都是公认的最繁忙的私募股权基金。借着无数次的成功交易，KKR 赢得了良好的行业声誉以及更好的投资机会。

KKR 进入了并购的狂欢期。在 2006 年年底，KKR 打破了长期以来由自己保持的最大规模的交易纪录（20 年前，KKR 收购雷诺兹公司），收购了连锁医院 HCA。数月之后，黑石集团收购房地产上市公司（Equity Office Properties，EOP）打破了纪录。KKR 又以 432 亿美元收购得州公共事业公司（TXU），再次回到了收购额最大的宝座。

在达乐的交易中，最忙碌的非卡尔伯特莫属。他与 KKR 的接触始于 2000 年，由 KKR 投资的英国第四大超市西夫韦（Safeway）并购了休斯敦的连锁杂货店兰德尔（Randalls），那时卡尔伯特是兰德尔的 CFO。KKR 特别青睐零售行业，对细分市场超市业更是情有独钟。自创建以来，KKR 至少投资了五家连锁超市，以 1986 年收购西夫韦的交易最让人津津乐道。在接下来的 13 年里，最初投入的 1.29 亿美元为 KKR 赚取了 72 亿美元（约 56 倍的回报），这是 KKR 最成功的交易之一。

收购西夫韦之前，KKR 还从并购美国第三大超级购物中心钱弗雷德·迈耶（Fred Meyer）的交易中赚得超过九倍的回报。在控制西夫韦期间，KKR 还收购了连锁超市 Stop&Shop，这笔收购交易为 KKR 赢得十倍左右的回报。最终，KKR 控制的西夫韦以超过三倍的价格将兰德尔杂货店囊入怀中，卡尔伯特也就因此"归入"KKR。不过，并购杂货店的结果并不理想。在 1995 年至 1999 年 3 月期间，KKR 在杂货店布鲁诺（Bruno）的投资上损失了大约 2.5 亿美元。[3]

卡尔伯特是试验性聘用的，不过这是典型的 KKR 作风。在他与 KKR 进行入职谈判的时候，KKR 已经决定设立一个全新的部门——企业经营管理咨询部凯普斯通（Capstone）。凯普斯通将方便 KKR 为企业提供业务咨询，也不用再向麦肯锡、波士顿咨询或者贝恩咨询支付高额的咨询费。为组建凯普斯通团队，KKR 专门聘请了迪恩·尼尔森（Dean Nelson），他曾在壳牌石油以及波士顿咨询工作。

KKR 想要的是在现实社会中游刃有余的管理精英，不是中看不中用的商学院 MBA。卡尔伯特正符合 KKR 的胃口。卡尔伯特刚刚上任，就开始思忖零售业的投资路径，并在举世瞩目的 2005 年 KKR、贝恩资本以及 Vornado 联合收购玩具反斗城一役中总结经验。KKR 跟踪了整整一年，直到 2006 年的秋天，才决定收购达乐公司。卡尔伯特在 KKR 的加州门洛帕克（Menlo Park）办公室，召集了一组分析师对达乐公司进行数据收集和分析。

不过，数据无法展现达乐公司的全貌，卡尔伯特准备实地考察。他找来行业内的经验人士，包括达乐公司的前高层，陪同他一起对连锁店集中的南部区域进行调研。他与商店经理和客户聊天，搜集第一手资料，以配合在纽约和加州进行的定量分析。在 2005 年，他想收购达乐公司，无奈估值过高，他只有耐心等待。

没过多久，达乐公司在 2006 年遭遇了业绩大幅下滑。虽然经济环境良好，达乐公司却没有顺势而上，更多的挑战让企业高层手足无措。卡尔伯特介绍，达乐公司剩余库存极高，大部分连锁店的陈设杂乱无章。达乐公司被收购的传闻已经闹得沸沸扬扬。11 月下旬，CNBC 报道称贝恩资本和并购基金 Cerberus 准备联合收购达乐公司，推高了股票价格。

2006 年 11 月 29 日，CNBC 再次报道了达乐公司将关闭 400 家门店的消息，使得市场对达乐公司的收购计划再遇波折。达乐公司预计，为关闭连锁店和降低库存将花费 1.38 亿美元。当日该公司的股价下跌了 6%。

KKR 尚未显山露水，但是卡尔伯特已经在 KKR 内部积极奔波游说了。不是所有人都能体会他的兴奋。大多数情况下，KKR 的投资委员会需要召开五六次会议来判断一个拟投资项目，但对于并购达乐公司，投资委员会总共召开了八次会议。他们要求更多信息来支持卡尔伯特的观点，包括外部咨询顾问的独立报告以及顾问团队中另一位零售企业前高层的独立意见。最后，他们终于被卡尔伯特说服了。

2006 年 10 月 5 日，卡尔伯特会见了达乐公司当时的 CEO 大卫·珀杜（David Perdue）、前 CEO 小卡尔·特纳以及董事大卫·怀尔兹（David Wilds）。卡尔伯特向他们提出了 KKR 在收购前的尽职调查计划。作为上市公司，达乐董事会需要慎重考虑 KKR 的收购建议。次日，董事会管理委员会接受了 KKR 的提议，并向全体董事会成员发出公告。[4]

为此，达乐董事会成立了特别委员会，并聘请拉扎德银行加入包括雷曼兄弟在内的投资银行顾问团队。

最初，KKR 与 TPG 组成联合投资同盟，而黑石集团和贝恩资本则是他们的竞标对手。众多投资人和银行家们进驻到古德雷特维尔，焦虑情绪席卷了达乐公司总部。"第一反应就是迷茫，"CFO 泰荷表示，"人们都纷纷议论：'这对我个人意味着什么？'每位员工都非常紧张，心里想着：'我肯定会被辞退。'"

在 2 月下旬，拉扎德银行向竞标者提出了报价的最后期限。TPG 退出了投资同盟，KKR 报价每股 22 元，相对上周五，即 3 月 9 日的股价有近 31% 的溢价。拉扎德银行的分析师运用两种方法对企业价值进行评估，在乐观情况下估值为每股 21.25 美元。

达乐公司及其律师和银行家顾问正在焦急地进行电话沟通。黑石集团和贝恩资本则提出需要更多时间的要求。经过多方咨询后，达乐公司在 3 月 11 日（星期日）一致投票决定接受 KKR 的报价。

第二天清晨，KKR 公开宣布收购达乐公司。泰荷站在达乐公司会议室外，大部分的谈判过程都在这里进行。在 CNBC 8 点档的新闻节目（纳什维尔时间上午 7 时）里，他看到了 KKR 并购达乐的消息。在短短的几秒时间里，主持人播报了 KKR 并购达乐的价格等相关细节，并称其为一场公允的并购交易。泰荷长长地舒了一口气。

卡尔伯特和阿格拉瓦尔随后到达古德雷特维尔。在接下来的三天里，他们召开了全体员工大会，然后与管理团队坐在一起设计交易细节以及后续方案，以泰荷的原话表示，"在相互尊重、平和友好的气氛中展开"。卡尔伯特告诉高管："我们对现在的达乐公司充满信心。未来若是取得更大的成就，也都是受到你们的启发。"

所有人都很兴奋。接下来就是走流程，完成交割。KKR 需要准备近 28 亿美元的现金，由于 TPG 的临时退出，使得 KKR 只能吞下全部份额。简单地填张支票是行不通的，因为如此巨大的投资规模可能会触发一只基金中单笔交易的投资额上限等问题。KKR 需要其他投资机构一起啃下这块大蛋糕。

克雷格·法尔（Craig Farr）是一位友善的加拿大人，他自从南下离开老家加入华尔街后，就再也没有离开。作为花旗集团权益资本市场部的主管，法尔非常重视 KKR 这样的大客户，他与"西街 9 号"的深厚情谊要追溯到他在 KKR 欧洲基金 KPE 公开发行的时候。当克拉维斯和罗伯茨发展自己的资本市场部时，他们聘请了法尔，并交给他一项模糊的任务——让资金能够更好地在公司内外以及交易过程中流动。没有人知道这到底包含了什么隐藏意义，包括法尔在内。在 KKR 内部，他好像是刚踏进校门的新人。所有人都充满好奇，但又不太清楚要如何使用他或者派给他什么任务。对早已习惯华尔街的现有融资手法的交易人员来说，推行任何创新都非常困难。

随着并购达乐的交易渐渐进入尾声，法尔得到了证明自己价值的机会。乔治·罗伯茨打来电话："我们能如期交割吗？"法尔说："虽然，我来到 KKR 尚未满一年。但是，我向您保证，绝对没有问题。"法尔推荐了加拿大退休基金（Canada Pension Plan）作为联合投资机构，对方参与联合投资的愿望非常强烈，为降低管理费用，同意投入更多资金。法尔还说服了达乐公司的公开股大股东惠灵顿资本（Wellington Capital Management）参与联合投资。另一方面，高盛和花旗集团也通过各自的私募股权部门承包了债务融资部分。最终，KKR 集齐了所需的全部资金。"每个人都清楚地看到了资本市场部门的工作内容，"法尔说，"在此之前，有很多人持怀疑态度。"

该交易的合并权益资本约占 37%，对比历史数据，权益资本的占比较高（KKR 在收购雷诺兹的交易中，权益资本尚不到 10%），但是仍有 60% 以上的钱是借来的。恶化的经济环境使得 KKR 收购达乐公司的交易面临不确定性，另外近乎崩溃的信贷市场也使前景堪忧。

"我们深信这笔交易最终一定会达成，"泰荷说，"但是，我们还要继续努力。"

大多数杠杆收购的债权资本是贷款及债券的混合，由承销银行（高盛和花旗集团）和达乐高管组成的销售团队负责把债券部分销售给机构投资者。泰荷和总裁兼临时 CEO 大卫·贝雷则作为达乐公司的代表。

6 月的后两个星期，泰荷和贝雷是在密集的路演中度过的，不断地向潜在投资者进行债券推介。虽然他们对最终完成销售任务仍持肯定态度，但是泰荷承认自己需要信心的飞跃。"这将是一盘辉煌的棋局，一个伟大的故事，但它尚未实现。"泰荷说，"人们会说，'你从没有做过这些'。"

然而，第一周的反应普遍较好。在每日结束的时候，达乐公司的高管都要进行电话会议互通信息，一切看起来都很顺利，直到周日晚上。在波士顿晚上 10 时许，泰荷和贝雷从各自的酒店客房里进行电话会议，商议明早在这里与另一拨投资者的见面事宜。"出现了更多的负面评价，"泰荷说，"很显然，事情在周末恶化了。"

通话过程中，一位银行家建议推迟六个月再进行路演。

电话会议结束后，泰荷忧心忡忡地闯进贝雷的房间。然后，他打电话给卡尔伯特，向其表示了对推迟路演和债券销售的担心。"那种事不会发生。"卡尔伯特安慰泰荷。

最终，交易顺利完成。高盛和花旗减少了买家需要支付的中间费用，并各自掏腰包购买了部分债券。"他们做出了一些牺牲。"卡尔伯特说。但是，KKR 则是破釜沉舟，不仅承担债务，还要进行权益投资。交易于 7 月 6 日正式完成交割。接下来，卡尔伯特必须为达乐公司寻找适合的领导人。

卡尔伯特与达乐公司的董事长兼 CEO 大卫·珀杜达成协议，一旦交易完成，珀杜将辞去所有职务。贝雷则将暂代 CEO。于是，卡尔伯特可以有条不紊地寻找新一任领导人。

虽然工作经历相仿，但德雷林并不是卡尔伯特心目中的第一候选人。两人相识的时候，彼此都还在从事超市管理工作。那时，德雷林作为西夫韦的高级管理人员已经在为 KKR 工作。2000 年，西夫韦收购了连锁杂货店兰德尔，而卡尔伯特是兰德尔的 CFO。收购结束后的几年，他们一直保持联系。之后，卡尔伯特去了 KKR，而德雷林则担任连锁药店 Long Drug Stores 的首席运营官。几年后，德雷林又空降至由私募股权基金橡树山（Oak Hill Partners）控制的总部位于纽约的连锁药店 Duane Reade。

德雷林并没有过多关注 KKR 并购达乐的交易，就跟阅读头条新闻没有区别。在德雷林看来，这不过是 2007 年年初一笔规模较大的杠杆收购，交易规模约 70 亿美元。毕竟，KKR 购买得州公共事业公司的时候动用了近六倍资金，而银行家们还在幻想 1 000 亿美元的杠杆收购交易。发生在田纳西州的折扣店并购事件不过是轰动一时，呼啸而过。

一位没有参与达乐公司搜寻 CEO 的猎头向卡尔伯特推荐德雷林。卡尔伯特接受了这个提议，就打电话给德雷林。德雷林对卡尔伯特的反应是："你要我经营什么公司？"他显然有点受宠若惊，但仍故作镇定。他已有一份全职工作，并没有在寻找新的机会。"帮我个忙，"卡尔伯特说，"到新泽西州走走并参观几家门店，再告诉我需要做什么。"

德雷林接受了卡尔伯特的邀请。这位 KKR 人继续拉拢德雷林，他邀请德雷林在 2007 年的秋天到凤凰城（Phoenix），花一天时间参观连锁店。这是他考察 CEO 候选人的标准程序。在随后与德雷林的交谈过程中，他可以探得候选人的真实功底。德雷林在候选人中排在第四或第五位。"在他们进入门店后，我可以观察到很多，"

卡尔伯特说，"比如在面对员工时，他们是表现得高高在上吗？他们会重点关注什么？"

他们走进第一家连锁店，在如此狭小的空间里（大部分达乐门店的面积不到 700 平方米），卡尔伯特居然跟丢了，几分钟后才发现德雷林正在与商店经理攀谈。在另一家连锁店里，德雷林请阿格拉瓦尔过来，并指示运动型饮料佳得乐（Gatorade）的摆设给他看。"这里有绿色和红色，但是橙色去哪里了？橙色是第二畅销的品种，为什么连一个标签都没有？显然问题是出在进货。为什么你们只进第一号和第三号呢？"阿格拉瓦尔也没有答案。在第三家连锁店里，德雷林和卡尔伯特走过五金器具通道，看到马桶座圈。德雷林问卡尔伯特："你上次买马桶座圈是什么时候？"

一天的行程已经过半，两位 KKR 的高管在德雷林之前走出连锁店。卡尔伯特在停车场对阿格拉瓦尔说："你刚刚见到的那位将成为达乐公司的新任 CEO。"

尽管获得了卡尔伯特的肯定，德雷林并没有当时获得该职位。根据达乐与 KKR 的协议规定，招聘 CEO 需要克拉维斯和罗伯茨审核通过。

这样的组合是非常微妙的。卡尔伯特为德雷林预备了一系列与 KKR 高层的会议，包括以朋友聚会的方式谈论如何经营 KKR 最新并购的公司。毕竟，德雷林曾经是通过西夫韦进入 KKR 大家庭的，他个人对克拉维斯和罗伯茨无比敬仰。在感恩节期间，德雷林在加利福尼亚州度假，卡尔伯特邀他与罗伯茨共享午餐，并给出建议："你只需要阐明自己的想法。"两个男人谈论各自的孩子和生活，却很少提及达乐公司。德雷林深深明白，这其实就是工作面试，他谈论达乐公司越多，就越表明他对这份工作的强烈意愿。罗伯茨问他："按照 1 到 10 的标准，如果你是达乐公司的 CEO，你要给自己多少分？"德雷林说："我是 12 分。"罗伯茨没有给出任何反应。后来，他告诉德雷林，这是几十年来他第一次听到有人在他面前给出超过满分的自我评价。

现在，德雷林还剩一关要过。他被关在酒店套房里，完成由第三方机构主导的心理测试。这种测试又耗时又费劲，德雷林虽然不太情愿，也只能硬着头皮坚持下来。几个星期后，卡尔伯特打来电话，说克拉维斯想要见见他。某个下午，德雷林来到西街 9 号，被领进一间小型会议室，与克拉维斯的办公室相邻。在他等候召见的时间里，德雷林发现圆桌上摆放着一份来自某心理咨询公司的蓝色文件夹，上面记录着他的名字。克拉维斯走了进来，两人聊了近一个小时。跟罗伯茨的午餐谈话类似，涉猎的话题非常广泛。他们走出了会议室，德雷林忍不住朝克拉维斯手上的蓝色文件夹看了一眼。克拉维斯看看文件夹，回头对德雷林说："顺便说一下，你通过了。"

接下来就看卡尔伯特的了。随着圣诞节的临近，德雷林提议与卡尔伯特各自携带妻子一起度过，反正彼此早已熟识。丈夫们打高尔夫球，妻子们就结伴参观，并一起享用晚宴。在球场上，德雷林正式接受了卡尔伯特的聘书。

私募股权交易可以为参与方带来疯狂的收益，被收购企业的高管也不例外。这是任何一位投资经理在与高管谈话中强调的"利益一致性"原则。德雷林的年薪约为 100 万美元，与大型上市企业CEO 的薪酬相当。更大一部分收入来自公司股票。在 2012 年 4 月达乐公司向政府提交的资料表明，德雷林在售出小部分股票之后，尚持有约 154 万股的股份。按照当时每股 46 美元计算，他所持的股票价值约为 7 000 万美元。

回到 2007 年，那些报酬还只是理论上的。德雷林回复说，自己需要一些时间来考虑。毕竟，他已经有一份很喜爱的全职工作——为另一家 PE 基金管理收购的企业。但他并不打算回纽约呆上一个星期，就给负责连锁药店 Duane Reade 的橡树山合伙人打电话，表示想在假期结束后好好谈一谈。"任何人都知道，如果你的 CEO 打来电话，你肯定遇到了状况。"德雷林笑着告诉我。橡树山的同事很想挽留德雷林，提出在假期结束后与其重新商谈工作合同。德雷林同意了。

在曼哈顿中心，德雷林离开了靠近宾州车站（Penn Station）的办公室，走入当地的杰克叔叔牛排馆（Uncle Jack's），点了平素喜爱的红酒坐下。在他与酒保聊天的时候，手机响了起来，是乔治·罗伯茨的来电。电话里，罗伯茨向德雷林发出个人邀请，并劝说德雷林接受聘书。

德雷林对 KKR 的低调神秘充满新奇，他向罗伯茨保证自己会仔细考虑。下周一，他接受了这份工作。

■ ■ ■

我想知道在德雷林眼中的达乐连锁店是什么样子。于是，我们跳上租来的小车，驶向达乐总部山脚下的一家连锁店。从总部会议室的窗前向外眺望，一眼就可以看到那一家门店。

很显然，这是一家展示店。我对店面经理要同时应付游客和达乐的来访者非常同情。德雷林陪伴我参观了整家门店，并跟我谈论最近连锁店或大或小的各种变化。小的方面，比如悬挂促销商品的垂直条带，为防止店员在夜间补充货物的时候碰掉，已经把它们改为固定在货架上的样式了。大的方面，20%的门店经理曾经对门店拥有销售品种自主权，这意味着如果店主是一位狂热的猫王迷，这家门店将被猫王的各类纪念品塞满。现在，商店经理对商品销售品种的自主权完全为零。

曾经的达乐门店对各类商品要怎么摆放也不太在意。德雷林发现，把商品归类摆放的理论或者实用知识其实本来就很少。大体上，同类商品比如内衣和胸罩等都放置在同一通道两旁。

但是，德雷林仔细研究了顾客的每一步行踪。当我们走过时，德雷林注意到蜡烛的销量不太好，因此明年他们打算摆放四排货架的蜡烛，而不是八排。这里的一切都与房地产经济息息相关。"7 200平方英尺"（近 670 平方米）成了德雷林的口头禅，经常挂在嘴边喋喋不休。

这里再也看不见马桶座圈了。

德雷林接手后，他让泰荷租用了约 5 000 平方米的空地，并用三种布局进行陈列，以选出最适合的达乐效果。今天我们在门店看到的，都是这些尝试带来的结果。"现在，我们对旧有的都做出了相应调整。"德雷林说。服装是最难出彩的。他们进行了大量研究，找出核心顾客购买的主要品类。研究发现，尽管达乐公司的绝大多数顾客是女性，但女性服装销量不佳。她们在达乐购物的原则是孩子第一，丈夫第二，自己第三。

另一项发现是哪些商品会吸引顾客进店并最终选择购买。德雷林表示，在零售连锁店中："消费品吸引了客户入店，而非消费品则装满了购物篮。"这意味着顾客为了鸡蛋进到连锁店里，当他们想起要为孩子购买一样生日礼物，或者一件新 T 恤，或者一件学习用品时，你就赚钱了。考虑到这一点，现在每家门店都有新鲜牛奶销售。当我们参观时，他指给我看，门店里也开始销售橘子味的佳得乐。

华尔街非常重视消费品和非消费品的区分、同店销售增长速度、扩张计划以及潜在收购对象等因素。这些因素直接决定了财务模型以及盈利预测和最终的股票价格。在我参观的时候，达乐公司正在与券商（卖方）及机构投资者（买方）的分析师开会。达乐公司获得了一些举足轻重的投资者的关注，其中包括沃伦·巴菲特。截至 2011 年年底，巴菲特是达乐公司的十大股东之一。在 2011 年的第三季度，他增持了一倍的股票。巴菲特的爱好总是很酷，对私募股权基金的批评更是直言不讳，但有时候他甚至成为众多投资机构的领投方。在预先录制的 2010 年公司治理会议的讲话中，巴菲特表示伯克希尔哈撒韦公司（Berkshire Hathaway）一向避免从并购基金手中购买企业，因为他们不像企业家一样"爱护企业"。巴菲特倾向于投资那些在收购后仍然由原高管来继续领导的企业，因为这样可以从他们对企业的"热情"中受益。[5]

华尔街对达乐公司颇感兴趣，是因为达乐的业绩表现优于资本市场熟知的家多乐（Family Dollar）。2011 年，家多乐在股东纳尔逊·佩尔茨（Nelson Peltz)的积极带领下成功完成了反收购，由此获得大批对冲基金的青睐。对冲基金巨头比尔·阿克曼（Bill Ackman)在 2011 年购进家多乐的股份，并在当年举行的纽约投资会议上表示，只要家多乐能够复制达乐公司的成功路径，他有信心该笔投资能够带来丰厚收益。[6]

我问德雷林，他是否担心已经给竞争对手留下了击败自己的可寻之路。"在零售业没有商业机密。"他说，"这并不是关乎战略。实际上每个人都有很棒的想法，但成功的关键在于执行力。"

■ ■ ■

谈到执行的部分，卡尔伯特以及后来的德雷林曾向 KKR 内部的咨询部门凯普斯通寻求企业经营以及公司治理方面的帮助。凯普斯通向卡尔伯特提出，在尽职调查过程中，将协助交易团队完成达乐公司 100 日计划书。在完成交易后的几周，由凯普斯通三位高层组成的咨询小组来到古德雷特维尔。他们在那里驻扎了 100 个星期。凯普斯通总监迪恩·尼尔森还在相当长的时间里担任达乐公司董事一职。跟其他私募股权巨鳄相同，KKR 的企业运营专家将一路与企业陪跑。就像是德雷林为达乐公司做出了未来规划，而尼尔森的团队则会尽力协助企业达到目标，"有些想法是企业提出的。你必须弄清楚如何帮助他们做到这一点。"

针对达乐公司的经营现状，凯普斯通提出了近乎无情的"重新推销"店面计划。没有什么品牌是神圣不可侵犯的，每个商品都需要计算每平方尺带来的利润。例如门店曾经销售四个品牌的电池，但是研究结果表明品牌太多使得优势无法凸显，于是解决方法是砍掉两个竞争力较差的品牌。

对自有品牌重新制定生产和包装标准是"重新推销"计划的另一重要部分，因为这将直接影响商品质量和品牌声誉，特别是在发现有老鼠出现在自有绿豆品牌的包装袋中之后。

尼尔森将自有品牌的改良计划交予丽贝卡·米可利肯（Rebecca McKillickan）负责，她花了足足两年的时间来重整业务。德雷林是狂热的减肥汽水粉丝，对自有可乐品牌非常感兴趣。但当他品尝了样品，几乎全部吐了出来。原来是供应商为了节省成本，更改了配方。"为此，他亲自带领科研人员修改了配方。"尼尔森说。

在总部以外数百英里，有证据表明达乐公司的庞大计划正在向前推进。圣诞节后的几天，我来到妻子家乡的达乐连锁店。这里的小镇叫做沃尔顿（Walton），在纽约州北部的卡茨基尔山脉（Catskills）附近，人口有 6 596 人。这里的农村环境对折扣零售店的盈利是很大的挑战，在 400 米外的地方还有家多乐的门店，距离特拉华州街（Delaware Street）只有几个街区。

在安静的清晨，店里正在卸除圣诞节的装饰，包括节日商品大减价的标示等。在一组货架上有一张传真，介绍了如何在门店中央位置正确地摆设情人节的糖果以及礼物。我发现了店里一个极具当地特色的商品：支持当地高中运动队沃尔顿勇士（Walton Warriors）的亮橙色 T 恤。

这家达乐门店与几个街区之外的闪闪发光的德雷林办公室风格迥异，但你总能找到二者共通的蛛丝马迹。虽然它并不是镇里最具特色的门店，但它已经成为镇里新一代商铺的典范。

2009 年的春天，达乐公司的一些管理高层和 KKR 欣喜地发现，达乐公司的发展大大超乎他们的预期，在当年申请 IPO 成为可能。2009 年 5 月，德雷林与他的直属团队召开了战略会议，并邀请卡尔伯特参与。卡尔伯特向管理层提出了 IPO 计划，并极力宣传。

在 2006—2007 年期间，卡尔伯特和 KKR 对达乐公司的调查报告指出——经济已经达到顶峰，并且很快将顺势而下。也就是说，人们将开始寻找存钱的渠道。卡尔伯特和德雷林说，人们虽然不情愿，但这样的结论是对的。"宏观经济只是让我们所做的实验发生得更快。"德雷林说。在经济衰退期间，受到惊吓的美国消费者们开始想办法存钱，并且把这些习惯带到了缓慢的经济复苏当中。

对达乐公司的典型顾客而言，她的家庭年收入约为 4 万美元。德雷林的工作就是确保她能够快乐地购物，并且带来她的朋友。达乐公司把这些消费者分为"淘货者"和"拣货者"两类。淘货者是指来达乐公司购买个人必需品的消费者，她们的购买目的已经决定了不会购买价格较高的非必需品。她们的家庭收入通常高于平均家庭，达到年收入约 7 万美元，但是她们总是想尽各种办法来省钱。而另一类消费者——"拣货者"，则是相对富裕的客户群，她们到较为高端的杂货店购买食品，顺便也会买一瓶家用清洁剂。

IPO 提供了另一种有趣的测试：这将是 KKR 资本市场部第一次进行股票发行承销。对达乐公司 CFO 泰荷来讲，这里面区别很大。"任何其他公司，他们想推销股票给你，那是他们的工作。"他说，"但是在与 KKR 的资本市场部共事时，你能感觉到他们确实以业务合作伙伴的姿态来对待股票发行。"达乐成功上市了！在短短几年时间里，KKR 和其他投资者赚得了巨大回报。股权投资者对达乐公司支付的股本价值为每股 8.76 美元。首次公开发行价格为 21 美元，当日的账面回报就超过了其两倍。在 2012 年 5 月，达乐公司的每股价格超过了 46 美元。

KKR 在 IPO 中仅卖出少量股份，在随后的二次增发中卖出大部分，其中第五次抛售是在 2012 年 4 月，每一次的股票价格都更高，2012 年的一次抛售是以 45.25 美元卖出的。2011 年 12 月，为提高债券评级，达乐公司用多余的现金从 KKR 手中回购了部分股份，以减少流通股数量。

KKR 是达乐公司杠杆收购抢攻战中的胜利者。其对得州公共事业公司和信用卡支付处理服务商 First Data 的两笔收购还在继续奋斗，看来 KKR 和它的投资者很难在这两单中回本了。

温和而严肃的泰荷，曾与达乐公司共渡难关，随着达乐公司走出危机，他在 11 月的纽约证券交易所里迎来了个人职业生涯的辉煌时刻。在 KKR 王朝时期，他曾面临是否继续留任的困扰；在 2007 年信贷危机中，他也曾为私有化交易的顺利达成而焦急等待。

"这是欢呼雀跃的时刻！"在总部访问的时候，泰荷告诉我。他身着粉红色的法式衬衫，袖扣呈方形，上面写着 "DG" 与 "NYSE"，是为了庆祝达乐 IPO 的纪念品；德雷林自己也有两件。"没有人想到这一天会这么快到来。这是我们一直努力的方向。"

第五章

现代艺术

Modern Art

KKR 的故事

亨利·克拉维斯和表弟乔治·罗伯茨各自写下一张支票，再加上他们的前老板和现合伙人杰罗姆·科尔伯格的支票，总共有10万美元。

这是设立科尔伯格-克拉维斯-罗伯茨公司（Kohlberg Kravis Roberts & Co.）的全部启动资金，三位男士不用再多花半分钱了。KKR曾是这家PE基金的非官方名称，现在则被正式沿用下来。这两位堂兄弟成为了超级亿万富翁。在接下来的十年中，由于对公司未来战略存在分歧，科尔伯格离开了KKR，并在纽约郊区的Mt. Kisco小镇设立了科尔伯格公司（Kohlberg & Co.）。其后，科尔伯格投资的公司包括体育用品制造商鲍尔（Bauer）、基督教出版商托马斯·纳尔逊（Thomas Nelson）以及中央停车场（Central Parking）等。他自己还拥有玛莎（Marthas）AOS葡萄园的葡萄园公报（Vineyard Gazette）。

今天，在克拉维斯位于总部西街9号43层的角落办公室里，悬挂着KKR当年的银行开户原件。摩根大通的吉米·李将KKR历年以来购买的企业商标收集起来，当作礼物送给KKR，从连锁超市西夫韦到连锁酒店Motel 6，这一串商标真是让人应接不暇。根据李的礼物可知，KKR涉猎的企业从食品公司德尔蒙（Del Monte）到韩国啤酒商东方啤酒（Oriental Brewery），可谓不计其数。历史上，KKR曾三次登上最大规模杠杆收购交易的宝座。

KKR于1989年以 300亿美元收购了雷诺兹公司，凭借这次交易，它成为当时最为知名的并购基金。无论是在路人的闲聊中，还是在感恩节晚餐的谈资中，你都可以感受到它的知名度。畅销书《门口的野蛮人》（Barbarians at the Gate）记录了这笔交易的细节及内幕，向大众描述了扣人心弦的商业故事。该书的作者布赖恩·伯勒（Bryan Burrough）和约翰·希利亚尔（John Helyar）生动地捕捉到交易过程中的细枝末节，将人物的心情意念以及铁一样的手腕刻画得淋漓尽致。华尔街认为该书对细节的追求无比真实，让人如临其境，胆战心惊，而又心悦诚服。

就好像野蛮人不畏时代的风风雨雨，雷诺兹交易在私募股权投资历史上也留下了浓墨重彩的一笔。尽管它掀起了大型并购交易的热潮，但这笔交易依然是前无古人、后无来者。接下来的近20年里，在交易规模上其他私募股权基金也只能望其项背，无法超越。即使在今天，人们一谈起该笔史诗般的交易巨作，依然会对KKR赞叹不已。

■ ■ ■

KKR的纽约总部极尽奢华，保安严密。拜访者推开木制大门后，会看到一名警卫站岗，远处是中央公园（Central Park）。前厅铺设着华丽的地毯，四围摆放着克拉维斯收藏的现代派艺术品。KKR总部的陈设是克拉维斯的妻子玛丽乔丝·克拉维斯（Marie-Josée Kravis）亲手设计的。走廊里的大部分艺术品充满现代气息，会议室的作品则更显庄重。沿着大厅一直往深处走，位于克拉维斯的办公室旁边的小型会议室里，你会看到两幅辛蒂·雪曼（Cindy Shermn）[⊖]的巨幅照片面对面地悬挂在墙壁上，这是从艺术家拍摄的俗世小丑系列摄影作品中精选出来的。

在KKR的办公室里，你总能找到早期创业时留存的痕迹，不仅是克拉维斯的办公室前厅装裱的银行印鉴。克拉维斯经常在相邻的小型图书馆里召开会议，那里有一幅当年克拉维斯和罗伯茨在离开贝尔斯登（Bear Stearns）后，于曼哈顿市区"乔和罗斯餐厅"（Joe and Rose's）共进晚餐的图片。现在那家餐厅已经换成了女装零售连锁Dress Barn的门店。

任何就职或者曾经就职于KKR的人士，包括亨利和乔治表兄弟在内，都认为二人的合作亲密无间。没有任何的投资机构像KKR一样，能够将家族的DNA复制到公司的DNA当中。

亨利和乔治已经相识了66年，这可以追溯至图尔萨·克拉维斯（Tulsa Kravises）家和休斯顿·罗伯茨（Houston Robertse）家在马塞诸塞州的马布尔黑德（Marblehead）合办的家庭度假上。不过，两人对此肯定毫无记忆。随着年龄的增长，两人越走越近，双方的父母在闲聊中经常提及他们的第一次相识。作为孩子，他们时常一起玩耍。最后一次的主要分歧是在七岁的时候，两人对一辆自行车产生了争执，克拉维斯对此总是津津乐道。

那时，亨利刚刚获得了一辆崭新的自行车，乔治也来凑热闹。

⊖ 辛蒂·雪曼（1954 年 1 月 19 日—）是知名的美国女摄影师与艺术家，以自己出演所有摄影作品中的主角为特点且闻名于世。她的作品经常有着过度饱和的色彩，无意识的表情，以及浓妆和舞台般的灯光。她常被女性主义一起当作讨论议题。——译者注

乔治想骑它，但是亨利不愿意。乔治骂亨利不够朋友，亨利气急了，追着乔治满屋子跑。结果他一头撞在墙壁上，造成脸部受伤，最后不得不去医院就诊。至此，纷争止息。

对于大部分人来说，除了中学阶段和夏令营期间以外，"最好的朋友"的使用次数是有限的，但克拉维斯到现在还使用这个词来形容罗伯茨。几十年来，他们每天都会打电话或者见面。在当今电话和网络盛行的多媒体通信时代，两人虽然已不再进行单独的日常联系，但每天都会一起参加公司内部的群体会议。

长久以来，两位男士在工作信件里的简称为"HRK"和"GRR"，大家公认他们俩已经密不可分。"他们之间有着深刻的情谊和坚固的盟约。"资本市场部负责人克雷格·法尔这样说。这样的伙伴关系贯穿于公司经营的各个方面。虽然两人肯定有不一致的地方，但是他们彼此信任，在对方代表自己发表意见的时候也欣然接受。对媒体和投资人发出的任何声明，都是两人共同认可的。在我们的谈话中，克拉维斯在谈及KKR的各类大小决策时，都会引用"乔治和我"的字样。

"我们是两个人，同一个声音，"克拉维斯说，"如果我们不统一，我们就把事情摊在台面上。如果其中一人持完全反对意见，那它就不会发生。"在另一次谈话中，他用一支拥有"双头四分卫"的橄榄球队来比喻KKR。当我问罗伯茨如何让这样的观念由上至下地传达给全公司的时候，他把这比作在健康的亲子关系中，父母以身作则为孩子树立榜样。"我和亨利之间没有芥蒂"，他说，"这有利于我们在公司推行政策和决策。"

两位创始人彼此协作，言行一致，牢牢地掌控着苦心经营的公司。KKR的公司文化无疑反映了这一点。公司由上至下，从内到外，从西街9号总部到门洛帕克以及每个办公室，所到之处纪律严谨，而"坚韧"（relentless）一词是我在这里一遍又一遍听到的。

雷诺兹公司的并购交易在当时实在是开天辟地的壮举，这是典型的KKR"干大事"的作风。几十年来，KKR都是以并购知名的大型企业著称。它的合作伙伴大都喜欢有章有法的行事方式，但在与KKR的合作中也只能放下身段，既兴奋又忐忑地跟随KKR成就大事。或许严谨与疯狂之间仅一线之隔，而这种力求完美的执著，体现在KKR总部大厅里惟妙惟肖的浮雕上，体现在墙上的艺术作品中，体现在KKR每个人精致的衣着中，也体现在每一次心无旁骛、全神贯注的会谈中。这在KKR招聘人才的方式上体现得尤为明显。我听到过持续数月的三四十轮的面试故事。直到十年前，所有候选人都要与每一位合伙人会面的面试逻辑已经行不通。回顾在1993年的入职面试，首席行政总监（CAO）托德·费舍尔（Todd Fisher）表示："面试的强度让人震惊。"

■ ■ ■

和没有经历过CEO更替的其他公司一样（凯雷集团是另一个最佳例证），创始人之间的默契合作被看作是一项重要资产。但这种依靠合作关系和灵魂人物人格魅力的经营方式，是否能值数十亿美元，这对于KKR的所有公募和私募投资者来说仍不确定。在2011年，克拉维斯告诉社会公众股的股东，他和罗伯茨已经敏锐地意识到继任者计划的重要性。"你们必须知道的是，乔治和我对这件事情也非常重视，"当年3月，他在纽约的皮埃尔酒店（Pierre Hotel）举行的投资者会议上表示，"我们一直在探讨KKR的未来。我们认为，除非你已经储备了一系列人才，否则你不能带领任何企业。"

除去创始人以外，全球资本管理部总监斯科特·纳托尔（Scott Nuttal）是全公司最知名的人士，他负责监督公司所有的资金募集活动和新兴业务。他是管理委员会成员，也是在季度电话会议中与公众股东以及华尔街对话的首席高管。

纳托尔见识了KKR严苛的纪律，并且，他也领会了克拉维斯和罗伯茨的"不仅是两个人的公司"一语包含的真谛。在我们的谈话中，他回避谈论自己，总是把话题带回到公司上。在20世纪90年代初，他在黑石集团担任分析师一职后未过多久就加入KKR，并逐渐获得了信任。目前的角色使他成为能够运行公司的少数人之一。作为管理人员，他负责监督金融创新以及资金募集；更重要的是，他还是一位交易执行者。

到目前为止，纳托尔已在KKR度过他的大半职业生涯，他一直被灌输要继承KKR的光荣传统。"投资机构发现了有潜力的行业，却往往浪费了投资机会，"他说，"我们要确保这些失误不再发生。在投资中带有一丝焦虑，这是很好的。"

纳托尔是同龄人中的神童。威廉·索恩（William Sonneborn）负责KKR的资产管理，42岁。弗雷德里克·戈尔茨（Frederick Goltz）跟索恩一样在旧金山办公室工作，41岁。

2008年年初，索恩通过纳托尔的牵线搭桥加入了KKR。那时，纳托尔正在KKR主导员工控股收购TCW的交易，索恩则是TCW的总裁。一个电话促成了在西街9号的面谈。纳托尔很快确定了他并不想购买TCW，而是想聘请索恩。他迅速把索恩介绍给克拉维斯，并邀请索恩参加几周之后举办的KKR年度会议，离索恩工作地点不远。

索恩抵达位于加州卡尔斯巴德的度假胜地La Costa（属于KKR所有，在这里定期举办KKR的年度会议）。在年会上，他得以全面了解KKR。索恩与不同的合伙人进行了20多场面试，并且与罗伯茨初次会面。其中印象最深刻的当属在年会中的运动环节有多位高管受伤。"毕竟，这群人都是酷爱竞争的A型人。"索恩说。

运动环节是当年会议的新增项目，这个创意也是由从KKR第一批分析师中脱颖而出并供职12年的老将戈尔茨想出来的。为了给自己和同事们增添活跃的气氛，他想到了足球。在此之前，罗伯茨仔细阅读了活动议程，并对戈尔茨的安排提出质疑，担心会有太多人受伤，并坚持让他同时准备排球项目。戈尔茨只能让步，但他指出有些伤情包括扭断手指等均来自排球项目。"问题是，你不能拿这件事对乔治寻开心。"他告诉我。

戈尔茨与罗伯茨的深厚友谊要追溯至戈尔茨刚加入KKR的时候，那时KKR仅有22位高管。戈尔茨出生于宾夕法尼亚州西部，在宾夕法尼亚大学（进入KKR之后，他还获得欧洲工商管理学院的工商管理硕士学位）毕业之后，他进入华尔街。他曾试图说服罗伯茨让他留在纽约，但罗伯茨坚持这份工作需在加州办公。戈尔茨加入时，办公室还不到十人，并且只有一台笔记本电脑，如果谁需要周末加班带电脑回家还需要签署相应文件。

那时的公司会议在韦尔（Vail）举行，在克拉维斯和KKR长期合伙人保罗·雷瑟（Paul Raether）的房子里，二十几个人齐聚一堂。戈尔茨第一次参加了高赌注的扑克游戏，这对他来讲是决定性时刻。庄家允许他和其他人用个人信用作为赌注。那时的戈尔茨还是急躁的年轻人，最后输得很惨。这次聚会结束后，他仍对自己欠下的一屁股债久久不能释怀。突然，他好像大彻大悟一般。"这不是钱的问题，"他说，"这是教训。最终，你最终要对自己的所作所为负责。"

之后，戈尔茨作为联合主管负责KKR的能源业务，他在2008年提出了新的设想：设立一只专用基金，尝试夹层贷款（mezzanine lending），即在杠杆收购中，若传统的银行贷款用不上，则采用高利息的债务进行融资。推行该项业务是典型的KKR做事方式。"我们花了多年时间，苦苦思索。"戈尔茨表示。最终，他们选择在2008年年中切入，但等待他们的却是分崩离析的金融世界。"本来是直截了当的过程却花了整整三年时光。"他说。戈尔茨组织了几十场投资会议，因受到全球信贷危机的影响，最终无功而返，但是他们仍然关注潜在投资者的反馈。当世界经济从金融海啸中逐渐恢复，在2011年年底，他终于能筹到资金，设立了10亿美元的夹层基金。

索恩和戈尔茨均表示，推出这项基金背后的种种磨难以及团队成员的不懈努力，集中体现了KKR百折不挠的核心精神。不过有时候，这样费时费力的行事方法在很大程度上也让KKR落后于更加积极灵活的竞争对手。"我们深思熟虑后做出这样的决定，然后坚持到底，"戈尔茨说，"过去10年以来，KKR一直在转型。但是我们不会'能拿多少算多少'。这样的做事方式不在KKR的DNA中。"

因此，戈尔茨和索恩以及他们的团队只能继续折腾。索恩加入KKR相对较晚，他的职责是负责近期的业务扩展，并且为尝试新业务吹响号角——为旧金山办公室申请业务执照。虽然他的办公室是KKR最引以为豪的门面——第50层的办公室拥有欣赏金门大桥（Golden Gate Bridge）以及太平洋的开阔景观，西街9号的景观与此比起来就小家碧玉多了——索恩正在尝试突破公司风格底线。2012年3月，他放弃了自己的办公室，在新扩建的交易大厅里坐下，以适应不断增长的非私募股权投资业务。"我们正在尝试新鲜的玩意儿，"他说，"我们拥有更年轻的后生力量以及更前沿的业务线。"

那些供职于公司几十年的老员工们则为公司保持了一种平衡。现任北美私募股权投资部联合主管的迈克尔·迈克尔逊（Michael Michelson）曾是Latham & Watkins律师事务所负责KKR业务的外派律师，他于1981年正式加入KKR；另一位联合主管亚历山大·纳瓦卜（Alexander Navab）于1993年加入KKR。雷瑟于1980年加入，目前负责投资组合管理委员会。

2009年，克拉维斯和罗伯茨决定提拔1993年加入的托德·费舍尔为新设立的首席行政官。说服费舍尔的过程一点也不容易。本来两兄弟想让外聘者来担任该职位，但最终决定从内部寻找合适人选。"这是对现有管理体系的挑战，"费舍尔说，"我不能告诉你这是升职或降职。"克拉维斯私下向我承认，他和罗伯茨向费舍尔和其他高级管理人员的授权过程不太顺利，而费舍尔对此情形看得一清二楚。"这并不是一次轻松的谈话，"费舍尔说，"这牵扯到很多人。我与他们长谈，并且要他们能够坦白到底哪里出现了问题。最终，他们艰难地咽了口唾沫，回答道：'我们希望做到这一点……'"

费舍尔现在负责法律、公共事务以及融资等事宜。他拥有塑造KKR未来的机会，就好像创立之初的情形一样。"我们原来是运营一家小商店，但我们逐渐把自己变成了一个机构。你如何把新增的600名员工与原有的300名员工很好地融合在一起，并尝试保留公司原本的独特文化而不是被外来文化所困扰。"

大多数管理人员的任期都比较长，加上克拉维斯和罗伯茨在雇用其中每一位时扮演的角色，意味着两兄弟拥有在任何时候调用任何人的能力。"不管组织结构图看起来是如何整齐，他们总会先找到认识良久的同事进行交谈。"戈尔茨说。这样做可以给管理人员额外的动力，也让两位创始人能够全权掌握当前所有重要事宜。

展望未来，一种可能性是克拉维斯和罗伯茨将首席执行官职务交给另一对将长期委身于KKR的高管。这对兄弟很可能把二人的相处方式传递给下一代接班人，以平衡自己在公司的领导地位。在非杠杆收购业务成为转型重点的情况下，这对继任者中至少得有一位是负责非私募股权投资业务的。

克拉维斯向我肯定地表示，目前还没有任何关于后HRK和GRR时期KKR在组织结构方面如何变更的决定，也没有提及将来是单一的CEO还是联合CEO。即使在克拉维斯身后长长的板凳席上，也无法找到任何一位或者一对候选人，可以完全代替这对兄弟为KKR掌舵。这两个身高六英尺的家伙，在公司内部投下长长的影子。

■　■　■

离开贝尔斯登使得创始人能够专注于建造他们梦想的公司。在贝尔斯登办公室的最后一天，克拉维斯刚从外地出差回来，发现自己的办公室被反锁而外面站着一名警卫把守。科尔伯格辞职之后，克拉维斯和罗伯茨相继宣布离开，贝尔斯登随后彻底清理了克拉维斯的办公桌但保留了他的档案。35年以后，每次提及此事，克拉维斯仍然颇有微词，并对保安的口吻念念不忘。

辞职时的不快经历，以及在职业生涯初期即树立起不为他人打工的决心，使得克拉维斯和罗伯茨对公司文化近乎痴迷。在一次采访中，克拉维斯两次向我提到，应该关注KKR传递的企业文化以及公司价值，这在KKR的年度报告中也占了很大篇幅。

在对KKR十余位高管的采访过程中，我惊异地发现他们在传递信息时保持的一致性，不过他们向我发誓，自己没有收到任何指示。他们把这些共同点归因于克拉维斯和罗伯茨坚持不懈地把二人的性格特质带入到KKR的日常管理中。KKR的工作观是中西部"能行"的谦卑与华尔街无穷野心的混合体。KKR是属于奋斗者的公司。

克拉维斯最喜欢的面试问题是候选人读过什么书。受商学院的影响，他要求候选人描述各自的个人资产负债表，也就是说在他们看来，自己的资产和负债是什么。他说，他会对每一个候选人施加压力以求全方位考察；他假设，如果他们能够通过，那至少说明了他们很聪明。现在负责KKR亚洲私募股权投资业务的约瑟夫·裴（Joseph Bae）在面试KKR前，曾考虑过将钢琴作为终身事业，克拉维斯对此非常好奇并在面试过程中存心刁难。马克·利普舒尔茨（Marc Lipschultz）在大学期间曾撰写过一篇有关意大利文艺复兴时期诗人但丁的深度研究论文。二人均任职于KKR的管理委员会，共同参与KKR的重大决议。

克拉维斯说："聘用新人需要经历漫长的考验。"他和罗伯茨坚持认为，要对候选人进行足够多的面试，才能决定是否聘用，这样也避免有人会认为这是"亨利的人"或"乔治的人"，且无须对新人产生昙花一现的担忧。"我们希望人们进来的时候，已经把各样风雨抛诸脑后了。"

罗伯茨知道他的同事们作为面试官时的强硬手腕，在自己的面试中，他则更偏重考察候选人的性格。他会示意候选人谈论对自己影响至深的失败经历，即使失败不是他们导致的，例如父母的离婚。戈尔茨说，在面试结束后他发现，罗伯茨没有问过任何业务方面的问题。"整个谈话都是关于我的家人和我成长的心路历程，"戈尔茨说，"他更关心的是，'这是我将要长期共事的那一位吗？'"

这种招聘方法也被称为"晚餐测试"或是"出租车和服务员测试"。这是一种适用于所有人的方式，考察标准是计算候选人在一顿饭期间向服务生表达了多少次"请"和"谢谢"。索恩说，有些候选人已经通过了几个月的面试，但偏偏就在这轮中折戟。"我们想知道他们在没有人关注的时候，是如何对待他人的。"罗伯茨说。

∎ ∎ ∎

在克拉维斯的图书室一角藏着两支棒球棒。一支是约瑟夫·普拉莫瑞（Joseph Plumeri）赠送的路易斯维尔（Louisville Slugger，知名棒球装备制造商）球棒，克拉维斯说服其于20世纪90年代后期担任保险经纪公司韦莱集团（Willis Group Holdings）的CEO。另一支则是资深投行家大卫·诺尔顿（David Knowlton）馈赠的。

在20世纪80年代中期，诺尔顿首次与克拉维斯碰面时，在制造商汉诺威信托公司（后被摩根大通银行收购）任职。那时，KKR主要与其他银行开展融资业务，诺尔顿的老板让年轻的他负责与KKR建立合作关系，向KKR提供潜在交易的信息以及建立银行业务往来。诺尔顿的第一项任务是与KKR在Simpson Thacher律师事务所的长期外派律师理查德·贝亚蒂（Richard Beattie）共进午餐。诺尔顿告诉我，关于KKR他的建议是："拜访整个公司，并且不要忘了乔治和亨利。"

贝亚蒂安排诺尔顿在西街9号共享午餐。在接下来的一年时间里，他们在KKR的两个项目中共事。自此，诺尔顿与克拉维斯建立了近20年的友谊。

诺尔顿盯上了Hill Partners，随后这家公司被出售给投资机构FBR Capital Markets。2011年，他创建了总部位于纽约的精品投行Three Ocean Partners。在新闻发布会上，克拉维斯向诺尔顿表示愿意与诺尔顿的投行员工分享自己的成功之道。诺尔顿告诉我，克拉维斯向年轻的华尔街银行家建议，如何在相互作用日益紧密的华尔街获得成功——"要有趣，要有关"。

在某种程度上，KKR的现代企业文化不仅体现了自身的成长，也代表了该行业的日益成熟，以及核心人物克拉维斯的逐渐转变。早期的克拉维斯是一位性情中人，根据《门口野蛮人》一书所言，30多岁的克拉维斯在工作上非常努力，在玩乐上也毫不耽误。在生日宴会上，他会骑着摩托车环绕整座公寓。[1] 那时正值雷诺兹公司交易的关键时刻，与克拉维斯此举的张狂相映成趣。当时他的妻子是时装设计师卡罗琳·罗姆（Carolyn Roehm），他们二位是曼哈顿社交圈的风云人物。

在21世纪，克拉维斯则是一个另类。现在，当快至七十而从心所欲的年岁时，他更像是一位睿智的政治家。他的现任妻子玛丽乔丝表示，克拉维斯的变化给身边人带来了很大的影响。作为经济学家，玛丽乔丝曾在多家企业的董事会任职，其中包括世界最大的奢侈品制造商路易威登（LVMH），以及广告公司阳狮（Publicis）。在克拉维斯和罗伯茨与本科母校克莱蒙特·麦肯纳学院（Claremont McKenna）共同发起的亨利·克拉维斯领袖奖（Henry R. Kravis Prize in Leadership）校级年度评选中，她积极响应并参与其中。

克拉维斯一直活跃于纽约的社交圈，成为搭接世界巨额资金的桥梁，他用出色的口才缓和各种冲突。他广泛涉足慈善事业，特别是曼哈顿的著名文化机构，如大都会艺术博物馆 [⊖] 的外墙上可以看到粗体字描绘的克拉维斯的全名。他可能是最早在纽约开展慈善事业的PE基金经理，并在大都会艺术博物馆董事会担任职位。由于他在艺术方面的卓越贡献，大都会艺术博物馆的一间展厅还命名为克拉维斯。他妻子玛丽乔丝也在纽约现代艺术博物馆（New York's Museum of Modern Art）担任理事会主席。克拉维斯还积极参与家乡的经济发展建设。他设立了纽约市投资基金（New York City Investment Fund），并在纽约市合作伙伴基金（Partnership for New York City）的董事会任职。

克拉维斯最近一次惹人注目的慈善之举，是向哥伦比亚大学商学院捐赠1亿美元。他曾于1969年在该院获得MBA学位，现在也担任学院监事会的联合主席。这部分资金将用来帮助商学院计划中新教学楼的修建，也是哥伦比亚大学斥资63亿美元在西哈勒姆（West Harlem）打造校园新区的一部分。²

克拉维斯告诉我，他的慈善事业主要集中在教育、文化以及医药三大方向，这些领域显然有很多事情可以尝试。他把在投资业务中积累的经验教训应用于慈善机构的经营管理中，并乐此不疲。他说："我热爱探索新的事物或是除旧觅新。"

■ ■ ■

KKR在门洛帕克的办公室位于沿沙山路（Sand Hill Road）旁

⊖ 大都会艺术博物馆（Metropolitan Museum of Art）是美国最大的艺术博物馆，修建于1866年，位于美国纽约5号大道上的82号大街，共收藏有300万件展品。博物馆占地8公顷，为故宫博物院的1/9，但展出面积不下24公顷，反而是故宫的两倍。它与英国伦敦的大英博物馆、法国巴黎的卢浮宫、俄罗斯圣彼得堡的列宁格勒美术馆（Hermitage）并称为世界四大美术馆。——译者注

一座整洁的低层建筑里。在这座毫不起眼的写字楼中，暗藏着多家世界知名的创业投资公司。从这里到斯坦福大学只需要几分钟，到旧金山也不过一个小时的车程。

门洛帕克与西街9号的感觉如出一辙，简直就是纽约大哥在加利福尼亚的休闲小弟。每天下午，这里都会提供水果冰沙。比起克拉维斯，罗伯茨更喜欢安静，需要独处的空间。西街9号的午餐是分批享用的（高级合伙人往往先吃，年轻的分析师则往后排），而在门洛帕克，通常是全班人马一起用餐。一次，罗伯茨为了鼓励交流，派发了一张阅读清单，并要求同事们提交单页阅读报告，这是他从得州教师基金的首席投资官布里特·哈里斯那里得到的启发。

在门洛帕克展示的艺术品也是以现代风格为主，这是由于KKR在1999年将西海岸的PE投资团队从旧金山移至硅谷，引发了大规模组织迁移。为了振奋士气，罗伯茨购买了部分传统流派的艺术收藏品，包括公开竞拍来的哈德逊河画派 ⊖的珍贵绘画。但如今，门洛帕克办公室则更多地陈设着现代风格的艺术品：罗伯茨办公室附近的会议室悬挂着沃霍尔 ⊜的经典作品，主接待区附近也摆设了几组造型新颖的视频装置。

⊖ 哈德逊河画派（the Hudson River School）：19 世纪上半叶出现在美国的著名风景画派。这个画派的画家经常在洛基山脉、哈德逊河等地描绘自然风光，往往在户外写生，然后回到画室中加工创作。他们描绘日出、日落、悬崖、瀑布，在画中点缀牧人或印第安部落，以表达对大自然的热爱之情。这些风景画往往是理想化的，带有舞台布景式的效果。——译者注

⊜ 安迪·沃霍尔（Andy Warhol）是美国波普艺术运动（popular art）的发起人和主要倡导者。他的绘画图式几乎千篇一律。他把那些取自大众传媒的图像，如坎贝尔汤罐、可口可乐瓶子、美元钞票、蒙娜丽莎像以及玛丽莲·梦露头像等，作为基本元素在画上重复排列。他在绘画中特有的那种单调、无聊和重复，所传达的是某种冷漠、空虚、疏离的感觉，表现了当代高度发达的商业文明社会中人们内在的感情。——译者注

罗伯茨回忆说，他的同事们对搬迁计划颇有抵触。"起初的时候，每个人看起来都很郁闷。"他说。为了说服他们，罗伯茨邀请了曾负责门洛帕克办公室收藏品摆放设计的女士，让她对同事们进行个别辅导。

罗伯茨为人非常低调。早在30年前，他就期待搬至加州，不仅因为这里温和的气候：相比他的表兄克拉维斯，罗伯茨不太习惯生活在聚光灯下，他比较慢热。"刚一接触时，他看起来比较严肃，甚至有些拘谨，"索恩说，"我花了一段时间才能够在他面前表现自如。现在，他是我尊敬的导师。"他总是提醒大家回归到基本的投资原则以及处事态度上，并告诫全体员工关于手写笔记的重要性。

罗伯茨居住在加州北部，并在那里发展他的慈善事业，他在旧金山交响乐团和芭蕾舞乐团担任董事会成员。根据罗伯茨企业发展基金（Roberts Enterprise Development Fund，简称REDF）网站的描述，罗伯茨骨子里流淌的成业家血液激发他成立了这个创投公益组织。[3]在1990年时的企业家群体中，罗伯茨最早尝试将私营部门的经营原则运用于非营利组织以及慈善事业。"我一直在尝试着做些事情。如果我们不去做，就不会有人再去做。"

他聘请咨询顾问来研究旧金山流浪汉的成因，这里温和的气候以及相对宽松的氛围导致流浪汉人数居高不下。他还曾尝试在经济上支持由于受家庭暴力影响而无家可归的妇女。不过，罗伯茨认为该行动计划 "完全失败"了，因为这些妇女往往在有了一点钱后，又回到了施暴者的身边。

通过REDF，罗伯茨不断与创投机构接洽，希望他们可以雇用处于社会底层的人士。位于旧金山的朱马创投公司（Juma Ventures）

就是创投界的代表，朱马创投投资了多家机构，包括Ben & Jerry's冰淇淋在烛台公园（Candlestick Park）的两间店面以及橄榄球队旧金山49人（San Francisco 49ers）的总部等。罗伯茨表示，经过各方努力，REDF已经帮助6 500余人找到了工作。

■ ■ ■

表兄弟两人往往共同来做出KKR的重大决策。1999年的一天，在克拉维斯的小型会议室里，他和罗伯茨一起思考着这家以二人姓氏命名的公司的未来，好像在共同经历一场哲学探索之旅。随后，两兄弟共同出席了在棕榈泉附近的朵拉（Doral）举行的合伙人会议。会上，乔治以典型的生硬口吻向亨利问道："你觉得好玩吗？反正我没觉得。"克拉维斯承认自己也没有。罗伯茨继续对他的兄弟说："我们正在犯很多错误。"他们俩敏锐地发现有些不对劲儿，但不太清楚问题究竟在哪里。于是，他们足足花了两天的时间竭力寻找，最终克拉维斯把注意力放在了庆功宴上。

庆功宴是并购行业的传统。在所有交易文件都签署完毕并整理归档之后，合伙人总要召集所有同事大快朵颐以示庆祝。庆功宴上，PE基金投资经理、投资银行家、律师以及其他参与交易的相关人员齐聚一堂，互相敬酒以感谢彼此的辛勤付出，共享美食来庆贺又一次的成功交易。克拉维斯在宴会上的想法，成为了今后的投资原则："在我买进时，不要向我祝贺。在我卖掉时，再恭喜我。"

1999年，他与罗伯茨分享了自己的结论："投资团队在出席庆功宴后，将开始下一笔的交易。"这种放松的心态对投资团队极具破坏力。每个人都认为自己无所不能，因此不再有专注点。这样的发现在随后的数据分析中也体现出来。1986年，KKR给投资人带来的投资回报达到了惊人的7倍。1993年，随着有限合伙机制的引入，投资回报跌至1.7倍。1996年，投资回报为1.8倍。[4]

在科学技术升温的时候，KKR参与了几项糟糕的电信行业并购交易。投资者调查显示，虽然KKR得到了有限合伙人的青睐，但是除了向KKR投入比计划更多的资金以外，他们对KKR的实际操作毫不知情。

克拉维斯和罗伯茨采用了一种多元化的策略，规定每个投资团队在完成交易后需要提交100日计划，就好像通用电气的管理方式，以迫使投资团队考虑庆功宴之后的事情。这对兄弟希望每位合伙人都是多面手，他们把KKR的高管编排成不同的行业小组（最初为12组，之后削减至9组）。"我们明确表示，希望他们对不同行业有自下而上的了解，"克拉维斯说，"（他们应）出席贸易展出，与采购、市场和销售部中层骨干会面，真正深入到业务流通环节。"

KKR还决定开设第一家海外办事处。在英国和德国之间仔细思量之后，他们决定于1999年开设伦敦办公室。他们派出爱德华·内德·吉尔胡利（Edward "Ned" Gilhuly）和托德·费舍尔来组建伦敦团队，以保持KKR一贯的做事方式。

全球化的步伐将考验这对堂兄弟维持KKR光荣传统的能力。2005年，继任者计划遭受了潜在打击，吉尔胡利与公共事业和消费产品组总监斯科特·斯图尔特（Scott Stuart）离开KKR并创建了自己的公司。他们的离开出乎所有人意料，这两个男人"被广泛地认为是KKR最优秀和最聪明的中坚力量"。[5]

大约同一时间，克拉维斯和罗伯茨正在探索私募股权投资以外的新兴业务，虽然在KKR的品牌光环照耀下推广新兴业务有一定优势，但在实践中仍困难重重。首次探索是在2004年成立了KKR金融（KKR Financial），以在公开市场进行债券交易，作为传统的杠杆收购业务的补充。"当我们带着并购的想法与企业CEO会面时，CEO却表示：'我们对私有化或者出售附属机构毫无兴趣。'"克拉维斯说，"会议最终草草结束，我们非常失望。"

克拉维斯和罗伯茨在资本市场发现了另一处商机：帮助旗下公司进行股权和债券的再融资。KKR通过帮助企业对接合适的资金，可以将本来留给华尔街的融资顾问费纳入自己的荷包。

不过，克拉维斯必须确保华尔街的银行家们不会认为自己在跟他们抢饭碗。事实上，KKR并没有充当交易牵头人的角色，仅仅是作为联合管理者。现在的资本市场部总监法尔就是花旗集团出身，也四处宣传同样的信息。他告诉投资银行，这样的策略不过是为了杜绝不必要的关联交易。"这是极为重要的一步，"他说，"我们的费用支付方式变得更加集中了。"法尔发现，在并购达乐之前，KKR的合伙人对任何非直接并购的交易都颇有微词。

"一开始，让大伙去想象私募股权投资以外的业务都很难，"克拉维斯指的是资本市场部和企业融资部，"对从事私募股权的人来说，接受资本市场业务是件很困难的事情，他们把资本市场人士看作小商小贩。"于是，克拉维斯和罗伯茨在每一次合伙人会议上都对公司愿景进行宣告，就像面对公众一样。在2011年的第一次公众股东大会上，克拉维斯和罗伯茨，以及纳托尔和在场的每一位高管都在重复着一句话——"一个公司的战略"。

为了促进团队合作，KKR要每一位员工记住公司的薪酬结构。

克拉维斯表示，KKR也借鉴了不少贝尔斯登的经验，包括创始人如何决定雇员的薪酬等。与很多华尔街投行类似，贝尔斯登有着"享用你猎获的食物"的文化，即你的薪酬主要是由你带来的业务决定的。克拉维斯描述KKR的文化时也表示，晚上回家前，要锁好你的办公室和办公桌，以确保没有人可以拿走你的客户或者想法。

KKR的创始人认为，每个员工都是公司的拥有者，尽管只有一小部分。在进行年终业绩打分的时候，克拉维斯会与每一位员工商量这一年来应得的报酬，包括工资、奖金以及收益分成。对于普通员工来说，说好听了两兄弟的做法难以理解，说得不好听就是在作秀。为此，克拉维斯和罗伯茨总是亲自到办公室向员工派发支票。发生在20世纪80年代的一件事颇值得回忆，将并购的公司成功出售意味着每位秘书将获得一次性8万美元的支票，以奖励他们配合老板带来经济效益。

这个理论到今天也适用。KKR有一个"收益池"，每年从各只基金赚得的利润都放在池子里。虽然每位经理的薪酬与各自的业务线是紧密相连的，但共同的收益池给了管理层极大的空间来嘉奖对KKR整体有利的行为。"这让人感觉是置身于强大的集体中，"索恩说，"这是'一个公司'与特许经营店的区别。"

虽然克拉维斯和罗伯茨通过掌控KKR的多只PE基金累积了大量的财富（两兄弟长时间出现在《福布斯》选出的最富有美国人榜上），两兄弟在20世纪90年代对 KKR的所有权进行了分拆。在步入千禧年后，为确保他们能继续壮大投资队伍，二人选择稀释手里的股权。当KKR终于在纽约证券交易所上市的时候，每位员工都知道了这个数字：两兄弟各自持有不到14%的股权。克拉维斯表示，这个较低的数字让不少人惊讶异常。

在经历业务调整的10年里，克拉维斯和罗伯茨两兄弟带领着KKR在更广阔的投资事业中进行布局。雷诺兹公司交易以及几年后出版的《门口的野蛮人》让KKR走进了公众视野，并获得了远超所有竞争者的关注，KKR在很大程度上仍然保持着私营合伙制企业的心态。

全球收购浪潮始于2005年，在2006年快速发酵，并在2007年达到了顶峰。除雷诺兹公司之外，KKR的并购历史上还涉及了众多世界知名的大型企业：从西夫韦连锁超市到皇家电影院（Regal Cinemas）。不过，在本世纪第一个十年里，KKR在各项投资业务上的成绩把之前的所有纪录远远甩在了身后。

根据彭博的统计数据，从2005年到2007年，KKR完成的交易总规模约为2 445亿美元，是1988年到2004年的交易总规模（705亿美元）的三倍还多。该公司还深入到消费品行业——从玩具反斗城到达乐公司，以及数据服务行业——从First Data到Sun Gard，到处可以看到KKR的身影。这些交易的单笔投资规模约为70亿美元或更多。

2006年，克拉维斯和罗伯茨决定出售在阿姆斯特丹交易所交易的欧洲基金KKR Private Equity Investors（简称KPE）。该基金原是为配合KKR进行投资交易的融资渠道。不过随后发生了一些事情：基金的表现并没有达到预期，它为KKR整体上市提供了窗口，公众也可以借此一窥KKR的真貌，并最终在2007年KKR上市折戟之后为其提供了一条迂回的上市途径。

2006年，KPE以每股25美元公开发售股票，不过它再也没有达到这个价格。与史蒂夫·施瓦茨曼在黑石集团IPO遇到的情况一样，公众投资者对评估PE基金所有的非流动资产非常困惑。KPE还遇到了股票流动性的问题，由于购买股票的人数较少，股票成交量较小。

根据季度收益报表，公众确实可以通过KPE发现KKR的蛛丝马迹；由于KPE参与了多笔交易，它需要向公众披露KKR持有的资产情况。克拉维斯和罗伯茨轮流在季度电话会议中发言，向公众提示了KKR在有限合伙人之外展示自己的机会——越来越多的重要投资者通过KKR把资金投向世界各地的美丽蓝图。

由于KPE并没有达到预期的表现，并且KKR在纽交所上市的计划泡汤之后，KKR和律师们想出了一个聪明的解决方案，让熟谙各类交易架构的交易高手们难以望其项背。KKR将自己与已经拥有部分股权的KPE进行合并，合并之后的公司实体会继续在阿姆斯特丹交易所进行交易。KKR向投资者宣布一年之内将完成向纽交所的转板，最终也顺利达成。KKR加上 KPE成为KKR（Guernsey），最终变身为在纽交所公开交易的KKR。

■ ■ ■

2007年，KKR完成了对得克萨斯州最大的电力生产商TXU的收购。这笔交易意味着大规模并购活动已经开启新的篇章。为了做成这笔交易，KKR和TPG聘请了一支由外部人士组成的顾问团队，并通过创始人的积极游说来获取环保主义者、监管者以及立法者的支持。对于私募股权行业以及PE基金来说，该笔交易代表了更公开的信息传递以及更严格的公共审查，标志着并购新纪元拉开了帷幕。

在一片喧喧嚷嚷的气氛中，2007年更名的Energy Futures Holidngs Corp.（即被收购的TXU）的经营业绩每况愈下。这笔历史上最大的并购交易可能会让所有的投资者蒙受惨重的损失。2012年初，债务违约几乎是板上钉钉的事情。投资者使用金融工具信用违约掉期（CDS），将赌注压在这家企业能否最终偿清债务。据估计，未来三年有91%的债务将陆续到期。[6]

并购方考虑收购TXU的关键原因是基于对未来天然气价格波动的判断。并购方认为，天然气价格将继续上涨，并带动电力供应商的股票价格上升，这将反过来增加TXU的企业价值。一直以来，他们做了许多工作，包括关闭部分燃煤发电厂，升级设备设施。但是，真正的赌注在于天然气价格的走势。让人始料未及的是，衰退的美国经济降低了人们对能源的需求，巨大的天然气存量被搁置一旁，能源公司转而将目光投向了宾夕法尼亚州可直接钻取的页岩气上。这些对Energy Futures来说祸不单行。

值得一提的是，在页岩气走俏的过程中，KKR抓住了投资机会，大赚了一笔。马克·利普舒尔茨整理出页岩气行业的企业名录，其中两家是在KKR购入不到一年即匆匆出售。在2010年，KKR以四倍的价钱将其中一家页岩气公司卖出。[7]在2011年，利普舒尔茨又以三倍的价格将得州石油和天然气租赁公司卖出。虽然KKR和其投资者在并购TXU的交易中遭遇失利，但他们又通过页岩气的交易获取了巨额收益。利普舒尔茨表示："这是对能源领域两种不同的革命性趋势所进行的投资。"

这些交易是KKR在2000年制定的"一家通吃"策略的一部分。那时，KKR组织了行业研究小组，重点针对能源等领域，对其中可能获得丰硕回报的细分行业进行全方位研究。石油和天然气可以让克拉维斯和罗伯茨联想到各自的故乡得克萨斯州和俄克拉荷马州，"这是公司的瑰丽宝藏。"利普舒尔茨说。

在债务违约即将发生、权益资本将面临大幅缩水的情况下，并购方正在努力寻找积极面。虽然财务状况不佳、资本结构不稳定，TPG和KKR确实让Energy Futures的大部分生产设备实现了现代机械化，公司提供的就业岗位也持续增加。从更长远的角度来看，这笔交易为两家PE基金在能源领域树立了新的战略地位。凭借Energy Futures，TPG和KKR组建了致力于环境保护和可持续发展的高管团队。该笔交易还促使PE基金聘请了负责公共关系的高级管理人员：共和党委员会前主席肯尼斯·梅尔曼（Kenneth Mehlman）现在就职于KKR；曾在小布什政府担任职务的亚当·莱文（Adam Levine）现在就职于TPG。二人在加入PE基金前，就已经作为外部咨询顾问为其工作。在凯雷集团，政府关系属于大卫·马尔基克的职权范围，他在加入凯雷集团前曾在克林顿内阁任职并担任凯雷集团的外部律师。

早在并购TXU之前，克拉维斯和罗伯茨就已经觉察到私募股权投资的公共性质。梅尔曼说："如果你想拥有希尔顿酒店和连锁医院运营商HCA，就要面临各式各样的审查。你将会成为公众关注的焦点。"

在TXU交易的谈判、交割以及从监管部门获批的过程中，KKR更能体会到这一点。"这使我们认识到，我们需要将投资流程规范化。"这是大型PE基金共同面对的挑战。在新世纪之交，公共事务的重要性已经凸显。

罗伯茨说，公开上市并没有给KKR带来太多改变，至少他自己认为如此。优秀的财务表现以及良好的信用评级，可以让企业获得更多的信贷支持用于并购交易，与此同时这也让并购过程受到更严格的审查，KKR也必须面临更多的信息披露。罗伯茨和克拉维斯刻意回避在业绩公布时与分析师和投资者进行公开电话会议。罗伯茨指出，高盛集团也是由首席财务官来履行这些职责的。不过，黑石集团的施瓦茨曼和詹姆斯则直接通过电话来向公众宣布业绩并接受问题答疑。

但是，公开发行股票和公开出现在公众视线中是不同的。罗伯茨承认，外面的世界已经迫使他和他的竞争者们改变了行为方式。他说："目前最重要的是股东价值的体现。"需要费尽心思为改善政府关系作出努力，还需要顾及工会等各类群体的利益。KKR已经向美国众议院前多数党领袖理查德·格普哈特（Richard Gephardt）征询意见。在过去十年中对PE基金在劳工方面给予激烈批评的安迪·斯特恩（Andy Stern），也在2011年KKR的年度会议上发表了讲话。

罗伯茨说："我们旗下的企业拥有近100万名雇员。我们不能乱来。"

第六章

套上你的皮靴

Put on Your Boots

运营团队的崛起

德布·康克林（Deb Conklin）带着浓重的南方口音，滔滔不绝地谈论自己对大学橄榄球队的深刻回忆。你肯定猜不到她是土生土长的纽约人。

三天前，我们约在康克林的母校——宾夕法尼亚州克莱姆森大学（Clemson）的一角见面，这里曾经见证了克莱姆森校队在与佐治亚理工大学（Georgia Tech）校队对决时的惨败。走到这里，康克林仿佛回到了当时的场景，表现得非常激动。她一面驱车带我去午餐，一面表情痛苦地回答："我甚至都不愿去谈论它。"然后，她开始畅谈心爱的克莱姆森大学老虎队（Clemson Tigers），滔滔不绝地介绍着该队的历史以及本赛季逐渐消逝的夺冠希望。后来，我们把话题转到她目前在私募股权基金TPG的工作。她引用了一系列橄榄球的专有术语来解释她手头的工作。

我们在宾州贝尔方特（Bellefonte）的一家小型三明治店玛丽亚家（Maria's）下车，准备挑选当日午餐的菜品。服务员告诉我们，店里的特色是肉丸。康克林思忖了几秒钟，选择了意大利三明治。

"我实在不能点任何别的肉丸了。"她说。母亲做的肉丸实在是太好吃了，年轻的康克林感觉如果不享用家里的肉丸，就好像是太过随意而对家庭缺乏基本的忠诚。当然，每个人的家族史都在宣告他或她接下来的选择。她的父亲老康克林从初级工程师起步，逐渐被提拔为高管。在她3岁的时候，她与哥哥和父母一起在纽约州奥西宁（Ossining）生活。一场意外突然袭来，父亲一头扎进她叔叔的游泳池，扭断了脖子。她眼睁睁地看着父亲被救护车带走。起初，医生们认为他们已经无能为力，并断定他活不过40岁。

父亲的瘫痪改变了整个家庭以及小康克林的生活。他们离开奥西宁，横跨哈德逊河来到祖父母居住的新泽西州，并在那里安家。直到德布长到七岁，他们在复活节假期到南卡罗来纳州（South Carolina）探望她的姑姑和叔叔。随后，他们决定在靠近北卡罗来纳州（North Carolina）边境的兰开斯特（Lancaster）买房，这里距离北卡罗来纳州的夏洛特（Charlotte）只需要很短的车程。

小康克林整日跟着轮椅上的父亲，向他学习各样本领。这位优秀的工程师，把女儿当成了自己的双手。他们经常在车库里花上几个小时，德布根据父亲的指示灵活地使用扳手等工具装配着各种机械。

"我成为了他的双手。"在宾州碰面的前一年，她告诉我。

我与康克林相识是在《彭博商业周刊》对TPG运营团队的采访中。那年，她刚刚完成了一项TPG投资的企业塑料袋制造商Hilex Poly在圣地亚哥与某投资机构的合作项目，该机构还向Hilex Poly提供贷款。宾州的米尔斯堡（Milesburg）是Hilex Poly的第二大生产基地。康克林是TPG内部60人运营团队中施工作业组的成员。那一年，她有45个星期的时间在旅途中度过，大多数周末时，她会回到夏洛特的家中。Hilex Poly的项目吸引康克林的主要原因有几点。她说，最初她只是临时抽调过来的，现在首次担当起首席运营官（COO）的角色。Hilex Poly的总部位于南卡罗来纳州哈茨维尔（Hartsille），距离她父母的住所仅有几小时的车程。这意味着在周末，她可以与父母共进晚餐，随后再返回到哈茨维尔。通常她会在星期四返程的途中探望父母。2011年10月，她参加了父亲70岁的生日聚会。

一旦私募股权基金向目标企业投入资本，类似康克林这样的运营专家就会开始着手改造企业。在过去的10年中，TPG以及其他私募股权基金聘请了众多企业运营方面的人才，帮助私募股权基金介入实体经济，参与到对企业进行翻天覆地改造的过程中。这段时间，为确保已投资企业能够表现出优秀的业绩，并达到基金经理向投资者应允的回报，TPG组建了专门的运营团队。康克林的同事大部分都是诚实善良的工程师，她和他们一起站在了金融工程师的对立面，后者为私募股权行业招来了恶劣的声誉。金融工程是指使用财务杠杆和创造性的资产负债表来获取利润。由于债务融资日益困难，而并购价格逐渐升高，私募股权基金不得不转向通过改善公司经营来赚取回报。

我们把戒指和手表留在办公室，从自动分发器上领取了安全眼镜和一次性耳塞，佩戴好后走进工厂大门。我提醒康克林，去年11月当我们去参观其负责的企业压缩设备生产商Valerus在得克萨斯州贝城（Bay City）的那家工厂时，我们可是佩戴了安全帽并穿上了钢板制成的套鞋的。"放心吧，我比任何佩戴安全设备的人都活得长。"她说。

对于像康克林这样的人，TPG信条认为工程师的专业技能以及精益生产的管理思路是可以传承的，不仅限于制造业务，还包括整个服务流通环节。在参与Valerus和Hilex两个项目之前，康克林是凯瑟酒店（Caesars）的副总裁。作为高级管理团队的一员，她经常在世界各地穿梭，负责改善从酒店入住到厨房上菜等各个环节的运营效率，并在全公司推行精益管理。

康克林带领我参观了塑料袋的生产过程。挤出机将450度高温的熔融塑料喷洒在下方15英尺处的转轴冷缸表面，然后机器带动转轴冷缸旋转形成均匀成卷的塑料卷。当我们停下来等待参观接下来的工序时，我问康克林，在她接受这项任务之前，她是否对塑料袋有过研究。透过耳塞，我收到她的回答："哎呀，当然没有！"

TPG倚仗康克林这样的经营团队运筹帷幄，把抽象的管理理论在Hilex和其他企业内付诸实践，通过控制成本、提升收入等运营技能来增加利润。康克林与同事们在Hilex担任了重要职位，并不是那种一时兴起才指手画脚的顾问角色。TPG的经营团队由迪克·博伊斯（Dick Boyce）负责。迪克身形瘦小，表情严肃，他在15年前由詹姆斯·库尔特纳入麾下。二人初次见面时，博伊斯是贝恩咨询（Bain&Co.）的暑期实习生，而TPG的创始人库尔特则是该咨询公司的合伙人。之后，博伊斯担任过百事可乐的高管并负责运营管理。1997年，库尔特向博伊斯打来电话。几年之后，得州太平洋集团（Texas Pacific Group，简称TPG）诞生了。库尔特以及联合创始人大卫·邦德曼在以超过10倍的价格将大陆航空（Continental）卖出赚得巨额利润之后，准备在TPG内部组建一支运营团队来继续复制造富神话。

TPG收购大陆航空带来民用航空业的革新，成为了私募股权投资的标志性交易。库尔特和邦德曼从得州沃思堡（Worth）的巴斯家族（Bass）获得融资，决定购买大陆航空并对其进行改造。该笔交易孕育了TPG的诞生，并为之后的募集工作铺设了康庄大道。大陆航空方面则要求PE基金找来运营专家加入高管团队。

无论是有形的经营改善和业绩提升，还是公司和投资者承诺的财务激励，大陆航空的现有高管们都甘之如饴。32岁的库尔特试图将业务导向的思维方式沉淀下来。他通过个人关系找到博伊斯，并邀请其加入TPG。

博伊斯将斯波克先生[⊖]般的强硬态度和严谨逻辑带入TPG，习惯用图表来阐述问题。善于言辞的博伊斯是一位不屈不挠的关系网建立者，他的助手参考通讯录为其制定行程计划，以便赶上与前同事以及合伙人安排的咖啡和晚餐等。TPG的一位运营合伙人文森佐·莫雷利（Vincenzo Morelli）与博伊斯曾是斯坦福大学商学院的校友，也是该校星期六早上的足球比赛中的常客。20年后，他在欧洲为博伊斯开拓海外市场。

博伊斯钟情于带扣领的衬衫。TPG在纽约举行的合伙人会议上，博伊斯就系着时装品牌J. Crew的领带，而TPG也完成了对该公司的收购。

J. Crew是博伊斯在TPG早期完成的并购交易，可以追溯至1997年。TPG从创始家族手中以5亿美元收购该企业，在找到合适的接

⊖ 斯波克先生（Mr. Spock）是 1966 年首映的美国科幻电视系列剧《星际迷航》（*Star Trek*）中的灵魂人物。斯波克先生克制、忧郁、看重荣誉，能查看飞船的监控器并记住一切。斯波克先生深得人心，曾荣登"美国电视史上 50 位最伟大人物"之列。——译者注

替者之前，公司就迅速解雇了时任的CEO。对时尚一窍不通的博伊斯暂代CEO的职位，直到库尔特请来艾米奇·德雷克斯勒（Mickey Drexler）。艾米奇还负责了2011年TPG第二次收购J. Crew的交易谈判。不过两次收购J. Crew让TPG和私募股权行业再一次出现在聚光灯下，并触发部分股东的不满，其中一些人甚至对收购计划进行起诉。

现在的问题是，有谁会知道并购将在何时以何种方式进行？库尔特保留了其在J. Crew董事会的席位，公司于2006年上市后TPG出售了绝大部分股票，库尔特依然与德雷克斯勒保持密切来往。根据向法院提交的文件以及公众信息披露，库尔特向德雷克斯勒指出J. Crew的股价低迷，是再次购入J. Crew的最好时机。德雷克斯勒推迟召开董事会，股东们纷纷指责他刻意避免其他潜在收购者与TPG竞争。J. Crew最终采取了和解的方式，同意向股东支付1 600万美元。收购价格最终定为30亿美元。[1] 为什么再次购买同一家公司呢？库尔特和博伊斯表示，TPG可以配合德雷克斯勒为J. Crew提供一系列增值服务，在地理区域、新品牌和产品拓展等方面帮助J. Crew获得新的业务增长。在第一次购买和出售J. Crew之后，TPG已经深入新兴市场，尤其是中国，而J. Crew尚未踏足那里。

■ ■ ■

有越来越多的德布·康克林如同雨后春笋般加入全球杠杆收购的狂潮当中，在金融危机之后，好像私募股权投资经理一样，力求贡献出自己的一腔热血与经营才华。私募股权基金在路演和公开宣讲的时候，向新闻媒体、投资者以及潜在收购企业展示由优秀经理人组成的强大运营团队，可以极大提升公司形象，并且扩大品牌知名度。

"这是私募股权行业的革新，"黑石集团的史蒂夫·施瓦茨曼表示，"游戏规则不再是购买企业后被动地等待它的表现。"

TPG、CD&R（Clayton Dubilier & Rice，Inc）以及贝恩资本纷纷将各自在企业经营和公司治理等方面的优势带入私募股权行业。KKR也于2000年成立了凯普斯通运营团队（作为内部的咨询顾问部门，与投资经理携手处理在尽职调查以及投后管理过程中的相关事宜）。凯雷集团在创建初期就聘请了多位大型企业的前高管作为交易顾问来协助完成交易，现在则称呼那些高级顾问为运营总监。不管他们以何种形式加入，都是私募股权基金向投资者和拟投企业传递的最精美的名片。

企业运营的重要性被反复提及，这与私募股权行业的特性直接相关——私募股权基金觊觎的正是这些运营专家所拥有的对晦涩的行业知识进行解码的能力。投资者渴望了解私募股权基金是如何使用资金，并通过哪些途径以兑现随后的利益分配承诺，他们并不满足于模棱两可的基本信息披露。需要注意的是，并购基金对企业进行改造的一个不确定因素是收购之后的企业员工——在某些情况下，是指他们背后的工会。员工们担心会面临工厂关闭或者大规模裁员的情况，要求了解私募股权基金在并购交易结束后的具体整改措施的细节。

私募股权基金高度重视企业运营管理，也是从自身利益角度出发的：从前以财务杠杆来获取高额利润的时代已经一去不复返了。

这主要是现代的市场化机制导致的。早期的私募股权行业得以蓬勃发展，主要是因为信息不完全。也就是说，PE基金可以通过低买高卖的方式来赚取巨额利润，并利用财务杠杆将收益再扩大。但是，在当今信息高度透明的时代，特别对于有意向出售的企业，PE基金能够挖掘出被市场低估且缺乏知名度的优秀苗子是非常困难的。

这也彻底推翻了私募股权投资的荒谬说辞——投资银行家称之为"专有交易"（proprietary deal）。并购基金经理热衷于谈论专有交易，特别是在面对投资人的时候，更是添油加醋地把自己的项目搜寻能力大肆渲染一番。尚在进行中的并购交易，在交割完成前，利益相关方都要对外严格保密，不能透露任何信息。交易当中，无论是拟并购企业的内部高管，还是聘请的投资银行家，都会倾尽全力以确保他们能在市场上获得最好的价格。2011年，私募股权基金的"干货"资本和投资者已承诺但尚未到位资金总和接近1万亿美元，其中约41%都用于杠杆并购，[2] 僧多粥少的残酷竞争场面已成定局。

■ ■ ■

大公司如何将科学的运营理论行之有效地与自身独特的企业文化融合？为解决这样的问题，工程师出身的库尔特与从百事可乐和贝恩资本出走的沙场老将博伊斯组成的TPG运营团队，倾力打造了库尔特称之为"企业商学院"的培训计划，企业高管在那里将获得高品质的业务培训和经验分享。

管理咨询在私募股权行业的地位日益攀升，以管理咨询起家的贝恩资本也逐步成长为行业翘楚。前合伙人米特·罗姆尼因为参加2012年美国总统竞选而载入史册。罗姆尼曾传奇性地将管理咨询业务空降至贝恩公司并与原管理层一同改善企业管理运营，以促进投资业务。

在有关罗姆尼参与竞选的喧哗中，我与贝恩资本的资深合伙人马克·楠纳利（Mark Nunnelly）就将运营管理应用于投资领域的话题进行探讨。他在谈及罗姆尼曾代表贝恩资本收购总部设在密歇根州的达美乐比萨（Domino's Pizza）时，多次表示该笔交易让所有参与者都收获颇丰。

那时，罗姆尼和楠纳利接到达美乐创始人托马斯·莫纳汉（Thomas Monaghan）的邀请。莫纳汉通过投资顾问清楚地表明，他希望卖掉公司并脱离商界，而不是寻找一个合作伙伴来开拓比萨连锁店的市场份额以保持自己对公司的控制权。莫纳汉的决定受到教皇的默许。作为一名虔诚的天主教信徒，他接受了来自教皇的邀请——从繁忙的俗世生活中抽身出来，从事能够改变世界的事业。他意识到唯一能够为这项伟大梦想筹得足够资金的途径，就是卖掉他与兄弟一同创办的比萨公司。

莫纳汉不喜欢在工作中沾亲带故。罗姆尼却试图通过同在密歇根的成长经历拉近与莫纳汉的距离，结果竟然发现自己的同胞兄弟与莫纳汉的密友在一场政治竞选中对阵。直到在一次会议的休憩阶段，罗姆尼认出了莫纳汉办公桌上摆放的1957年雪佛兰汽车模型，两位爱汽车的男人终于彼此认同。贝恩资本最终赢得这笔交易，并向达美乐比萨支付了11亿美元。

莫纳汉离开之后（他将大部分的时间贡献给了天主教慈善机构，其中包括一所刚刚成立的大学），楠纳利临危受命，暂代CEO的职位。数十位贝恩资本的资深高管，包括了交易和运营两大领域的专家，开始从制服、新产品、促销、定价以及市场拓展等各方面对达美乐比萨进行全面会诊。楠纳利介绍到，不久他们就请来新的CEO，并制定了"信息孤岛"的管理策略。他们叫停了在几十个国家各自建立少数门店的海外战略，将海外市场压缩至六七个，再有针对性地扩大市场占有率。

楠纳利介绍，不久达美乐比萨的销售量就翻了一番，其中海外销售额增长了五倍。公司在2004年IPO的时候，市值约为24亿美元。通过分红和出售股票，贝恩资本最终花了12年的时间在达美乐比萨的并购交易中获得了近五倍的回报。"这体现了我们的综合实力。"他说。

■ ■ ■

天下没有免费的午餐，贝恩资本切实帮助了达美乐比萨进一步提升业绩。在20世纪80年代，很少有私募股权基金经理在企业经营上狠下苦功，但这已经成为了现代并购交易中的核心。

杰伊·乔丹（Jay Jordan）的办公室外景甚至比亨利·克拉维斯临街的办公室外景更为迷人，其位于中央公园东南角的通用汽车大厦第48层，街对面就是假日酒店。一楼是玩具零售商FAO Schawartz的总部——汤姆·汉克斯（Tom Hanks）在电影《大》（Big）中站在钢琴上跳的舞以及CBS的早间节目就是在那里录制的。第五大道的苹果店矗立在大楼广场的正中央，由一个巨型的透明玻璃立方体组成，里面镶嵌着醒目的苹果商标。

在一个寒冷的下午，透过乔丹办公室的窗户，我看到那些为即将到来的圣诞节疯狂采购的游客们如潮水一般把巨大的苹果立方体淹没其中。乔丹身穿蓝白条纹衬衫和精纺羊毛休闲裤。他感受到我非常在意他对KKR的评价之后，先朝着西街9号的方向瞥了一眼，然后开始谈论KKR以及"乔治和亨利"是如何"引导"他进入这行的。

在20世纪70年代末，乔丹还在投资银行卡尔·马克思（Carl Marks）工作。他听说科尔伯格与其年轻的同事在离开贝尔斯登之后正大举进军杠杆并购生意。于是，他说服自己的老板允许他做同样的事情。1982年，他辞职并成立了属于自己的乔丹公司（The Jordan Company）。跟KKR一样，他敏锐地察觉到保险公司以及养老基金对追求能够超越公开市场的回报率甚为迫切。"这里蕴含着商机。"他说。

乔丹跟大多数企业家一样，在下定决心之后总是锲而不舍。直到今天，公司还把招聘重点放在员工身上，以确保员工在他们职业生涯的早期阶段了解公司的经营方式。

1988年，他准备进入完全不同的业务领域。当时，行业里优质项目的数量有限，并且PE基金之间的竞争愈演愈烈。他和一些竞争者已经意识到财务杠杆的商业模式不可持久。"整个私募股权行业都在搞金融工程，"乔丹说，"我一直坚信，这么单调的曲目总会有停歇的一刻。"

他打电话给诺特丹大学（Notre Dame）的室友托马斯·奎因（Thomas Quinn）。奎因在医疗保健公司百特国际（Baxter International）担任高管。乔丹说服他加入并组建了运营管理部（Operations Management Group，简称OMG），背后的动机直截了当：通过大幅削减成本简化工厂流程，促进有机增长，通过认真的战略规划发展业务，实现聪明的并购。

20年后，当年的小部门发展壮大为全公司的重头戏，部门主管奎因出任合伙人。在20世纪90年代初，乔丹就在中国设立分支机构，为帮助旗下企业降低成本，远远超前于其他私募股权基金，充分体现了乔丹的预见能力。不过，要想在这片神秘的东方土地站稳脚跟，确实还有很多需要适应的地方。"虽然有一些损失，但我们学会了如何跟中国人做生意。"乔丹说。

通过不断地与当地官员洽谈，向慈善机构认捐，乔丹苦心经营着，终于制定了一系列中国战略，包括业务外包、通过收购国有企业来向中国市场进行销售等。乔丹表示，发生在2006年的矿山设备制造商国际矿山机械（International Mining Machinery）并购案是外资首次在黑龙江省进行直接投资的案例。

■ ■ ■

运营专才以及企业高管的加入，冲淡了投行家在私募股权基金中的统治地位，补足了那帮伶牙俐齿的常青藤盟校 [⊖] 商科生的缺陷。他们中的大多数在本科的时候读的是理工科，获得MBA后就职于管理咨询公司。许多人表示在实际工作中积累的工作经验比从Excel和案例中吸取的理论知识更实用。

在KKR，创建于2000年的咨询部门凯普斯通目前仍然由迪恩尼尔森负责。尼尔森是普渡大学（Purdue）培养出来的化学家，并在芝加哥大学获得了MBA学位。毕业后，他在与麦肯锡和贝恩咨询齐名的波士顿咨询就职，之后又加入了壳牌石油。

在组建凯普斯通前，KKR一直聘请第三方管理咨询顾问，并交由史蒂文·毕（Steven Burd）负责。他曾在Arthur D. Little（ADL）咨询公司任职。毕和他的小组成员充当交易顾问的角色，在20世纪

⊖ 常青藤盟校成立于1954 年，是由美国的八所大学和一所学院组成的一个大学联合会。这八所大学都是美国首屈一指的大学，历史悠久，治学严谨，许多著名的科学家、政界要人、商贾巨子都毕业于此。在美国，常青藤学院被作为顶尖名校的代名词。——译者注

90年代KKR参与的零售业并购交易中大放异彩。最终，他加入西夫韦公司担任总裁以及之后的CEO。在他离开之后，管理咨询业务逐渐没落。七年后，克拉维斯和罗伯茨意识到，作为KKR整体改革计划中的重要部分，他们需要组建新的企业管理咨询部门，而不再是交由第三方咨询公司打理。

尼尔森住在芝加哥。在波士顿咨询任职时，他接到了猎头公司Spencer Stuart的电话，邀请他到KKR工作。尼尔森对此很感兴趣，尤其是当时的工作更偏重于内部管理和业务开拓，管理咨询反而越来越少了。尼尔森发现KKR对待管理咨询异常慎重，他非常欣赏这样的态度。"20世纪90年代末，KKR陷入了业务停滞。"他说，"仅仅依靠筛选项目的眼光和简单的业务调整已经不能满足市场需求了。"

那时的KKR规模尚小，仅有14位合伙人。KKR在聘用人才的时候，会刻意避免正处于自己职业生涯中间阶段的候选人。或者你年纪轻轻，从KKR的分析师职位干起；或者你已经功成名就，作为高级顾问进入KKR。尼尔森与每一位合伙人分别进行了两轮面试，其中包括在1999年11月与克拉维斯在其书房里进行的90分钟面谈。一个月后，KKR召开年度会议，尼尔森也回到了纽约。那次，他在一天时间里与14位合伙人分别面谈了45分钟，从与罗伯茨共进早餐开始。与KKR最严厉的面试官会面，尼尔森感到很难猜到罗伯茨的想法，因为"他非常善于躲在面具后面"。

在那天结束的时候，KKR交给了尼尔森一个案例——是关于并购比克笔（Bic pen）的交易，并告诉他第二天早上就要递交自己的想法。如果他得到了这份工作，尼尔森必须清楚如何带领团队来达到目标。克拉维斯、罗伯特和雷瑟（KKR高级合伙人，负责监督业务运营）告诉尼尔森，他们希望这次交易与普通的并购活动有所不同。"我们谨慎地调整着商业模型，"尼尔森说，"尝试了各样方法，直到敲定最佳方案。"

西街9号的空间不够用了，KKR为尼尔森在麦迪逊大道上租下了新办公室。当他刚刚想出部门的新名称时，他觉得这并没有太大意义。"我认为自己在合伙人面试中刚刚及格，实在不想自己吓自己。"他说，"但是我不会使用一个希腊名字，因为在私募股权行业里，这实在是太普遍了。"他请身为平面设计师的妹妹设计了新标志。尽管获得了公司高层的支持，但是保守的KKR文化对创新依然有怀疑，就像多年后对待克雷格·法尔的资本市场业务的情形一样。"2000年至2001年，我们实在是举步维艰，"尼尔森说道，"我们并没有完成太多交易，仍然在摸索合适的路子。"

让人意想不到的是，尼尔森参与的第一笔交易是KKR在过往投资中最失败的案例：皇家连锁电影院。他和运营团队已经找出了致命问题——由于过度的新增剧院将本身的利润蚕食殆尽。不过该公司已是强弩之末，无法挽回。为此，KKR损失了近5亿美元。

KKR从未涉足财务恶化的业务领域——也即，收购已经支离破碎的企业，对其进行彻头彻尾的改造。虽然某些交易比想象中还要糟糕，但KKR的总体策略是购买价值被低估或管理不善的企业。当克拉维斯向尼尔森提出他希望尼尔森专注在哪里的时候，提到KKR收购的各个公司表现不一，从卓越到拙劣都有，那些拥有极端表现的公司并不需要凯普斯通团队出场。表现拙劣的公司足以获得投资团队的特别关照，而表现卓越的公司只需要静静在旁观察就够了。最近几年，能源类企业的表现就相当惹人注目（KKR曾在页岩气资源领域押下赌注），因此也不太需要针对运营管理方面的咨询。

凯普斯通团队通过改善采购、定价、销售等环节的运营效率，为KKR和投资者增加了4～5个百分点的利润率，这足以使该笔交易从差强人意飞跃至出类拔萃。

凯普斯通团队会派出工作小组进驻被收购企业，尼尔森或其他高级研究员也会在对方董事会占有一席。这种做法看起来仅有点象征意义，尤其是当KKR是控股股东的时候（负责交易的KKR高管均在董事会任职）。这似乎是在向公司以及KKR其他部门展示，KKR改革计划的核心对象是凯普斯通。在达乐公司的并购交易中，尼尔森曾在董事会任职长达两年半，直到该公司公开发行股票。在有其他投资者参与交易时，董事会席位通常被认为是能够有效掌控被收购企业的途径。KKR与CD&R联合收购US Foodservice的交易，在一开始就因为凯普斯通团队的积极参与而被誉为企业经营管理史上的经典并购案例。CD&R成名于20世纪70年代，几十年来，两家PE基金之间发生了许多精彩的故事。

在成立之初，当时名为Clayton & Dubilier的公司向KKR租用办公场所。这是由马丁·杜比利埃（Martin Dubilier）和杰罗姆·科尔伯格共同促成的，他俩是发小，在纽约市北部的韦斯特切斯特郡（Westchester）一起玩到大。CD&R与KKR并没有永久地共处一室，两家机构相伴成长一直到80年代初，恰如福斯特曼·利特尔（Forstmann Little）与韦斯·雷（Wes Ray）之间的情谊一样，共同奠定了现代杠杆收购行业的基础。CD&R是大型企业剥离非必需部门交易的推行者，经典案例包括在90年代初购买IBM的办公产品事业部。

剥离办公产品事业部的交易并不是简单的"分拆"——即将部

门从企业中分离出来并独立运营。后来者所津津乐道的，是将分散隐藏在整个IBM帝国的办公产品运营子单位整合起来。CD&R向IBM支付了15亿美元，并最终在1995年将独立的办公产品事业部推向上市。

CD&R的业务重心放在企业分拆活动，包括联合凯雷集团从福特汽车买进汽车租赁商Hertz以及从食品零售商皇家阿霍德（Royal Ahold）购得US Food。以上两笔交易发生的时间点恰到好处，但从家得宝公司（Home Depot）收购旗下的供应部门（HD Supply）则发生在非常糟糕的次贷危机时期。

对于一些非常知名的全球性企业的CEO们来说，现在的CD&R已经成为他们全天候或者部分时候的家，其中包括享誉全球的通用电气的CEO杰克·韦尔奇。韦尔奇在2001年以高级顾问的身份加入CD&R。此后，CD&R还笼络了宝洁（P&G）的前CEO雷富礼（A. G. Lafley）以及乐购超市（Tesco）的前CEO特伦斯·莱希（Terence Leahy）。服装商GAP的前CEO保罗·普莱斯勒（Paul Pressler）还成为了CD&R的合伙人，好事达保险（Allstate）的爱德华·利迪（Edward Liddy）也随后加入。CD&R于2011年10月在曼哈顿中央车站对面的Cipriani酒店召开了年度会议，在那里，公司向投资者集体展示了这支由杰出企业高管组成的豪华银河舰队。在一天半的会议中，CD&R将投资组合里每家企业的具体情况进行了详细介绍，并邀请企业高管对最新的财务数据以及未来的收入预测进行评价。为强调其悠久的历史以及成功的接班人过渡历程——这在私募股权界是极为罕见的——CD&R播放了一段由知名主持人查理·罗斯（Charlie Rose）对创始人约瑟夫·赖斯（Joseph Rice）的访谈视频，随后罗斯对舞台中央的现任CEO唐·果戈尔（Don Gogel）进行了现场采访。

年度投资者大会不向公众开放，这样的信息传递方式是私募股权基金的宣传手法。现在，很少有重要资料是在会议过程中以纸质形式派发的，CD&R等私募股权基金会向投资者提供装有PPT演示文稿和电子版文件的U盘，以方便他们带回办公室慢慢消化。相比上市公司的股东大会，投资者会觉得自己更被尊重，在那里大股东的提案和董事会的投票结果才是会议的核心。投资者越来越看重私募股权基金在企业运营和公司治理上的管理能力，以及更多与投资相关的数据和策略方面的分享。果戈尔表示，有限合伙人的渴望越来越明确。"我们的投资者提出了各式各样的需求，"他在舞台上与查理·罗斯对话时表示，"这可能是众望所归。"

■ ■ ■

当私募股权基金控制了企业预算以及大量雇员时，往往通过某种运营杠杆来对企业进行业务调整。在这方面，他们重新拾起了在80年代被众人摒弃的企业理念——企业集团（conglomerate）。

企业集团是指控股母公司拥有多家不同业务领域的子公司。整个集团像是被云雾包围的巨型山脉，投资者很难对其进行价值评估。目前，只有少数几家企业集团得以坚持下去，包括Tisch家族的洛伊斯公司（Loews Corporation），该公司投资了酒店、油田、保险公司等各个领域。最有名的控股集团当然是沃伦·巴菲特的伯克希尔哈撒韦公司。

在私募股权业刚刚起步的时候，私募股权基金积极参与到企业集团的分拆过程当中，购买非必需的子公司并帮助它们独立运行。然而在过去几十年里，随着私募股权投资的规模和范畴日益扩大，资本巨鳄们已经变身为超级企业集团，控制了来自不同领域的各式各样的公司，从玩具制造商到炼油厂再到游乐园，无一不有。当然，狡猾的资本巨鳄们肯定不会忽略这样的天然优势并加以利用。

黑石集团旗下的企业拥有每年1 170亿美元的营业收入和68万名员工（员工人数超过了通用电气和家得宝公司）。为此，黑石集团启动了统一的采购计划，由詹姆斯·奎罗斯（James Quellos）领导的投资组合运营部（Portfolio Operations Group）全权负责。黑石集团通过一家名为CoreTrust的公司，为所有的企业进行统一采购，以争取更优惠的价格，采购项目包括快递服务、电脑等。参与该计划的公司甚至可以在被黑石集团出售后继续保留相关服务项目。

我想再次强调私募股权基金是如何影响各行各业的。CoreTrust是连锁医院HCA的一部分，HCA由KKR和贝恩资本共同拥有。CoreTrust创建于2006年，通过联合KKR和贝恩资本旗下的其他公司，为HCA的庞大医院系统争取更有利的采购合同。虽然CoreTrust并没有掩饰与HCA的关系，但也没有四处炫耀。

黑石集团还提出了类似的医疗福利计划——Healthcare。该计划创建于2008年，覆盖了黑石集团旗下已投资企业的约30万名员工。预计其他私募股权基金也会逐渐将旗下的公司加入到该计划中来，例如TPG旗下的时装品牌J. Crew和悠景（Univision），根据各自的官方网站介绍，就参与了Healthcare计划。[3]

企业集团还带来了另一项重要影响力。黑石集团和TPG每年将旗下已投资企业的CEO、CFO以及其他高管聚集起来，共同分享在企业管理中各自的经验和心得。此外，黑石集团还为已投资企业组织了技术人员和财务人员的专场聚会。私募股权基金正在筹划着为企业培养未来的高管，在不同专业领域建立人才网络。这是一项回报丰厚的投资，是整盘棋局中的重要棋子。TPG在其年度CEO会议上邀请了摩根大通的CEO杰米·戴蒙作为主讲嘉宾。

以上就是并购基金为帮助已投资企业更好地经营而采取的各项措施。在企业的财务数据得到改善后，基金经理们亦没有一卖了之然后转向新一笔交易。康克林说，尽管商务繁忙，她仍跟大部分运营项目中的企业高管保持了密切联系，这是美国南方人的天性，也是现代并购业务的特征。无论是哪种方式，能够掌控企业的运营管理，就为提升经济效益获取了主动权。

第七章

离经叛道

Aura of Cool

解码 TPG

位处亚利桑那州斯科茨代尔（Scottsdale）的腓尼基（Phonecian）风景区，紧靠驼背山（Camelback Mountain），修剪整齐的高尔夫球场周围由石头和仙人掌蜿蜒围葺。每年 10 月，TPG 及其投资者将在这片景色秀丽的度假胜地举行为期两天的会议。

本次会议的核心人物是 TPG 联合创始人——50 岁的詹姆斯·库尔特。他在投资圈外鲜为人知，比其他私募股权巨头更为年轻、低调，他的合伙人大卫·邦德曼亦如此。虽然邦德曼在面对媒体时表现出的刻意低调甚至被误解为缺乏自信，但是在任何行业演讲或分享中，他的得体辞令以及优雅举止着实让人对这位投资巨头佩服万分。长期满足于从事幕后工作和并购交易的库尔特，已经缓缓地进入了公众视野。年轻的他总是激情四溢。在视频网站 Youtube 上播放的 90 分钟视频剪辑中，他借用了自己执教儿子的郊区足球队十余年的经验，来诠释抽象的投资理论，其风趣幽默堪比情景喜剧《盖里甘的岛》（Gilligan's Island），库尔特甚至还引用了托洛茨基（Trotsky）的名言——战争是历史的火车头。

会议上，库尔特身穿开领衬衫，袖口卷起，手里玩弄着 Lady

Gaga 在巡回演出中用过的那种微型无线麦克风。他在湛蓝色的灯光下踱来踱去，两个巨大的屏幕分别显示着正在演示的幻灯片和实时画面。他的演讲从不用底稿，他时而好像严谨的技术人士——包括用三维矩阵来演示 TPG 的优势，时而又假装神秘的巫师——用水晶魔球来预言他称为"私募股权行业 5.0"的未来 PE 新时代。

"我从事 PE 投资已经 25 年了，目前的行情应该是最喜人的。"库尔特说。到 2020 年，主权财富基金将与公共养老基金平起平坐，成为 PE 基金的最大投资者。超过 10 亿美元规模的 PE 基金数量已从 1995 年的 20 余只跃升至 2011 年的逾 400 只，在未来十年可能达到近 900 只。

当天上午的会议安排了各式各样的演讲，其中包括邦德曼的。他谈到了新兴市场的投资策略，并表示 TPG 会把一半的钱投资于北美市场，其余部分则投向世界其他地区。过去一年里，他在路上的时间超过了 200 天，乘坐私人飞机在全球范围内进行访问。最近，他从航运公司 CSX 那里将座驾猎鹰 900 进行了升级。

邦德曼穿着宽松的灰色休闲裤和栗色套头衫，身旁坐着科尔特和首席投资官乔纳森·克斯利特（Jonathan Coslet）。他们根据头一天对来宾的问卷调查，以火箭般的速度从 40 个主题中挑选出相关性较大的主题供小组会议讨论。在稍作休息后，库尔特上台做了总结陈词，他还特意预留了 15 分钟给运营团队的负责人迪克·博伊斯。库尔特解释了 TPG 目前坚持私募的原因，即使面对最大的竞争对手公开上市的新闻冲击（当时，凯雷集团已经递交了上市申请）。库尔特认为，他不相信私募股权基金能够同时满足有限合伙人和公众股东的利益需求。

他承认，公开交易的 PE 基金在进行收购活动中享有更多便利性。黑石集团在 2008 年收购 GSO Capital Partners 时采用了股权置换的方式，凯雷集团也在 IPO 前夕收购了 FOF AlpInvest。上市公司还可以用股票和期权来吸引并留住人才。不过库尔特表示，后者尚未得到证实，而他担心做出错误的决定。"如果决策失误，TPG 将承受巨大风险。我们宁愿谨慎一些，不要走得太快。"他告诉投资者。

TPG 对上市的讨论从来都是掩掩藏藏的。IPO 最大的好处之一就是创始人可以将手里持有的部分或全部股权兑现。2007 年黑石集团上市时，创始人彼得森几乎卖掉了所有的股票，而施瓦茨曼则卖掉了一小部分。凯雷集团的鲁宾斯坦表示，类似他这样的创始者可以通过上市来"溶化"自己所创造的财富，并将部分资金用于慈善事业。[1]

邦德曼已近古稀之年，他对 IPO 的态度比较暧昧，在与圈内熟人和银行家展开的私人对话中，他曾表示希望能够通过 IPO 来出售所持的部分股份。早在 2007 年，他在迪拜就曾提过，TPG 最终可能会上市，前提是其余的大型竞争对手都已经公开上市了。"未来五年，我觉得所有的重要 PE 基金都将公开上市。我们希望自己排在上市队伍的末端。"他说。

"公开上市并不是我最愿意看到的结果，谁还会记得投资银行布朗兄弟哈里曼（Brown Brothers Harriman）？"他在迪拜发表演说时，提及在高盛和摩根士丹利 IPO 以后仍然选择保留私募的一家投资银行。[2] TPG 内部人士则表示，并不介意成为私募股权行业的高盛。

在 2012 年，邦德曼更新了他的理论，他在旧金山发表的一次演讲说道："目前，我们并没有上市计划，只是冷静地观察即将发生的事情。"在一次投资者会议上，他提到了一项调查结果，大部分有限合伙人反对普通合伙人选择 IPO，但是没有证据表明他们会采取任何行动。"如果没有负面影响，我们将看到曾经发生在投资银行身上的事情会在私募股权行业里继续发生。"[3]

前文提到过库尔特有年龄优势，这使现阶段的 TPG 获益良多。在 20 年前，邦德曼还年轻的时候，他尚未考虑过退休，他说除非上市能带来巨大的商业价值，否则 TPG 是不会选择 IPO 的。反之，如果上市只是让邦德曼的荷包更鼓一些，那至少还有其他方法达到致富的目标，比如说借钱或者将所持股份卖给大型投资机构。在 2011 年中，TPG 将少数股权出售给新加坡和科威特的主权财富基金。凯雷集团、阿波罗以及黑石集团在 IPO 之前也采用过类似的策略来筹集资金。至少从目前看来，选择按兵不动可以使库尔特保持气定神闲，并给了他充裕的时间来带领 TPG 在公众视线之外快速成长，在一定程度上也可以把在纽交所上市的竞争对手们备受压抑的股价再踩上一脚。

TPG 钟情于离经叛道。它所处的地理位置、风险偏好，创始人的古怪秉性均体现了其与众不同的气质。我时常在 TPG 内外听到这样的言论。在感恩节的家庭晚宴上，TPG 是坐在你身旁的一位酷大叔。他拥有丰富的传奇经历，你却永远不知道他将怎么开口。这样的气质主要是得益于邦德曼，但也有库尔特一刀刀地将公司图腾刻在 TPG 每位员工心里的功劳。

库尔特的拿手好戏是把金融融入到日常的明喻和隐喻中——

他用特大汉堡来解释定价能力（TPG 曾经拥有汉堡王），并将机构投资者的资产配置比作他的厨房储物柜——这让他在不经意之间成为了一位平易近人的商学院教授（他还曾引用过 1982 年出版的《大趋势》一书）。

库尔特情感丰富并且为人友善。多数时候，他喜欢穿简单的白衬衫以及单色的领带，袖口总是微微卷起。你很少会看到他头发蓬乱或者领带歪斜的时刻。他开车上下班，是两个女儿和一个儿子组成的家庭足球队的教练。从 TPG 的企业文化以及在那里工作的人们身上，你总能找到库尔特孩童般的聪明伶俐以及邦德曼不走寻常路的乖僻邪谬的混搭。后者如同一位天马行空的先知，使得与其共事或为其工作的人都对他忠心不二。他在世界各地都留下了殚精竭虑的身影，以建立同盟和笼络人心。他很少在一个地方待上好几天，但通过邮件和电话，他似乎无处不在。汤姆·巴拉克（Tom Barrack）在 20 世纪 80 年代在得克萨斯州的罗伯特·M. 巴斯集团工作，与邦德曼是老相识，他表示："邦德曼是我见过大脑最发达的人，没有人比他更聪明。他好像是一条猎犬，在各类文化主题中切换自如。"

由于年长的创始人邦德曼喜欢把时间花在路上（他以飞往中国参加午餐约会而著称），公司内部治理以及日常制度建设方面则更多地带上了库尔特的气息。他对企业文化及投资流程改进已经到了痴迷的地步。为使自己的工作更有效率，他在 2011 年聘请了行政总监来协助管理不断扩张的 TPG 帝国。巴拉克如此形容库尔特："他是邦德曼完美的另一半，因为大卫总是毫不停歇地四处奔波，库尔特就可以静下来，细心耕作。"

两位合伙人截然不同的个性碰撞出炫目的火花，这也奠定了

TPG 的独特风格。虽然 KKR 的克拉维斯和罗伯茨看起来也是南辕北辙，但至少他们的核心观点是大同小异的，而邦德曼和库尔特却并非如此。"你要是把他们放在一起，会看到风险厌恶和风险偏好两种迥异态度的有趣对话——'让我们抓住这个机会！'和'唔，我们再等等。'"TPG 历史上的第一位雇员克斯利特说，"他们总能把对方最好的一面激发出来。"不过，库尔特表示，偶尔也会发生"邦德曼竭力要踩刹车而我却止不住油门"的情况，不过"要拥有与不同才能的人和平共处的智慧和胸襟"。在一次颇为复杂的交易——TPG 资助中国电脑制造商联想（Lenovo）收购 IBM 的个人电脑业务中，库尔特的理性分析最终战胜了邦德曼看空这笔交易的直觉。

TPG 的总部不在纽约，这似乎也让 TPG 与众不同。从 TPG 旧金山办公室向下俯瞰是壮丽的旧金山湾，橘红的落日映照着雄伟的金门大桥，再向远处瞭望就是被称为岩石的阿尔卡特拉斯岛（Alcatraz）和连接旧金山和奥克兰两市的海湾大桥（Bay Bridge），这片秀美的景色使得墙上悬挂的艺术珍品相形逊色。（我曾听到 TPG 内部用语："上帝是我们的装饰者。"）TPG 行走在华尔街的意气风发和加利福尼亚的温柔细腻之间。该公司为所有员工提供午餐，不过大部分时间里可供选择的只是卷饼或汤，并且通常用纸质碟碗盛装，没有厨师进行现场烹饪。TPG 在旧金山设立总部体现了合伙人对此地的偏爱。在创立初期，他们就决定不去纽约。"我们不希望跟其他人一样，"克斯利特解释了 TDG 为什么选择将公司总部设在曼哈顿以外的原因，"我们不希望被称为'华尔街的家伙'，在这一点上，我们心有灵犀。"

库尔特喜欢使用白板——当没有白板的时候，他就会随便扯张白纸在上面画图。在他办公室旁边的合伙人会议室里，就摆放了一块他经常使用的白板。在一次谈话中，他向我描述私募股权业的远景——"三盒模型"（three box model），包括项目筛选者、交易执行者以及投资组合经理三方。项目筛选者与公众投资者无异，通过价值分析来判断潜在增长性，进而选择优秀的投资项目。他表示，TPG 的核心竞争力主要体现在模型的另外两方——在不可能之处挖掘潜在交易，然后对其进行拯救或者彻头彻尾地改造。这就是他所说的"秘密武器"。

他表示，在 TPG 过往的交易里，有 70% 与其他私募股权基金没有明显区别，整体表现也差强人意。库尔特接着指出，剩下的 30% 则吸引了所有人的目光，在媒体和公众面前将 TPG 的特点完美地展现出来。

"有时候，主流 PE 资金会表示：'我（对购买企业）没有兴趣。'比如服装品牌 J. Crew，其创始家族希望把它卖掉，但却无法在公开市场找到买家；再如大陆航空。"克斯利特解释，"你必须要面对挑战，无论过程是如何艰难。如果你选择逃避，你将会和大部分人一样站在泡沫之上，等待泡沫破碎后跌入谷底，你需要回到原点，重新面对。"

克斯利特承认，这种方法带有更大的风险。"如果真正的智者认为在岔路口应该向左转，或许这就是正确的选择，"他说，"但是我们经常挂在嘴边的是，让我想想何时该向右转。"

TPG 也有运气不佳的时候，通常是输在项目筛选上。有一笔对华盛顿互惠银行（Washington Mutual）的私募股权交易，TPG 来来回回折腾了好几个月，股权价值已蒸发了大半，只留下挥之不去的失落与遗憾。另一个失败案例是创造了历史上最大交易规模记录的TXU收购案，那也为2007年已近癫狂的并购市场画上了句号。

两笔交易均显示TPG似乎把赌注押给了错误的一方，并为此承受了灾难性的经济后果，特别是华盛顿互惠银行的交易。2008年，华盛顿互惠银行与其他银行一样在金融危机中苟延残喘。TPG花70亿美元购买了其少数股权。如果金融危机触底反弹，华盛顿互惠银行的经营状况好转，TPG将从这单交易中赚取丰厚回报。这并不是企业运营团队可以掌控的。基本上，TPG是靠着过往积累的交易经验步步为营，但这次却获得了完全相反的结果。政府最终对华盛顿互惠银行交易予以干涉，将股权卖给了摩根大通，并将TPG的部分完全抹去。为此，TPG及联合投资者损失了约20亿美元（部分资金是借来的），其中TPG损失了13亿美元，堪称公司投资历史上损失最大的单笔交易。

大手笔投资也是TPG的一大偏好，即使对库尔特来讲，这并不是唯一的特点。一位来自竞争对手的高级合伙人告诉我："在射击比赛中，若邦德曼瞄准了远处的碟子，他总会尽力将其击过栅栏。"另一位劲敌表述得更为简练："TPG手握着行业内最重的沙包。"

■ ■ ■

虽然如今TPG的重要高管都在旧金山办公，但是TPG的名义总部仍然在得克萨斯州沃思堡（Forth Worth）。TPG最初被称作得克萨斯太平洋集团（Texas Pacific Group）正源于此，后来公司将名称简化为TPG，大概是因为越来越多的跨国公司不想从名称上被误认为是地区型公司吧。奇怪的是，故事起始于沃思堡居民对州际公路在当地修建延伸段引发的一场争执，其中包括得州富裕石油家族的一员——罗伯特·巴斯（Robert Bass）。为此，巴斯聘请了华盛顿阿诺·波特律师事务所（Arnold&Porter）当时的律师邦德曼。虽然他的专长领域是企业破产（他曾在 20 世纪 80 年代初担任布拉尼夫航空公司申请破产后的受托人），邦德曼也对历史遗迹保护提供无偿法律援助。他曾在 20 世纪 70 年代中后期成功地阻止了拆除纽约大中央车站（Grand Central Terminal）的议案。在 1992 年的一篇报道中，邦德曼被形容为"一位才辩无双的谈判家和交易家，拥有强烈的道德感和难以抵抗的说服力"。[4]

在沃思堡，邦德曼的游说活动发挥了巨大影响，他协助阻止了高速公路建设项目的施行，并得到了罗伯特·巴斯的信任。罗伯特正在考虑将他所继承的财富投资到更广泛的领域，就像他的哥哥希德（Sid）一样，与投资人理查德·瑞恩霍特（Richard Rainwater）合伙成立了家庭办公室。最终，邦德曼接受了罗伯特·巴斯的邀请，成为罗伯特·M. 巴斯集团的首席营运官。

当邦德曼和巴斯正在筹建交易团队的时候，年轻的投资银行家詹姆斯·库尔特被带到了邦德曼面前。那时，库尔特尚未满 30 岁。他在农场长大，在达特茅斯大学（Dartmouth）获得了工程学位，并在斯坦福大学获得 MBA 学位。他在进入投资领域之前在华尔街度过了一段非常短的时间。随后，他开始为巴斯工作。

事实上，巴斯集团成为了现代私募股权和房地产投资业务的孵化器。"巴斯是一位伯乐，他对人才有着惊人的判断力。"克莱夫·波特（Clive Bode）表示，他曾担任巴斯的家庭律师，并为邦德曼提供咨询服务，最终他成为了 TPG 的法律总顾问。

作为 TPG 的创始合伙人，巴斯还聘用了南加州大学毕业的洛杉矶人汤姆·巴拉克。巴拉克的早期职业经历非常丰富，他曾在洛杉矶做过律师，并为沙特阿拉伯皇室家族提供投资咨询服务，还曾在里根内阁任职。当巴斯团队解散后，巴拉克创立了克罗尼资本（Colony Capital），以洛杉矶为中心，进行全球范围的不良资产收购，包括邻近的 Neverland 牧场，该牧场曾是流行音乐巨星迈克尔·杰克逊的家宅。巴斯集团的另一位投资人士凯尔文·戴维斯（Kelvin Davis）是克罗尼资本的联合创始人，现在是 TPG 的合伙人。巴斯集团的文化可以追溯到希德·巴斯和瑞恩霍特，是他们促成了集团的诞生。巴拉克表示："每一位来到沃思堡的工作人员都感觉备受关注，这完全是出自真诚而非歹意，不是华尔街方式，也不是惹人烦恼的方式。"另一位来自巴斯集团的约翰·格雷肯（John Grayken）在离开后创立了孤星基金（Lone Star Funds），这个总部位于得州的投资机构主要从事不良房地产收购。出自巴斯集团的还包括艾威资本（Avenue Capital）的创始人、对冲基金经理马克·拉斯里（Marc Lasry）。

在 20 世纪 80 年代末，巴斯集团将重点放在储蓄机构信贷危机留下的一片散沙上，740 多家储蓄银行正面临破产倒闭。巴斯手下的男人帮熟练地将现金和债务进行组合，并借助政府援助赚取了巨大收益。在巴斯的熏陶下，邦德曼和库尔特不断探索，成就了之后的 TPG。"在 TPG 创建初期，我们的资金来源主是巴斯家族。那段期间，我们不用担心资金募集，只要径直穿过大厅，就可以向着投资标的直奔而去。"邦德曼在旧金山的合伙人会议室里告诉我，当他到这里停留的时候，会议室里的沙发和咖啡桌就成了他的临时办公场所。

"人们试图追溯他们的成长足迹。我们也在努力保持家族投资中的优良传统。但对我们个人而言，曾经的经历是混乱而古怪的。"

在一次单独谈话中，库尔特告诉我。能够在混乱之中表现出悠然自得的巴斯团队具备了在不可能之处挖掘潜在交易的能力。邦德曼和库尔特在沃思堡附近发现了潜在的并购目标：在 10 年内第二次面临破产的美国大陆航空公司。

两位男人深信自己有能力通过购买和改善目标公司管理来赚钱，他们对这笔交易志在必得。在现有的组织结构下，巴斯对该笔交易没有产生兴趣，但邦德曼、库尔特以及另一位巴斯合伙人比尔·普莱斯（Bill Price）则兴致盎然，他们从巴斯集团以及巴斯本人那里募来一部分钱，并把自己的钱凑在一起，共计 6.5 亿美元。1993 年，他们成为了美国大陆航空公司的主人。随后，他们立即对大陆航空进行了彻底改造，从行李处理到食品服务，事无巨细。对他们来讲，没有任何细节是可以被忽视的。

在并购大陆航空的第一年里，邦德曼和库尔特登上了经济舱进行亲身体验。当热腾腾的饭菜端上来的时候，两人被摆在面前的餐盒吓坏了。飞机抵达后，他们将打包好的餐盒塞进信封，连夜用快递送回航空公司休斯敦总部，注明 CEO 收。餐盒里还有一张邦德曼手写的纸条——"（你收到的饭盒）不比飞机上的样子好看多少。"

航空公司的食品及其他服务逐步得到了显著改善。几年后，邦德曼和库尔特从卖出的股票中获得了超过 10 倍投资回报。"对他们来讲，这次全面掌权的体验丝毫不轻松。"凯尔文·戴维斯说，"这也为后续业务的开展奠定了基石——将经营能力作为核心价值。"并购大陆航空的组织实体是一家名叫 Air Partners 的有限合伙制企业，并不是 PE 基金。随着交易的推进，邦德曼和库尔特面临重要的决定：或者只拥有几名员工甚至根本没有员工，完全依靠自己来募集资金，并且一次只能关注一单交易；或者尝试建立一家小型PE 基金来执行更多的交易。

走上规范化道路并不是一个容易的决定，但两位男士都认为不能再摸着石头过河了，不过邦德曼也没有想过 20 年后的 TPG 会有今天的规模。"我们从未想过它将成为什么样子，"他说，"我们只是为了接下来的几笔交易才成立了 TPG。"库尔特则从另外一个角度来看待这个问题。在 32 岁的时候，他认为自己终于找到了职业生涯的方向。"我的时间考量是不一样的，"他说，库尔特也注意到了巴斯集团带来的群体效应，并希望借此基础与邦德曼把聚贤纳才提上议程，"如果大卫和我只是准备单干，我们可能在短期内赚更多的钱，但是若我们不能吸引优秀人才，就很难在长期发展业务。"

与巴斯集团的深厚渊源，让 TPG 的创始人与巴斯集团前合伙人巴拉克和戴维斯也保持了密切关系，后两位在 1991 年创立了克罗尼资本。从 1994 年开始，TPG 和克罗尼的几位合伙人每年都会抽出一部分时间在邦德曼位于蒙大拿州（Montana）的家里相聚。后来随着邦德曼的搬迁，聚会地点又移至阿斯彭（Aspen）。这种为期多日的聚会旨在为新生的 PE 基金制定战略计划。到 1996 年，库尔特开始用 PPT 文稿向同伴展示 TPG 的拓展计划。"听起来真像是一位打算干大买卖的家伙。"戴维斯说。

■ ■ ■

TPG 凭借着庞大的资金规模、传奇的交易以及令人艳羡的历史回报率，成为了享誉全球的顶级私募股权基金。跟那些规模稍大的同行一样，TPG 也开始尝试杠杆收购以外的业务领域。TPG 投资了一家名叫 TPG-Axon 的对冲基金，但并没有对其控股。另外，规模稍大的竞争对手已经成立了独立的房地产基金，而 TPG 则通过现有的并购基金来操作房地产交易。不过，TPG 内部已经开始讨论，由戴维斯牵头筹建专门的房地产基金。戴维斯于 2000 年离开克罗尼资本，加入 TPG。

TPG 已经不再满足于纯粹的私募股权投资业务，开始走向更广泛的投资领域。不过，它将面临来自黑石集团和凯雷集团以及在一定程度上来自 KKR 的激烈竞争。相比之下 TPG 显得比较羸弱，至少在短期内，差强人意的交易和基金表现会让投资者望而却步，甚至会阻断 TPG 渴望变革的去路。但是到目前为止，TPG 独特的企业文化还能够忍受这样的分娩之痛。邦德曼和库尔特成功建立了非传统非主流的企业氛围——面对新兴投资业务，给机会试错，给时间创新。一位来自竞争对手的高管告诉我："TPG 的离经叛道超越了自身表现，令人倾倒。"

与克拉维斯和罗伯茨类似，库尔特对企业文化有着近乎偏执的痴迷。他重视企业文化建设，并喜欢与人分享。在一次采访中，当我提到"企业文化"四个字的时候，他全身一振，身子前倾，以表达重视。"在职业生涯的某个阶段，你不再单单满足于一笔成功的交易。你开始关注其他人的想法，希望建立某些东西，"他说，"我和大卫一贯认为，'未来能够走多远'不是我们关心的话题。我们希望，在我们离开公司的那一天，一切都是安静的、有序的，不会因为我们而发生任何改变。我希望在面试的时候，看着那些 27 岁小伙子的眼睛，对他们说：'你可以在这里干出一番事业来。'"

在库尔特的办公室里，他一直保存着一份笔记，上面满满地记录着成功企业的核心价值观。有时，他和邦德曼会通过视频向新员工发表演说。库尔特讲道："在长途航班中，你可以静下来思考并体会 TPG 的企业文化。你要在骄傲地讲述过去传奇的同时，谦卑地回到现实中，严于律己，专心致志。"他指出，不少现金充裕的小型投资机构就是因为放纵员工而导致破产的。"如果有人在某处犯了错，整个公司可能会因此被拖垮。"

每每谈及 TPG，各位合伙人首先会想到库尔特提出的"没有傻瓜"的原则。库尔特和邦德曼强调的另一项重要原则是内部会议的公开性和统一性：任何级别的投资人员都可以报名参加 TPG 的任何投资委员会议。"我们希望听到年轻人的声音。"邦德曼表示。

TPG 在接班人一事上也面临着挑战。与大多数已年过六旬的其他 PE 基金创始人不同，库尔特正值壮年，这意味着 TPG 还不用为他的后继者担心。邦德曼就像黑石集团的施瓦茨曼，为这个职位添加了几分政治色彩。"他是一位艺术家，而 TPG 是他的舞台。"克斯利特说，"他已经获得了弗拉基米尔·普京（Vladimir Putin）的邀请，正在考虑下一步向俄罗斯投资的计划。"

除了两位创始人，克斯利特是 TPG 的另一位发言人。他是 TPG 投资委员会和私募股权投资管理委员会的主席，并且与创始人在 TPG 工作了同样长的时间。另外，戴维斯也是一位重要人物。他是库尔特和邦德曼在巴斯集团的同侪，在创立克罗尼资本后加入了 TPG。他负责开拓房地产投资业务，并且在 20 年前的巴斯集团时期就与创始人建立了深厚情谊。近期加入的另一位高管是前高盛高层艾伦·韦克斯曼（Alan Waxman），他在 2009 年加入 TPG，负责带领特别情况小组（special situations group）。2011 年，韦克斯曼发起了 TPG 的第一只专门针对不良债务投资的基金，在他的履历上有一点值得注意的是，韦克斯曼并不是一位传统意义上的杠杆收购专家。

比起其他规模较大的竞争对手，TPG 在多元化业务上稍显逊色但它对市场和投资者的反馈已经超越了简单的收购。"我们提供了一个自助餐厅，"克莱夫·波特说，"可以供应高汤、牛排、面包、甜品等各种美味。私募股权投资、能源、房地产、信贷等各项业务，我们都可以做。但是私募股权投资是不会消失的，虽然从整体结构考虑，它的规模可能会缩小。"

邦德曼对 TPG 的贡献一以贯之，从大陆航空到巴斯集团的传统，筑就了现在的 TPG。他综合了智慧的头脑、偏好风险的欲望以及聚集人才的个人魅力。一言以蔽之，邦德曼是绝无仅有的，库尔特不会再找到第二个邦德曼了，即使是在他亲手培养的门徒中。不过这些都取决于库尔特，看他将如何组合人才来复制邦德曼。总之，TPG 在私募股权界的前途完全仰赖于库尔特和他的秘密武器——传统的杠杆并购业务以及各种还在尝试的新兴业务。

第八章

对比悬殊

Hundreds and Billions

工人与企业主

有些数字不言自明。美国的私募股权机构共雇用了约 810 万人，[1] 而全美劳动人口大约为 1.54 亿。这意味着每 20 人里面就有 1 位是在替私募股权机构打工，即不论在鸡尾酒会、啤酒晚会或者家庭聚会上，总有那么一位是为私募股权机构工作的。

根据 KKR 和黑石集团在各自官方网站上发布的数据，通过并购企业，两者分别拥有约 150 万名员工，均为全球范围内的重要雇主。在 2012 年年底，根据彭博社的数据，沃尔玛也不过拥有 220 万名员工。

需要明确的是，黑石集团旗下的企业职员并未佩戴黑石集团的铭牌，或者获得由史蒂夫·施瓦茨曼亲自签署的工作支票。这些投资机构，尤其是其在华盛顿的游说者，都不断强调乐高乐园的工作人员和希尔顿酒店的房屋管理人彼此并不相识（黑石集团曾将乐高乐园以及希尔顿酒店收入囊中）。在监管机构和政府小心谨慎的臆想中，只要一家企业失败就可能产生多米诺骨牌效应。当乐高乐园在财务危机边缘挣扎的时候，虽然同属黑石集团所有，希尔顿酒店却丝毫无损。从技术层面看，每家公司都是由黑石集团设立的独立合伙制企业，这些企业除了拥有共同的主人以外，没有其他关联。

然而，在 2008 到 2009 年，坐拥多家企业的私募股权巨头眼睁睁地看着全球金融体系由于过度杠杆化而走到了崩溃的边缘。在 2011 年年中，我与美国劳工联合会—产业工会联合会（AFL-CIO）⊖的资深投资顾问希瑟·斯拉夫肯（Heather Slavkin）就对私募股权投资进行监管的话题进行讨论，她表示："如果说我们从金融危机中学到了什么，那就是利用高杠杆运作的不透明资金池是滋生系统性风险的温床。"[2]

正如围绕企业运营的讨论所印证的，私募股权巨头通过控制这些企业塑造了颇具影响力的形象。从另一个角度来看，KKR 旗下的企业在 2010 年的收入共计 2 100 亿美元，比同年通用电气的收入还多出了 500 亿美元。

撇开创始人和高管层的薪酬不谈，总体而言，私募股权基金是有利可图的生意。不过，这些数据是很难获取的，除了少部分公开上市的资本巨头之外，大部分私募基金都采用了低调的有限合伙制。一位研究员表示，2011 年私募股权基金执业人员的平均收入为 24.8 万美元，比前一年增长了 6%。[3] 根据彭博社的数据，2011 年美国家庭收入的中位数为 50 046 美元，约是其 1/5。

收益是私募股权投资的头等大事：这种在触手可及和海市蜃楼

⊖ 美国劳工联合会—产业工会联合会(AFL-CIO)，中文简称"劳联—产联"，是美国老牌的工会组织，也是最大的工会组织。它的影响力已经足以左右一次总统选举。它由成立于 1886 年的美国劳工联盟(the American Federation of Labor，简称 AFL)和成立于 1953 年的工业组织协会 (the Congress of Industrial Organizations 简称 CIO）在 1955 年联合而成，因此名为"AFL-CIO"。——译者注

之间踱来踱去的感知力，让他们从付出惨痛代价的普通人身上赚得盆满钵满。当然，类似的鸿沟也存在于上市企业的高层和普通员工之间。

私募股权基金的高管们为了捍卫他们的立场，以向公众解释他们正在面对的不公正评价，多次将自己的所作所为与大型企业例如通用电气的高管在经营决策合理性等方面进行比较，例如应该从事何种业务，应该雇用多少员工，下一步应该扩张还是收缩。

私募股权基金与上市公司究竟有何不同？关键是并购经理们的生存之道以及独特的商业模式——即在做决策时的"速度"，有些人会形容其"凶猛"。因为从时钟滴答作响的那一刻起，他们已将全身心投入到投资事业上，斗志昂扬，雷厉风行。

■ ■ ■

在我们的私募股权之旅中，金钱完成了投资循环。接下来，我们面对另一个重要又简单的问题，当然答案并不简单：当私募股权基金来到贵公司的门前，你是欢欣鼓舞还是惶恐不安呢？关键是，你会因此失去工作吗？

作为一名顽固的金融记者，我的第一反应是要重新回到数据上来，不过依然理不出头绪，只能无功而返。直到 2001 年，史蒂文·J. 戴维斯（Steven J. Davis）、约翰·霍尔蒂万格（John Haltiwanger）、罗恩·S. 杰明（Ron S. Jarmin）、乔希·勒纳（Josh Lerner）和哈维尔·米兰达（Javier Miranda）共同撰写了题为《私募股权和就业》的研究报告。该研究为那些寻找简单答案的人们指出了几近癫狂的结论：这需要视情况而定。研究人员称，总体而言，私募股权投资既不是大量就业岗位的创造者，相反也不会成为遣散职员的毁灭者。[4]

该研究不仅考虑到每家企业的就业情况，还深入到企业旗下的各运营单位（工厂、外地办事处等）进行分析。一些有趣的现象被挖掘出来。研究人员将公司分为三种类型——制造业、零售业以及服务业。三种类型的企业的研究结果各不相同，其中制造企业几乎没有变化。服务企业在被并购后，就业机会在并购初期呈增长趋势，然后放缓。零售企业则经历了较明显的裁员情况。研究者写道："为了避免过于宽泛地将私募股权投资和就业相关联，我们需要谨慎。"

该项研究中，有关公司哪些部门在杠杆收购后会面临最大规模破坏的话题特别引人注目。这也将有助于为私募股权基金在世界范围内赢得更好的名声。私有化交易涉及在纽交所或类似股票交易所公开交易的大型公司，历史上规模最大的交易从凯撒酒店开始，到希尔顿，再到雷诺兹。对比同类上市企业，这些公司由于私有化减少了10%的职位。当然，公司也经历了研究者所称的"职位创造期"，包括设立新办公室、工厂或分支机构等。研究者总结到："上市公司私有化进程的透明度逐渐升高，将有助于进一步了解私募股权投资与减少就业之间的关系。"[5]

研究中还有另一项有趣发现：在并购基金对非上市公司的收购交易中，数据显示了相反的结果。在并购完成后的前两年，就业率增长了10%，研究者认为这与并购方通过收购迅速扩大规模有关。

也许并不违背常识，该研究还发现，在杠杆收购以后，破坏性影响是毋庸置疑的，但削减职位的情况会在随后几个月内呈递减趋势。换句话说，如果你所在的公司正在筹备收购，你要系好安全带。

■ ■ ■

就业问题已成为私募股权行业的核心问题，这与业内人士参与竞选总统有关：贝恩资本的创始人米特·罗姆尼。这位马塞诸塞州前州长将刺激经济和创造就业机会作为竞选核心，将其在私营部门中磨炼的技能四处兜售以拉拢选民。

罗姆尼的参选将私募股权行业以前所未有的方式推向风口浪尖，选民和记者开始调查他的个人和商业记录。罗姆尼和贝恩资本从事的一系列交易成为人们茶余饭后的谈资，包括办公用品生产商 American Pad & Paper、玩具连锁店零售商 KB Toys 以及医疗公司大德国际（Dade International）。这些交易将罗姆尼和贝恩资本描绘成只顾自身投资回报而对并购企业的死活不管不顾的冷血恶魔，为罗姆尼带来了大量批评与质疑。

政治对手更不会放过能对此进行大肆渲染的机会。美国众议院前议长纽特·金里奇（Newt Gingrich）在 2011 年年底宣布参与共和党总统竞选后，针对罗姆尼尤其是其在贝恩资本任职期间的得与失发起全方位的挑战。当罗姆尼提出金里奇应当归还抵押贷款公司房地美（Freddie Mac）给予的 160 万美元顾问费时，金里奇也毫不示弱地回应："如果州长罗姆尼愿意将其在贝恩资本多年时间里，从破产企业和裁员风波中赚得的巨额收入归还，那我自然会欣然接受他的建议。"[6]

罗姆尼在力排万难进入普选后，奥巴马总统的支持者也盯上了他曾经的私募股权职业生涯。奥巴马的首席竞选顾问戴维·阿克塞尔罗德（David Axelrod）就金里奇的回应连续发表评论。在争取共和党提名期间，罗姆尼与得克萨斯州州长里克·佩里（Rick Perry）

在一场电视辩论中打赌 1 万美元，阿克塞尔罗德对此表示："对我来讲最难以置信的是，他以别人的钱作为赌注，从来不掏自己的腰包。"他继续说："他就是以这样下三滥的手段运营杠杆收购业务，关闭了数百家工厂，将成千上万的就业岗位外包。他们使众多企业走向破产，并昧着良心从破产事件中赚得满堂彩。"[7]

早在 1994 年，与美国已故参议员爱德华·肯尼迪（Edward Kennedy）在国会参议员竞选中，罗姆尼就曾因为贝恩资本参与的投资交易而导致竞选折戟。贝恩资本在收购 American Pad & Paper 后不久就关闭了部分工厂并进行裁员。其中最具代表性的是一个名叫兰迪·约翰逊（Randy Johnson）的可怜人，他在那次收购中失去了工作。

以 American Pad & Paper 的九名工人为主角的一系列电视广告以铺天盖地的攻势向罗姆尼席卷而来，给竞选活动造成了毁灭性的后果，约翰逊也亲自莅临马塞诸塞州向罗姆尼发起反击。随后，约翰逊搬迁至匹兹堡（Pittsburgh），加入美国钢铁工人联合会（United Steelworkers），并于 2011 年底再次出现在反对罗姆尼竞选的活动中。在美国广播公司 ABC 的采访中，他直言不讳地讲道："我对罗姆尼能够在极短时间内积攒巨额财富感到非常震惊。当然，他收获了很多钱，但那样做是正确的吗？那样对工人和百姓是道德的吗？"[8]

在 2011 年底，随着提名角逐渐入尾声，《纽约时报》发表了分析罗姆尼是如何从贝恩资本继续捞钱的文章，甚至追溯到罗姆尼在 1999 年辞职以后。文章援引的被收购企业包括最终申请破产的玩具连锁店零售商 KB Toys，以及大量裁员的广播公司 Clear Channel Communications（贝恩资本与其他私募股权机构于 2007 年联合购入）。罗姆尼在竞选中多次表示，在贝恩资本任职期间，他和公司通过已投企业创造了超过 10 万个就业岗位，其中包括达美乐比萨以及办公用品生产商史泰博公司（Staples）。经过数月的冷静期，2012 年 3 月，贝恩资本针对就业问题向投资者致信。众合伙人写到："虽然专家一致认为，投资组合下的各家企业的净就业增长率很难精确估算，但是在贝恩资本成立 28 年以来，帮助已投资企业实现了巨大收入增长，并创造了数以十万计的就业机会。"[9] 贝恩资本表示，公司通过资本注入为旗下企业带来了超过 105 亿美元的收入。

■ ■ ■

就业问题的影响范围极广，不仅是在贝恩资本，惊慌失措和迷茫无望的表情也出现在各大私募股权投资机构的办公大厅里。自从罗姆尼参与竞选总统以来，黑石集团、凯雷集团、KKR 的数位高级管理人员，也多次在公开场合就私募股权行业在这场充满下三滥伎俩的竞选过程中遭受的不白之冤发表意见。私募股权创业投资协会（Private Equity Growth Capital Council）及个别投资机构也争相收集就业数据，试图阻止各界继续对私募股权行业进行添油加醋的抹黑。

在许多的讨论中，都提到了私募股权行业与生俱来的原罪，像是宿命一样挣脱不掉。大多数投资机构都试图从各自的投资组合中收集有用信息，来证明自己是出淤泥而不染的，无论是罗姆尼、贝恩资本，还是其他的同路者。所有参与者都希望能够更加勇敢地面对一边倒的质疑声。

在现实面前，他们喃喃自语道，自己和投资者都需要做好准备，等待风暴的来临。很难想象的是，有限合伙人会惊讶地发现总统候选人罗姆尼也曾从事私募股权投资事业，并且他对交易完成会产生实质性影响。当聚光灯逐渐暗淡，巡回演说结束后，他将成为资本向政治靠拢的王牌。每当我提到有关罗姆尼的话题，一位私募股权高管总会叹口气对我说："这一切不过是浮云。"

■ ■ ■

但是，罗姆尼的参选以及来自选民和记者的如洪水猛兽般的提问，以及漫天飞舞的竞选广告，都共同指向了一个更为深刻的问题：私募股权行业或者其中的个别投资机构，应该为其创造或毁灭的职位而接受审判吗？

罗姆尼强调他在私募股权投资上的精湛技艺能够带来就业人数增长，但我却从并购基金经理那里听到他们反复嘟哝：我们从未表示过我们的工作是在创造就业机会。CCMP 资本的 CEO 史蒂夫·默里（Steve Murray）曾告诉我，工作机会可以是优秀投资的副产品。他说："当业务增长比业务收缩能带来更好的回报时，我们往往会选择雇用更多人员，但这并不代表私募股权投资可以解决失业问题。"

这也是研究私募股权行业的学者们的一致看法。巴黎 HEC 商学院的教授奥利弗·古查德（Oliver Gottschalg）告诉我："就业绝对不是唯一的评判指标。对我来说，问题的关键在于，与竞争对手相比，该私募股权基金是否有更精准的定位，这才是长期带动就业的主要因素。"古查德教授并没有为私募股权行业呐喊助威，他正在通过收集更多的数据来支持或者反驳很多人对私募股权行业想当然的观点。在他看来，可以用一个简单的类比来诠释私募股权行业。

"我认为这是一个健身训练营。你现在做的几件事可能不甚有趣，但你必将从长远获利。"他说。在某些情况下，他也承认并不适用，"对于有些人来说是有益的。但对于另一些人来说，健身训练营是不适合甚至是毫无帮助的。"

不过，古查德最终也因为缺乏数据而不能提供充分的解释，这也是由于私募股权行业和部分 PE 基金的不成熟以及潜在的傲慢自大导致的。多年来，他们野蛮生长，各自为政，逐渐被冠以"赚快钱"的名头。然而，他们没有出示任何证据以表清白。相反，从表面看来，最多不过是援引宪法第 5 修正案——不得被强迫在任何刑事案件中自证其罪。[○]

事实上，某些交易的数据根本就不存在，或者说无法轻易获取。这也会牵扯到就业问题。私募股权基金也在争辩，在某些情况下，例如进行少数权益投资以及投资退出后，企业削减职位是否还要归咎在自己头上。为了回应奥巴马政府的政治算计，他们还大声质问是否应该为"保住"工作岗位而为自己正名，因为如果没有他们对企业的注资，企业很可能早就破产倒闭了。

从政治和公共关系的角度上讲，风险投资（Venture Capital）行业比私募股权表现得更为成熟老练，它将自己定位为"创造就业的引擎"。该行业在华盛顿的首席游说者——美国国家风险投资协会（the National Venture Capital Association）表示，根据 HIS Global Insight 的研究报告，截至 2010 年，风险投资参与的企业创造了 1 187 万个就业岗位和超过 3.1 万亿美元的收入。[10]

○ 自美国宪法签订以来，共修订了 27 条宪法修正案，其中前 10 条修正案又组成了《权利法案》。其中第 5 修正案（英语：Fifth Amendment to the United States Constitution）属于权利法案的一部分，它规定了民众所应该拥有的多项权利。1963 年，一位名为米兰达的犯罪嫌疑人在被捕时没有被告知宪法第 5 修正案，其后法院利用其自己的证词对其进行诉讼。之后一个组织帮助其进行上诉，最高法院最终裁定本案违宪，发还重审。此后美国警察在逮捕嫌犯后，都会先对其进行米兰达警告。——译者注

一位私募股权基金的高管表示："相对 PE 基金而言，这些都是微不足道的。你谈论的是硅谷高科技企业从加州大学伯克利分校（UC Berkeley）和斯坦福大学聘用计算机工程师。他们创造的是财富，而不是工作。是我们——PE 基金收购了破旧过时的工业企业，是我们让它们再次有所作为。"

黑石集团披露了旗下所有企业在 2010 年和 2011 年的就业数据，并向华盛顿和媒体展示。将数据整合起来后，施瓦茨曼和詹姆斯告诉所有对 PE 有兴趣的人士，他们的 PE 基金一直在提供更多的就业岗位。根据黑石集团官网信息，持有多数股权的企业在 2011 年的就业岗位增长率为 4.6%，比 2010 年提高了 1.1%[11]。其他公司也在采取类似的措施，要求投资组合提供就业信息。

■ ■ ■

在私募股权方程式中募集和投资的两端，你都能够发现工会（labor unions）的身影。一方面，作为企业员工，他们在私募股权基金注资后，从企业产生的利润中获取收益。而另一方面，虽然容易忽视但却非常重要的是，一些工会成员还因为各自的退休金而严重依赖于私募股权投资。

AFL-CIO 的斯拉夫肯在华盛顿智囊机构布鲁金斯学会（Brookings Institution）⊖在 2011 年 11 月举办的探讨会上提到旗下工会成员的各项要求时表示也很头疼。本次会议的联合赞助方是非

⊖ 布鲁金斯学会（Brookings Institution）总部在美国首都华盛顿，是一家研究公共政策的非营利组织。其宗旨是开展高质量的独立研究，并据此提出具有创新精神和实用性的政策建议，以达到三个目标：捍卫美国民主；确保所有美国人获得经济繁荣、加强社会保障、维护公共安全带来的机遇；推进一个更加开放、安全、繁荣和合作的国际社会。布鲁金斯学会一向被誉为最有影响力、最值得借鉴和最受信任的智库。——译者注

营利机构私募投资研究院（Private Capital Research Institute，简称 PCRI），该机构旨在促进对私募资本的独立性学术研究。PCRI 是由哈佛大学的乔希·勒纳教授带领，他的支持者包括 CD&R 的创始人乔·赖斯（Joe Rice）等。斯拉夫肯表示私募股权业与劳工界正在进行积极互动，例如表现主动的黑石集团与希尔顿酒店工作人员，以及伺机而动的其他并购基金与已收购的赌场公司。

她表示，在商务宴请中，各方共同商讨交易结构以及企业未来规划的时候，工会毫无疑问是像太上皇一样被供奉着，伺候得最好。"这些人往往已经在企业工作多年，比私募股权基金更加了解企业，并希望未来能够继续在企业工作。"她说。当工厂关闭的时候，事情会变得很难看。"如果工人将你视作敌人，接下来的事情会变得非常棘手。"斯拉夫肯说，"这可能会成为私募股权基金的一笔极大的开支。"[12]

■ ■ ■

2011 年年底，KKR 和 CD&R 与工会组织卡车司机联合会（简称 Teamsters）⊖发生冲突。这是近年来少有的进入公众视野的私募股权基金与工会之间的争执事件，尽管是短暂的。两家 PE 基金于 2007 年联合并购了 US Foodservice。在工会的组织下，该公司员工在伊利诺伊州斯特里特（Streator）举行罢工，希望能够修改劳工合同。罢工事件立刻得到该公司其他工厂的积极响应。最终，双方在 2011 年 12 月敲定了新的劳工合同。

Teamsters 在 US Foodservice 与 KKR 对决已经不是第一次了。

⊖ 卡车司机联合会（The International Brotherhood of Teamsters，简称 IBT 或 Teamsters）是位于美国和加拿大的工会组织，成立于 1903 年。截至 2008 年，该工会包括了蓝领工人和专业技工在内的共 140 万人，广泛分布在公共和私营企业。——译者注

2010 年 4 月，Teamsters 的主席詹姆斯·霍法（James Hoffa）就在《赫芬顿邮报》（*Huffington Post*）发表了专栏，希望国会能够增加对附带权益的税负。"Teamsters 与私募股权基金已经是老相识了，不过经常站在对立方。"霍法表示，"私募股权基金曾多次以为盯上了好项目，却因身为利益关联方的 Teamsters 从中作祟而作罢。"

他继续说道："历史上，在 KKR 与 Teamsters 的角力过程中，工人和机械设备被夹在中间来回拉扯。不过，KKR 始终趋向于对曾经的生产型企业进行全方位的改造。"[13]

■ ■ ■

服务业员工国际工会（简称 SEIU）[⊖] 很可能是在杠杆收购热潮中对私募股权基金抨击最为激烈的劳工组织了。在安迪·斯特恩（Andy Stern）的领导下，这个总部设在华盛顿的工会组织把目标对准了最大的几只私募股权基金，特别是凯雷集团。在 2007 年 4 月 SEIU 发布的长达 42 页的"并购以外"（Beyond the Buyouts）报告中，重点分析了私募股权基金的所有权以及交易手法，特别强调了私募股权基金控制下的企业员工问题。

这样的声音像是一盏明灯直指贫富差距话题，且在几年后成为占领华尔街运动的核心。报告中指出："这些利润是由美国社会的长期收入不均而产生的。数以百万计的美国人在工作中付出了越来越多的时间与精力，却只能获得更少的医疗保健以及退休保障，以及更少的时间来陪伴孩子。"[14]

报告对杠杆收购业务进行阐述，并且列出了目前最大的五家私

⊖ 服务业员工国际工会(Service Employees International Union)是北美扩展最快的工会组织之一，目前有 210 万成员。——译者注

募股权基金。报告还引用了五项投资交易来证明私募股权基金如何通过削减岗位以及股息资本重组（dividend recap）等方式来损害工人的利益。报告最后提出了对私募股权业的几项原则性建议，包括工人代表需要参与到交易谈判中、增加企业的信息透明度以及在基金经理考虑购入企业时更多参考所在社区的意见等。

SEIU 的行动才刚刚开始。7 月，工会在纽约时代广场举行了双层观光巴士巡回演出，指出私募股权无处不在的身影。根据 SEIU 统计，在时代广场附近的 50 条街区内，为庆祝圣诞挂出的来自 28 家企业共 53 块广告牌均由私募股权基金全部或者部分控制。其中包括 KKR 和贝恩资本联合收购的玩具反斗城，其旗舰店位于时代广场中心附近。

工会费尽心思，试图了解这家玩具零售商是如何一方面从私募股权基金获得大笔注资，另一方面又大肆裁员，其收入情况究竟是怎么样的呢？"一部分私募股权高管在并购过程中赚取百万美元的暴利，而对下岗工人不管不顾。"SEIU 内部对抗私募股权基金的领导者斯蒂芬·勒纳（Stephen Lerner）表示。[15]

"他们从来没有把自己定位为集团企业，是我们迫使他们去考虑这一点，"斯特恩告诉我，"我不认为他们已经准备好面对公众。"

2007 年全年，凯雷集团都在等待收购连锁疗养院 Manor Care 的交易获批，而 SEIU 的示威者则好像盯上了凯雷集团联合创始人大卫·鲁宾斯坦的公开演讲时间表，经常出现在演讲现场。有时候在外抗议，有时候甚至直接闯入会场展开横幅或者有节奏地呼喊，口号包括："更好的人员配置，更好的员工保障！""不要再给亿万富翁钱了！"[16] SEIU 也会在凯雷集团位于华盛顿的总部进行蹲守。

2007 年 10 月，SEIU 成员推着装满假钞的手推车从美国国税局一路行至凯雷集团位于宾夕法尼亚大街的办公室，并将假钞倒进伪装的"胖猫"身上。旁边举起鲁宾斯坦图片的抗议者说道："大家注意了！凯雷集团的交易有了很大进展。纳税人的钱都装进大卫・鲁宾斯坦的口袋里了。"[17]

斯特恩认为：不入虎穴，焉得虎子。2008 年初，他出现在哥伦比亚商学院的年度私募股权投资会议上，在那里，他站在整间阶梯教室前方，望着台下的商学院众学生、记者以及行业高管，与私募股权高管分庭抗礼，据理力争。潜伏在台下观众中的还有《纽约时报》专栏作者和作家安德鲁・罗斯・索尔金（Andrew Ross Sorkin）。事后他这样叙述："如果杰里・斯普林格⊖主持有关商业话题的节目，他肯定不会放过如此精彩的情节。"[18]

接着，一件有趣的事情发生了：至少在公开场合，SEIU 似乎不再紧咬私募股权界不放了，反而将重点转移至传统商业银行。随着金融危机的扩散，工会举办了一系列公开活动，推动了美国银行 CEO 肯尼斯・刘易斯（Kenneth Lewis）的下台。SEIU 也花了很多的时间和资源在医疗体制改革上。自奥巴马当选后，斯特恩成了白宫的常客。

SEIU 的领导者曾设想出一套全球结算原则，所有大型私募股权基金将用其来指导各自的杠杆收购交易。不过，这听起来像是海市蜃楼，无法实施。相反，工会赢得了较小规模的胜利，比如黑石

⊖ Jerry Springer 是美国当代政治家、脱口秀主持人。他主持的脱口秀首次亮相于 1991 年 9 月 30 日，节目最初为政治导向脱口秀。1994 年春，该节目为图更高的收视率进行革新。节目越来越成功，以无神论为主要观点。而节目所邀请的嘉宾级别非常低，多为一些在当时颇受争议的人。——译者注

集团同意于 2007 年 8 月在不动产投资信托公司旗下（Equity Office Properties）为波士顿地区的工友提供健康保险。[19]

2011 年中，在公众看来，斯特恩对私募股权界的仇视态度逐渐缓和下来。在接受彭博电视的采访时，斯特恩表示："我对私募股权基金和银行可能过于苛刻了，其实它们的某些行为是完全适当的，而有些则可能稍微有点过火了。"[20]同时，他还在 KKR 的有限合伙人会议上发表演讲。在成为乔治城大学（Georgetown University）的研究员后，他又接受了哥伦比亚大学商学院的研究员一职。这就是当我在 2012 年找到他的时候，发现他所发生的转变，或者至少他的心已被触动。

走进哥伦比亚大学商学院的尤尼斯大楼，在分隔成一间间拥挤的小工作间的办公厅里，斯特恩的办公室就藏匿在深处。我发现了几件颇为有趣的事情：一是最近一次我见到他扯破喉咙高声讲话就是在上文提及的四年前的校内会议上；二是如果斯特恩继续保持发声，这位私募股权基金的最强烈抗议者在几年后很可能会在名为亨利·克拉维斯的建筑里工作。克拉维斯曾向哥伦比亚大学捐赠了 1 亿美元。作为感谢，商学院将位于东哈林区的新建校址里一栋建筑物以克拉维斯命名。

事实证明，斯特恩并不是善变之人，他只是有点深沉，也许是因为在学术界混迹了一段时光，而逐渐从守在电话旁日以继夜地指挥工会的日子抽离出来。在安静的会议室里，我们进行了一场轻松的谈话，他也稍许收敛了对私募股权的火爆评价。"我们对商业操守拥有批评的权利，但是我们针对的不是商业本身。"他说，"这是人们进行投资的一种渠道，我们不能太嗤之以鼻。我们要攻击商业操守，而不是渠道。"

斯特恩将曾经针对私募股权基金的矛头转向了投资资本的来源，即公共养老基金。"在价值观和商业操守之间存在深刻矛盾，"他说道，"原本属于自己的钱却被用来对抗自己的利益，这实在令人痛心疾首。"

斯特恩认为，投资者有义务去监督所谓的"二次收益"（secondary returns）的去向，以促进私募股权基金经理在一定程度上对企业和社会做有益的事。就好像投资者通过 ILPA 等协会获得更有利的经济条款，他们也需要给投资经理施压来证明 PE 基金的社会价值。"如果想推行改革，你需要有钱，"斯特恩说，"这就是我所学到的。"

我还从另外一位具有私募股权投资经验的劳工领袖那里听到过类似的通过有限合伙人来达到 PE 基金变革的想法。马蒂·利里（Marty Leary）是一位经验丰富的劳工领袖，他从 20 世纪 80 年代末就开始领导密西西比州的劳工活动。在 Unite Here 工会的时候，他与私募股权基金共同参与了并购酒店、赌场等各项交易。他发现，并购活动对工会存在明显的趋向性影响，当某行业已经相对成熟并且组织有序时，并购活动会对劳工更有利，因为收购方更可能在谈判早期考虑到工人的需要。"但如果是一个相对混乱的行业，突然间你会变成庞大的集团企业中的一部分。这时，收购方只会考虑削减成本以还清债务。劳工方面前的道路将会坎坷不平。"利里表示。

他对私募股权投资的观点与斯特恩的不谋而合：最终，私募股权基金并不会完全反对或者赞成工会。"他们看中的是附带权益，并且希望拿到后及时抽身。"利里说道，"如果劳工可以看清楚自己的位置，至少他们不会选择与 PE 基金经理的目标背道而驰。他们是有机会争取到有利的谈判权利的，但是如果坚持逆势而行，则可能会无功而返。"

与利里如出一辙的是，斯特恩把养老退休基金作为影响私募股权基金的重要武器。"这就好像在评判'老板是善或是恶？'一样。我们不能再让人性的贪婪恣意妄为了。"利里说道，"现在的问题是，我们怎样设计一些切实可行的规则来阻止他们为所欲为。"

"私募股权基金真正的主人实在胆小怕事，这才让人焦头烂额。"他指的是大型的有限合伙人。"是他们让私募股权巨鳄们肆意用我们的钱来摧毁我们的家园。他们是唯一可以驾驭这些家伙的人。"斯特恩的"二次收益"在利里看来是一种"双重底线"（double bottom line），投资者对私募股权基金的要求不仅是优秀的财务回报，还需要对社会带来正面反馈。利里认为私募股权投资和创造就业岗位是有细微差别——毕竟数字尚不能解释一切。

他还说道："我们需要分辨这些工作岗位的人选是适合的还是糟糕的。要知道，有些劳工只是想在同一个地方再多'混'一段时间，并不是希望有一份长期稳定的工作。随着时间的推移，只有长期稳定的工作岗位才会是安身立命之本。在工厂上班的人一般都在城市里生活。"

■ ■ ■

工会和私募股权基金的复杂纠葛将如何梳理，就目前而言尚不得而知。大型并购基金的某些内部人士对 2009 年以后的表面太平不以为然，他们认为若是有重大变革也不足为奇。相反，受金融危机的影响，工会为争取奥巴马的医疗保健计划已经将矛头从并购基金转移开了。一位高管向我形容这不过是暂时的平静。

不过，工会代表的劳工数量也在逐渐减少，特别是在私营部门。虽然政府部门的工作人员也会把钱投资于私募股权基金，但公共部门不太可能成为杠杆收购的对象。根据劳工统计局数据显示，美国劳工的入会率从1983年（第一年有数据统计）的20.1%下降至2010年的 11.9%。公共部门中的工会成员占 36.2%，而私营部门仅占6.9%[21]。

因此，尽管工会已经在与私募股权基金的抗争中取得一定成功，但是要想获得更大突破，则需要依靠影响力更广的大型养老保险基金。

我研究的课题中很多是围绕着将理论应用于私募股权实际操作的，研究对象包括私募股权基金以及他们的投资者和购买的企业，还有为这些企业打工的人。我一直在思索，整个投资过程对各个参与方究竟意味着什么。反正，对于乔治·斯特巴（George Sterba）来讲，这意味着退休后每个月的收入将减少100美元。

斯特巴是来自芝加哥的一名退休卡车司机。他在亚什兰分销公司（Ashland Distribution）工作到2011年7月。2012年年初，我们于旧金山相遇，当时他正在参与抗议 TPG 的游行。我们坐在费尔蒙酒店（Fairmont Hotel）外的低矮石墙上。当天是个拍照的好日子，温暖的阳光照在身上，微风习习，斯特巴头上的黑帽与冬季的旧金山非常相衬。

酒店里，TPG 联合创始人大卫·邦德曼正在一场会议中发表讲话。斯特巴和其他 Teamsters 的成员则等在酒店外面。他们一边派发传单（其中一张写着"TPG 是养老保险基金的掘坟人"），一边打电话至邦德曼的办公室要求"TPG 停止任何有损劳工的行为"。

TPG 旗下企业 Nexeo Solutions 在 2011 年年初收购了亚什兰分销公司。交易完成后，新的管理层将包括斯特巴在内的退休金计划改为 401（K）。[○]对他来说，这样的转变让他在申请养老金时丧失了最后几个月的工龄。由于他已经工作长达 25 年，他应该获得 2 500 美元/月，并且每多一年可递增 100 美元/月。他在 7 月份退休时已经达到 27 年工龄，即每月可获得 2 700 美元。但这次改革使得他在 4 月份至 7 月份的工龄没有被计算在内，所以无法获得第 27 年的 100 美元。

斯特巴有两个孩子和两个孙子，他的父亲也是 Teamsters 的成员。他给我留下的印象更多是逆来顺受而不是愤怒。"我试着从双方各自的角度出发。但就此情此景而言，我们这些工人就好像被遗忘在隧道的尽头。"他说。我们谈论了私募股权基金的难解之谜，即 TPG 一方面从养老保险基金募集资金，另一方面又对直接依靠养老金求生存的劳工们产生影响。私募股权基金经理们越赚越多——而他们日渐成为数以百万计的美国劳工养老保险系统的重要参与者。Teamsters 在传单中这样写道："现实情况是，这些养老保险基金正帮助 TPG 来侵害劳工的利益。"

斯特巴说："这种侮辱行为就好像从你的脸上切断鼻子一样。

○ 401(K)计划是美国主流的补充养老保险计划之一，始于 20 世纪 80 年代初，适用于私人盈利性公司。401(K)账户自身存在很多问题，例如账户所有者年龄越大、其账户面临的风险就越高等。原本每月可较稳妥地获得固定退休金的一些退休者，因企业为节约成本和其他方面因素而将原养老制度改为 401(K)计划后，退休后的生活变得捉襟见肘。而金融危机更使得美国靠 401(K)养老计划生活的退休者遭到严重打击。——译者注

你需要行动起来让劳工站在你这一边。"对他来说，这样的结果导致了每月看似微小的收入差异。"我每个月会少100块钱。虽然看起来不多，但是对于我这样依靠固定收入生活的人来讲是举足轻重的。"

TPG 和 Nexeo Solution 的高管拒绝对此发表评论。该交易的一位知情人士表示，Nexeo 实际上已经竭尽所能以确保劳工在更改养老金计划时获取同样的固定收入并避免资金短缺的风险。

■ ■ ■

工会和其他人士也可通过"联合国责任投资要则"（United Nations Principles for Responsible Investment，简称 UNPRI）来确保私募股权基金能够循规蹈矩。UNPRI 要求投资者签署并遵循社会环境和公司治理原则（environmental social and corporate governance，简称 ESG）来进行投资。

类似于 ILPA，要求 PE 基金遵守约定条款或对无法达到要求进行解释，成为 UNPRI 监督私募股权基金的重要方式。KKR 在 2011年的年度报告里就专门发表了 ESG 相关的篇章。凯雷集团在 2012年也推出了第二期有关社会责任的详细报告。这些举动证明了他们向环境保卫者的角色迈进了一步，一部分原因是跟自身的企业文化有关，另一部分是牵扯到了旗下的投资企业，例如得州公共事业公司 TXU，该公司在被杠杆基金收购后关闭了部分燃煤电厂。

几十年来，邦德曼都是积极的环保主义者，并在环保者的社交圈里结识了艾德·诺顿（Ed Norton）为好友。诺顿曾是大自然保护协会（Nature Conservancy）的副会长以及大峡谷信托（Grand Canyon Trust）的创始人。他通过大峡谷信托与邦德曼已有 20 年的交情。2007 年，当诺顿（演员爱德华·诺顿的父亲）在印度尼西亚定居时，在亚洲频繁出差的邦德曼打来电话，向他询问 TPG 及旗下企业应该如何改进环保表现，并且如何将该类问题融合到 TPG 的尽职调查中。这次会议让老诺顿最终加入了 TPG，成为环境问题的高级顾问。他带领的研究小组设计了一系列可持续发展的战略和政策，以及降低成本并减少对环境损害的度量体系。

KKR 开始了一项雄心勃勃的计划——与环境保护基金（Environmental Defense Fund）合作创建"绿色投资组合"。通过该计划，KKR 推动旗下企业通过提高能源效率和改善废物处理来降低成本、提高利润。KKR 表示，2011 年年底参与调查的公司从 2008 年起已经降低了约 3.65 亿美元成本。[22] KKR 的高级顾问、共和党委员会前主席梅尔曼喜欢用"利益相关者"（stakeholder）来表示与私募股权有共同利益的各方。他积极地组建了全球性小组，从环境到福利等全方位来督促 KKR 旗下企业，以求在利润上有所突破。梅尔曼曾参与乔治 W.布什在 2004 年的连任竞选，他自 2007 年加入 KKR 之后亦没有丝毫懈怠，他说："我肩负使命。"

斯特恩告诉我，这是推动私募股权基金向更加优秀的雇主目标前进的重要策略。他们还是以赚钱为本。他们已经证明——KKR 已经在为环保努力——他们对又赚钱又赚得好名声的生意经是持开放态度的。不过，这些资本大亨们是否最终认同这种做法仍有待观察。

第九章

急流勇退

Take This Exit

分红、股息以及后车之戒

私募股权基金的创始人通常都是一本正经地出现在公众面前，但是凯雷集团背后的"三驾马车"在 2011 年的公司新年祝辞中显得颇为厚脸皮。在 12 月中旬致投资者的视频通报里，康威、德安尼埃罗以及鲁宾斯坦发表感言——若是 20 年前他们没有创立凯雷集团，现在会怎么样？[1]

视频中，鲁宾斯坦变身为游戏中卖柠檬水的商贩（lenmonade stand），向孩子们宣传抓住成为有限合伙人的机会而不是简单的柠檬水杯；康威则坐在电话呼叫中心饰演接线员（与他之前在 MCI 通信公司的工作相对应）；德安尼埃罗则化装成侍应生在凯雷集团旗下的唐恩都乐餐厅销售糕点和咖啡。投资者认为这样自编自导的视频邮件实在是有点无厘头，他们对随后几天从凯雷集团发出的另一封私人邮件更有兴趣，他们终于明白凯雷集团为何如此的精力充沛了。

"给投资者的信"是私募股权投资经理就日常工作定期向有限合伙人的汇报，这样的详细沟通并不多见。这些信函都是机密公文，经常会披露所持企业的未公开信息以及战略部署计划。在 12 月 21

日由三位创始人签署的四页信件中，创始团队表示，过去的一年是经济萧条的一年，并且向投资者公布了凯雷集团当年的业务表现数据。在信件第三段中还介绍了项目投资情况。创始人透露，当年凯雷集团将向投资者分配178亿美元。据称这创下了另类资产管理公司在一年内向投资者分红的最高纪录。当然，凯雷集团的客户面对大好消息纷纷击掌相庆。

只有当募集而来的资本在合理期限内为投资者赢得漂亮的回报，私募股权基金才能持续运作。这就是私募股权投资经理在项目退出后证明其巨额管理费的理由——只有他们才能为投资者提供其他地方无法兑现的高额回报。而关于资本在何时以何种方式回到投资者的口袋的话题，一直是最具争议的，为此，私募股权业的谋生手段更是招来无数指责。

依照惯例，一只私募股权基金有长达近十年的存续期。在期限内，投资者将完成从投资到退出的整个流程，以求按时拿回本金以及期望的回报。基金对其收购的大部分企业都不会持有到期，而是在五到七年内完成收购并出售，有时时间会更短。不同于有些共同基金按照月、星期或者日来衡量（有些对冲基金甚至精确到分钟、秒或者微秒），虽然私募股权基金的持有期是按年计算的，但是只要在收购交易进行交割之后，时钟就开始滴滴答答地记录了。

做基金的终极目标是"退出"，这直接影响到了后续的利益分配——先支付给投资者，余下的则留给投资经理。通常投资者将获得80%的利润，而私募股权投资机构则获得剩下的20%，这一块被称为附带权益。退出可以有多种方式，随后我们会一一提及。但是让我们先谈谈收购方是如何在维持收支并享受利润的同时，又保留对企业的所有权的。

■ ■ ■

私募投资经理掌握了大量的资金，这使他们面临来自各方的百般责难——员工、工会、高管以及政治家——投资经理在直面良心的时候，也对此供认不讳。如此有利可图的生意和巨额财富实在让整个世界对之起疑。当行业逐渐趋向成熟，超常的管理费和附带权益还有商业模式越来越让业内人士百口莫辩。

这些收入主要是指交易费用和监管费用，两类费用均采用了模棱两可的描述。前者是指 PE 基金在交易发生时向企业征收的费用；后者通常是指 PE 基金向企业提供咨询顾问的费用。这种做法激怒了投资者，因为投资经理在征收费用时并未通知他们或者与其分享。机构有限合伙人协会（ILPA）在 2010 年和 2011 年提出的《私募股权投资原则》（简称《原则》）旨在帮助投资者（特别是在各种费用上）维护自身权益。根据 2011 年初发布的第 2 版《原则》，"通过过度管理、交易或者征收其他费用来获取财富……降低了利益一致性"。[2]《原则》要求这类收入应该计入基金账户，而不是直接由投资经理获得。这样一来，如果投资经理坚持向企业征收费用，他们只能获得之前金额的 20%，而其余的 80% 将归有限合伙人所有。

2011 年年底，研究机构 Preqin 和律师事务所 Dechert 联合发布的一项研究表明，增加监督和批评对抑制 PE 基金收取费用的实际效用不大。研究人员通过对多年以来的相关交易进行数据整理，结果发现，交易费用和监管费用在金融危机期间呈下降趋势，但是在经济恢复中又大肆上升。另外，在接受调查的 72 家私募股权基金中，约 20%的受访者表示征收得来的大部分甚至全部费用都流入了投资经理的荷包。[3]

在投资经理购入或者卖出企业之前，还有另外一种方法可以通过暗箱交易将钱汇给投资经理。股息资本重组（dividend recap）类似于二次抵押（second mortgage），在大部分情况下只是潜在性违约。当一个家庭选择了二次抵押，有时候是无奈之举；那可能是唯一能够支付大学学费或医疗费用的方式；不过，也有可能只是为了一辆新车、一台平板电视或者一次奢侈的度假。

无论是哪种原因，二次抵押代表了更多的债务。运用同样的原理，并购基金通过股息资本重组来改变资产负债表（资产重组）以创造大额支出（股息）。当所有人都在谈论利益一致的理想时，现实终于触礁了。私募股权基金的投资者通常对于股息资本重组的账面价值欣喜若狂，毕竟这是利润分配的一种方式。而投资经理更是偷着乐：乐观估计，他们离收获附带权益更近一步；悲观而言，即使项目退出遥遥无期，有 **20%** 的股息已直接归入囊中。总之，到目前为止，都还不错。

那么被收购的企业呢？被迫背负了一笔新巨债。因此，更多资金需要从招聘新员工、扩张业务线以及开设新工厂计划中挪至还清债务上。

经过更深入的思考就会发现，私募股权基金往往可以在收回初始投资之后通过股息资本重组继续控制企业。虽然以赌场作为类比颇有挑衅之嫌并且不够充分，但用来描述私募股权投资却再恰当不过了。在半圆形的 21 点桌旁，大亨们刚刚赢了几手。他们可以收回本金，用赚得的部分继续下注；接下来就可以放手一搏，反正输赢通吃。

来自康涅狄格州（Connecticut）的肯尼斯·海克尔（Kenneth

Hackel）专门向机构投资者提供专业咨询，他对股息资本重组持反对意见。在他看来，股息资本重组导致更多的现金用于债务偿还，而不是业务提升。"全部归咎于贪婪，"他说，"这样做对改善企业经营毫无用处。"

2010 年年底，福布斯网站（Forbes. com）刊登了一篇海克尔的文章。文中提到："通过资产杠杆化来修改资产负债表并没有带来任何回报，相反，投资者和员工的利益受到了更大损害。缺乏研发岗位、机械设备、科学技术以及带来产出的工厂，使得价值百亿的支票打了水漂。"[4]

私募股权经理当然会反对与股息资本重组相关的任何负面评价。他们辩称自己非常重视保护投资者的资本，并且有责任将赚取的利润及时返回给投资者。他们还表示，如果在交易中不出售股权，才暗示了已受损的利益链。黑石集团的托尼·詹姆斯向我解释道："这绝对不是噱头。当市场没有给你一条生路的时候，投资就会走向成熟。"他说，如果担保人没有预留足够的股权，借款人也不愿意做股息资本重组。"从这个意义上讲，这与 IPO 没有什么不同。二者完全一致，在情感上也是完全对等的。"

股息资本重组虽然逻辑上说得过去，但依然让人不太舒服。这可能是因为股息通常意味着更多的债务，为赚钱而借钱的想法让人难以接受。罗姆尼的总统竞选引发了一系列的故事，其中包括在2011 年对股息资本重组的刨根掘底。在罗姆尼在任期间，贝恩资本至少有一项投资是失败的，股息资本重组是将其推向破产的重要因素。

上述提到的公司是贝恩资本于 1994 年购入的医疗公司大德国

际（Dade International）。《纽约时报》的迈克尔·巴巴罗（Michael Barbaro）在 2011 年对该笔交易进行了详细分析。事情的一面是贝恩资本成为了大德国际的救赎者，并在交易中为投资者赚得八倍回报；而另一面，在贝恩资本向自己和投资者派发了 2.42 亿美元股息以后，大德国际最终申请了破产保护。该篇报道最终引用了该公司前任主席的论述，他在获得 100 万美元股息后对该做法发表了质疑。[5]

并购交易于 2011 年 12 月受到了广泛关注。《纽约时报》专栏作者安德鲁·罗斯·索尔金（Andrew Ross Sorkin）表示：在与罗姆尼相关的新闻中，大德国际被提到的次数最多，索尔金还指出，事实上贝恩资本帮助了大德国际从破产边缘重回健康发展的道路。只不过股息资本重组导致了更多的债务，这家医疗公司最终还是没有熬过去。[6] 长期报道私募股权行业的《财富》杂志作者丹·普里马克（Dan Primack）更是进一步表达了他对股息资本重组的愤慨，他反对索尔金因为贝恩资本在最初阶段对大德国际给予援手就给罗姆尼台阶下。他还画了一幅对比鲜明的讽刺漫画——有钱人给无家可归者一件衣服、一片面包，接着有钱人就毫不留情地从其身上讨好处，直到眼睁睁地看着他饿死。

"如果没有我的帮助，他在几年前就已经饿死了。即使这样，就可以远离道德的谴责吗？股息资本重组往往是私募股权中最为肮脏龌龊的部分，使整个行业背负'毁灭者'的恶名。"普里马克写道。[7]

站在海克尔一边，股息资本重组的批判者普里马克还认为，虽然投资者可以发挥影响力，但不代表他必须这么做。换句话说，随着经理人制度逐步深入经济社会，投资者在纯粹的财务回报以外亦不愿意背负更多的责任了。

■ ■ ■

股息资本重组是投资经理完成利益分配的一种隐秘方式：在把钱交还给投资者的同时，还可以保持私密。大多数情况下，这仅仅是完全退出前的过渡环节。完成退出一般有三种方式：将项目出售给另一家公司；将项目出售给另一家投资机构；公开上市。三种方式大同小异，并且各有倚重。你在谈判桌上扮演的角色决定了最后的退出方式。

卖掉企业变现似乎是最干净的退出方式。在双方认可的价格上，你赢得现金，企业则获得新的主人。你的有限合伙人也将本金拿了回来，当然还希望有钱可赚。附带权益也随之流入私募股权基金。

类似股息资本重组，将企业出售给另一家私募股权基金的退出策略对交易双方都有负担，特别是对于买方以及买方的投资者而言。卖方通常是很乐意退出，但买方有时候会心存疑虑。这种"传递包裹"的危险做法好像是在扔烫手的山芋，谁接到谁倒霉。对于这种愚蠢理论居然在投资界畅行无阻，投资者深感恐惧。

"要么你有卓越的洞察力、专业素养以及可以比别人花钱更少的理由；要么你就必须硬着头皮扛下沉重的债务，支付更高的价格，"2010 年，摩根士丹利私募股权及母基金欧洲部董事总经理尼尔·哈珀（Neil Harper）告诉彭博社，"令人担心的是，后者总是比前者多，好像傻子总是占大多数一样。这最终将影响投资者的回报。"[8]

投资者还担心交易中涉及的高昂费用最终都是由自己买单。截至 2010 年年底，发生在欧洲的收购交易几乎有一半都是以二次收购（secondary buyout）的方式开展的。一位投资者估计，购买和出售企业的交易费用通常是购买价的 2%~5%。2010 年全球二次交易的总金额为 353 亿美元，根据估算，交易成本高达 18 亿美元。[9]

虽然选择上市退出未必是最快的变现方式，但只要恰如其分，这被公认为是最公平、最合理的。另外，由于企业上市以后投资者需要持续持有股权一段时间，因此企业和未来的股东利益也与投资者紧紧拴在一起。

让我们回到 KKR 并购达乐公司的交易上。KKR 极其盼望在未来某一天达乐公司能够上市，并希望该公司的盈利增长能够带动上市后的股价上涨。如果股价继续上扬，KKR 及其联合投资者就可以有条不紊地出售所持股票。该理论在达乐公司 IPO 之后的两年得到了印证。

这种情况对于私募股权投资的各个参与方都是最为理想的。投资者把钱投入到企业的生产运营中，在合理的时间里收回本金，还获得丰厚的回报。同时，该企业的股票可以在公开市场进行交易，这给了其他参与投资者分享收益的机会。而原来的投资者仍然保留了大量股权，让他们有足够动力来督促企业良好运转。

■ ■ ■

整场对话的关键不仅是私募股权投资的最终回报，还包括如何测算回报及其最终的评价。近年来的一场技术辩论的主题就是应该用百分比回报还是现金回报来评估企业。我们姑且称之为"IRR 是吃不到的"争论。

长期以来，私募股权界用内部收益率（internal rate of return，简称 IRR）作为评估投资的标准，你无法与投资经理争辩是否还有更好的标准，即使它并不是完美的选择。我们都用回报率来评估投资，无论是各自的退休金计划，还是自住的房产增值了多少，或者是购买的家得宝股票在过去一周、一个月或者一年里涨了多少。

为什么私募股权基金的投资者认为仅用回报率来评估基金的表现是不够的呢？内部收益率不过是告诉你在过去的一段时间里，你投入的资本平均增值了多少。需要重视的是时间因素，也就是说，取得收益越快，内部收益率就会越高，从而投资经理在推销下一只基金的时候就更轻松自如。

这里的问题是：养老保险基金不能用 IRR 来支付养老金，大学捐赠基金也不能用 IRR 来为学生提供奖学金或者聘用研究员。他们需要的是现金，看得见、摸得着的可以直接存入银行的钱。对于私募股权基金来讲，它需要向养老保险基金或者大学捐赠基金带来货币形式的健康稳定的回报。彭博新闻社在 2009 年的一份分析报告中指出，部分公共养老基金直接向私募股权基金进行权益投资。最近十年以来，加利福尼亚州、华盛顿州和俄勒冈州的三大养老保险基金向私募股权基金认缴的金额不低于 538 亿美元，但截至 2008年年底，它们只收回了 221 亿美元。[10]

回暖的 IPO 市场和稳定的实体经济在 2010 年和 2011 年助跑私募股权基金，使得凯雷集团的投资回报突破了历史记录。同期，KKR 向投资者支付了 56 亿美元。[11] 不过，在本世纪头十年中，私募股权基金尚拖欠养老保险基金和其他投资者不小数额，在困难的余下几年里，巨鳄们要挖空心思才能补齐差额。养老保险基金的工作人员明确表示，他们越来越倾向于实际的现金回报，而不仅仅是账面上的回报率。华盛顿州养老保险基金是私募股权基金的重量级有限合伙人之一，其投资委员会成员加里·布鲁贝克（Gary Bruebaker）说得很直接："我需要为超过 40 万名劳工负责，他们不能靠 IRR 吃饭。"他在 2009 年说道："在一天结束的时候，我会思考我给了你多少钱，你又为我挣得多少。"[12]

研究 PE 基金业绩表现的学术研究机构并不多，因此我们对私募股权与公开市场的交锋也没有太多了解。归根结底，最简单的问题应该是：如果可以把钱投给 PE 基金或者股票市场，投资人或者投资机构将如何抉择？

我想申明一下，对于无法投资私募股权基金的人来说，这样的假设纯粹是不靠谱的。私募股权基金仅向少数投资者开放，目标是流动资产至少 100 万美元或者年收入达 20 万美元的"高帅富"们。不过，我们也要看到事情的两面性。一方面，奇高的投资门槛可以避免散户投资者把钱投入高风险的事业；另一方面，这也使如你我这样的普通人只能望着飞驰而过的豪华轿车而望洋兴叹了。

丰厚的回报毋庸置疑的是私募股权基金向投资者推销自己的最强有力的说辞。最常听到的评价包括某只基金属于"第一四分位"，这意味着它在同行业中位列前 25%，比其余的 75% 表现更为优秀。PE 基金对业绩的表述已经让整个行业成为所有人的笑柄，就好像"牧场之家好做伴"[⊖]中，在流行广播节目的年代，在虚构

㊀ "牧场之家好做伴"（A Prairie Home Companion）是美国于 2006 年 6 月上映的喜剧。故事发生在半个世纪以前收音机流行的年代，美国出现了路人皆知的广播秀节目，收听它甚至成了当时的时尚。对于当时很多的美国听众来说，这段充满着音乐与欢笑的岁月带给他们的不仅仅是短暂的愉悦和笑声，那段曾经的岁月更像澎湃的潮水一般在人们的心田里留下了太多无法抹去的痕迹。——译者注

的沃比根湖（Wobegon）旁长大的孩子的智商比平均水平要高。换句话说，这是不可能的。

巴黎 HEC 商学院的教授奥利弗·古查德教授和他的同事在 2009 年进行了一项研究，证明用回报率来评估基金经理的表现会出现偏差。他们发现，私募股权基金采用投资年期（vintage years）来对自己进行排位。但是基金通常需要数年时间才能完成募集，这给投资经理提供了多个可选项。此外，还有几种不同的参照标准；比如参照标准 Preqin 和 VentureXpert 之间的差异就很大，有时候在给定年份的差异甚至超过了 10 个百分点。研究人员将投资年份以及参照标准进行组合，把一定时间内的 500 只基金作为样本，结果发现 66% 的基金可以名正言顺地称自己属于第一四分位。[13] 然而，更大的问题是私募股权基金是以尚在经营的基金作为基准，不计已经倒闭或者消逝的基金。投资者最终发现，支付给私募股权投资经理的费用远高过向共同基金支付的费用。

史蒂芬·卡普兰（Steven Kaplan）是为数不多的将全部精力用于私募股权研究的学者。卡普兰是芝加哥大学布斯商学院（Booth）的教授，他是私募股权领域的专家。2012 年年初，当我与他开始接触的时候，他正在疲于应对来自各方的电话，都是有关罗姆尼以及充满神秘气息的私募股权行业的问题。卡普兰对回报率的研究被公认为是最严格并且最全面的。

2011 年，他发表的研究报告让有些人颇为诧异，这主要是因为最新的结论与之前的出现了矛盾。在 2005 年，卡普兰与麻省理工学院（MIT）的安托瓦内特·舒瓦（Antoinette Schoa）发现，并购基金的平均净回报率大致与 S&P 500 指数相等。这对私募股权基金以及投资者来讲是非常沮丧的。该研究也指出基金之间的回报率差异很大并且趋势持久，也就是说，成功的投资经理往往催生出更多表现优秀的基金，并吸引更多的资金。不过，核心结论就是私募股权基金与股票的表现并无二致，这让私募股权业的参与者和支持者都头痛不已。

在随后的几年中，卡普兰和其他人发现，从数据库 Venture Economic 中筛选出来的原始数据出现了问题——看起来，Venture Economic 低估了 PE 基金的投资回报。在与弗吉尼亚大学达顿商学院（Darden）的罗伯特·哈里斯（Robert Harris）和牛津大学赛德商学院（Said）的蒂姆·詹金森（Tim Jenkinson）联合撰写的最新研究报告中，研究人员使用了更广泛的数据源，主要是通过 Burgiss Group 从有限合伙人收集而来。他们还采用了其他几个数据源，包括 Preqin、Cambridge Associates 以及 Venture Economics。

但结论与之前的结果大相径庭，报告写道："在 20 世纪 80 年代、90 年代以及 21 世纪初，并购基金较公开市场表现更为优秀。"具体来说，他们发现在 1984 年至 2008 年间，近 600 只基金数据显示，同样的资本投入私募股权基金和公开市场，前者的回报是后者的 1.2 倍。[14]

卡普兰告诉我："直到 2005 年，回报率都非常漂亮。但在 2006 年至 2008 年，私募股权基金都表现欠佳。不过现在断言还为时过早。"

除了证明私募股权的回报率并不平庸以外，研究还说明了一些其他情况。其中一项研究表明，投资者承诺的投资回报趋于下降，这是本世纪头十年大型基金的坏消息。研究还发现，回报倍数（multiples of invested capital）比 IRR 能更好地衡量私募股权基金的表现，进一步证明了布鲁贝克的"不指望 IRR"的说法是合理的。

简而言之，对于私募股权基金的诸多论述中，有一项观察结果是非常清楚的——收益正在下降。大量的数据证实了这一点，无论是整体还是局部，规模较大的私募股权基金更是如此。以 CalPERS 为例，其对私募股权基金的投资已经充分证明：多年以来，CalPERS 向私募股权基金投资 660 亿美元。最近十年的基金表现显示回报率正在逐步下降。不过 CalPERS 表示，对成立时间尚短的基金进行评价有失公允，它还有机会继续投资并赚取回报，至少不会低于投入的本金。

2003 年募集完成的基金为 CalPERS 提供了 24.3% 的 IRR，即约 2.1 倍的回报，属于大多数投资经理承诺的回报范围。随后的每一年，直到 2006 年，从 CalPERS 收集的数据显示，基金的 IRR 逐渐下降至 16%、8.1% 和 2%；而回报倍数也下降至 1.5 倍、1.3 倍和 1.1 倍。[15]

接下来，令 CalPERS 以及其他大型养老保险基金最为担心的是，大量现金涌向了私募股权基金。仅在 2007 年，CalPERS 就向各类基金认缴了 148 亿美元，基本上是前三年的投资总额，其中约有 108 亿美元均投向私募股权基金。根据 2011 年 9 月（当年的最新数据）的数据，已退出变现的部分和剩余价值（包括已实现兑换收益及未实现兑换收益，按照投资资产现值计算）总计约为 124 亿美元。不过，第四季度的数据还没有披露，现在计算全年的表现还为时尚早。

CalPERS 以及俄勒冈州和华盛顿州的养老保险基金对单只私募股权基金也进行了深入研究，发现基金表现呈类似的下降趋势。

以俄州养老基金对 KKR 的投资为例，在 20 世纪 80 年代，作为俄州唯一投资的私募股权基金，KKR 交付的惊人成绩让人不可否认。俄州于 1986 年向 KKR 发起的基金投入了 2.018 亿美元，并获得了 9.18 亿美元的回报，IRR 为 26.3%。

20 年以后，KKR 在 2002 年完成募集的千禧基金获得了俄州养老基金超过 13 亿美元的认缴金额。截至 2011 年年底，即大约八年后，基金的表现差强人意，估计 IRR 在 17%左右。俄州养老基金投入的 13.1 亿美元仅有 13.3 亿变现退出，估计剩余投资价值约为 7.48 亿美元。[16]

俄州养老基金提供的 PE 基金名单每年都要更新，研读这张名单实在是有趣至极。可以从有限合伙人的视角来观察私募股权行业，包括认缴总金额、私募股权投资机构的募集规模以及基金数量。在 1994 年之前的 13 年里，俄州养老基金共投资了 27 只基金，而仅在 2006 年就投资了 29 只基金。

激烈的交易竞争肯定会有损回报，根据大多数专家所述，这是成熟市场机制下的直接产品。最可观的投资回报均来自信息优势（information advantage）——换句话说，我赚钱是因为我比你更能洞察先机。或者你连游戏资格都没有，或者我早已稳操胜券了。逐渐缩小的世界以及互联网加速了这一进程。除非有多个潜在并购方已经了解情况并且愿意竞标，无论是正式的还是非正式的，否则没有企业愿意出售。

私募股权基金的数量日益增多也有影响。尽管从业者及投资者努力保持低调，利润丰厚的私募股权行业依然无法避免聚光灯的照耀。激烈的竞争导致收购方必须支付更高的价格，这是经济学第一课的基础知识。价格高企最终会导致回报下降。如果所有资产的最终价值是固定的，从买卖资产中赚得的利润将完全依赖于交易之初对企业的判断。

由此引发了投资经理之间最隐晦的对话，他们称其为绝对回报（absolute return）——无论如何都要完成每年 20%以上的回报。这完全是自以为是的业绩指标，越来越多的投资经理对此不以为然。他们真正应该关心的是，相对于公开市场能够为投资者带来多少回报。

杰伊·乔丹除了在纽约设立同名投资公司以外，他还是本科母校诺特丹大学基金会的主席。他表示有限合伙人希望把大量资金放在最需要的地方，并且在规定时间内收获承诺的回报。只要实际回报高于期望值（大多数情况下是 8%）几个百分点，他们就心满意足了。"他们真正需要的是 12%～15%的回报，"他说，"所有人都牢牢盯着 IRR，而不是投资回报倍数。归根结底，他们就是这样来配比负债的。"

专注于低风险低回报是私募股权业比较偏激的想法。但是乔丹认为，稳定收益的项目均是风险较小的。他说："我们不愿意为承担风险付出更高溢价。"

大型投资机构的目标是实现预先商议好的回报，为此甚至会放弃未知的更高收益。这是 2011 年得州教师基金向阿波罗和 KKR 投资前的核心观点，也是黑石集团和新州养老基金的协作共识。大型养老基金与大型私募股权基金进行这样的谈话并非偶然，业内一些绝顶聪明的人已经预见了，这将成为并购行业的重要转折点以及私募股权未来发展的风向标。

私募股权投资的杠铃理论指出：支架的一端是世界闻名的华尔街巨头——黑石集团、KKR、阿波罗、贝恩资本、凯雷集团以及TPG，这些 PE 基金管理着数以百亿的资产，也可能有上千亿。他们不可能只是把业务局限在私募股权上。举个最极端的例子，在2011 年，黑石集团旗下仅有约 28% 的资产以及近 20% 的收入来自私募股权投资。即使是最保守的贝恩资本和 TPG，旗下的投资组合也包含了对冲基金、房地产以及信贷投资等多元化业务。

而杠铃的另一端则是全力专注于私募股权业务的中小型 PE 基金。或许是积极选择，或许是被动接受，总之它们阴差阳错地对私募股权投资从一而终。例如由摩根大通分离出来的投资机构 CCMP资本，还有 Clayton Dubilier & Rice 以及 Permira 等数以百计的中小型 PE 基金。私募股权行业的首席游说者——私募股权创业投资协会估计，在 2011 年，总部位于美国的私募股权基金大约有 2 400家。[17]"正如我们在市场上观察到的，PE 基金的商业模式已经发生改变。"克罗尼资本的汤姆·巴拉克表示。行业里有两种玩家——多元化投资策略的上市 PE 基金以及专注的精品型私有制 PE 基金。在小型 PE 基金工作的投资经理表示，只有专注于私募股权投资，才能达到该行业起初的投资回报。Permira 的联合管理合伙人托马斯·李斯特表示："这种资产类别是不会消失的。总会有投资经理能够带来 20% 的 IRR。我不认为超过 S&P 指数五个百分点就可以止步不前了。我自信能够为投资者带来 2.5 倍的回报倍数和 25% 的IRR。"

私募股权行业的那帮家伙常常提起希腊字母阿尔法（α）。这个字母在现代世界有着多种含义，尤其是在金融方面。作为华尔街的一分子，私募股权基金行业具备阿尔法男性气质，那些家伙在任何组织中都力求成为领导者。但是按照投资条款，阿尔法一般是指超出市场可以给予的回报。它代表着超越平庸的投资技术或能力。投资百科（Investopedia）是这样定义的："简单地说，阿尔法通常被认为是投资组合经理在基金回报之外添加的价值。"

阿尔法是私募股权基金用以说服养老保险基金、捐赠基金以及其他投资者在过去几年为其挣得的巨额回报支付费用的砝码。达特茅斯（Dartmouth）塔克商学院（Tuck）说得更直白——"阿尔法是投资经理的代言。"[18]

当大型私募股权基金将业务从传统并购扩展到房地产、母基金以及资本市场以后，一个潜在的问题浮现出来——阿尔法是否给了投资经理充足的理由向投资者索取高额的费用，在私募股权业发展的 30 年来，阿尔法是否仍然享有崇高地位。"或许私募股权业将变得更小更集中，因为投资者希望能够玩大的，" Pine Brook Partners 的创始人以及华平投资集团（Warburg Pincus）的前任副主席霍华德·纽曼表示，"大型 PE 基金会越来越大，投资者会寻找拥有阿尔法的小型精品型 PE 基金，超额收益将会由最好的基金提供。"

第十章

纳税光荣

The Taxman Cometh

2011 年 11 月，当占领华尔街运动达到高潮时，我亲赴现场看了一下。在菲尼克斯市（Phoenix）中心和北卡罗来纳州教堂山（Chapel Hill）的邮局外面，到处都是表情坚毅的示威人群。

整个华尔街和美国的大公司们都成了他们声讨的对象。而在此之前，私募股权基金从未出现在这些抗议者的瞄准镜中。直到 2011 年 10 月中旬，抗议者们在曼哈顿豪宅区进行示威时，才盯上了施瓦茨曼的住所。施瓦茨曼位于派克大街的豪华别墅以前曾是约翰·戴维森·洛克菲勒 ^㊀的住所，它正好处在游行路线上。虽然私募股权基金的从业者也曾经历过工会和其他政治团体的抗议，不过那只是针对某家被收购企业，譬如说被凯雷集团收购的曼诺护理公司（Manor Care）以及被 KKR 纳入囊中的玩具反斗城。

当我在祖科蒂公园（Zuccotti Park）散步时，不禁感慨万千。占领华尔街运动的示威者喜欢用"自由公园"称呼它，这也是该公园的曾用名。这些安营扎寨的示威者居然能够吸引美国人民的关注

㊀ 约翰·戴维森·洛克菲勒（1839 年 7 月 8 日—1937 年 5 月 23 日），美国实业家，慈善家。1870 年他创立了标准石油，在全盛期垄断了全美 90%的石油市场，成为美国第一位十亿富豪与全球首富。现今的纽约市也处处可见洛克菲勒家族留下的地标，如联合国总部大楼、洛克菲勒中心等。——译者注

长达两个月。我顺道发现了私募股权基金在这里的第一个踪迹，走道不远处挂着的硬纸板上写着"附带权益存在税收漏洞"，并且用醒目的荧光颜色笔勾勒出来。这句话虽然用词太过专业（另一句标语是"没有牛，没有熊，只有一群猪"），但恰如其分地说明了为什么私募股权基金一直在躲避负面的媒体报道：玄妙深奥。这把曾在私募股权基金工作的共和党总统候选人罗姆尼和更加脍炙人口但反复无常的阶级斗争新闻推至头版头条。大多数情况下，类似"猪"这样的诽谤是直接针对美国银行（Bank of America）和高盛这些赫赫有名的大投行的。和美国国会一样，民众对这些大机构想当然的负面评价把他们推到了金融危机罪魁祸首的风口浪尖之上。

在我亲身观察占领华尔街运动的几周时间里，从某种角度讲，私募股权基金成为这场全国范围的声讨浪潮中的众矢之的，这是从来没有过的。这得归咎于米特·罗姆尼。在 2012 年年初，有关过去五年来税收问题的持续争论让罗姆尼成为了讨伐对象，并且逐渐演变成对整个私募股权基金业的声讨。我们已经说过，附带权益是私募股权基金里给普通合伙人的收益分成。通常只要一提到所得税，大部分人都会转移话题。但是在总统选举年，私募股权基金的所得税问题终于被拿到放大镜下进行讨论，以至于成为了一场有关收入不均和阶级悬殊的广泛讨论的导火索。这个问题最终的答案与私募股权基金的基本商业模式紧密相关：对于私募股权行业的优秀玩家来说，如何给予他们合适的报酬激励？

回答这个问题需要追溯到几十年前私募股权业的婴儿期。一家典型的私募股权基金与有限合伙人对于投资收益的分成遵循"2：20 原则"，在大多数投资项目中，这项原则可以有效激励投资经理为投资人创造收益。每年 2% 的管理费用来支付各种日常费用，但大多数私募股权基金的创始人因为在过去辉煌的投资业绩中积累了充裕的现金流，所以他们实际收取的管理费还不到 2%。而 20%的附带权益才是真正的收益来源，这意味着你可以买进一栋又一栋的别墅和一架又一架的私人飞机，这还意味着你可以捐赠大笔财富给母校或者某个音乐厅来名垂青史。

在多数情况下，只要大部分机构投资者能够获取承诺的巨额回报，并且只要投资经理在乎的是分配后的附带权益，而不是管理费或是什么其他费用，他们对这样的分配方式就没有异议。这曾经是得州教师基金的史蒂文·勒布朗和 ILPA 原则运动支持者 所直接怒斥的。

这就是抗议者以及奥巴马内阁的部分官员所称的税务制度漏洞：附带权益被看作是投资收入，因此按照资本收益税率计税。在 2012 年这个数字是 15%，相比之下最高的个人所得税率大约是 35%。多年以来，这种操作手段引起了华盛顿方面的注意，多次尝试改变却半途而废。当时，一名叫维克多·弗莱舍（Victor Fleischer）的法学教授撰写了一篇论文。他后来告诉记者，他当时希望这篇论文可以帮助他保住那时在伊利诺伊大学法学院的教职[1]。现在，他在科罗拉多州大学任教，在 2007 年被美国政治新闻网（PolitiCo）评为"年度学术人才"，时年 36 岁。[2]

弗莱舍撰写了一篇长达 59 页的论文，结构新颖又针砭时弊，2007 年年初被国会各部门广泛传阅。随后，这篇论文的导论发表在《纽约大学法学评论》（*New York University Law Review*）上，其中写到："我们的税法体系中有朵奇葩，它居然允许我国收入最高的那些人以较低的税率支付个人所得税。目前在投资界的变动说明，现在才重新考虑'合伙制利润'这个难题，恐怕已经迟了。"他进一步声称自己将证明："目前（私募股权基金对利润分配机制的辩解）在税收上是站不住脚的。"[3]

弗莱舍的论文恰逢其时。2007 年这一年大事频出，比如许多大型并购交易、大型生日庆典以及黑石集团 IPO 等事件相继发生，私募股权行业在政治舞台上也开始发力。很快，华盛顿方面开始认真审视此事。政客们嗅到了这个相对容易的猎物：巨富者逃避自己的税收义务，此时亡羊补牢犹未晚。紧接着，《纽约时报》社论引用了弗莱舍的论文，对此大肆抨击，随后国会亦开始讨论此事。

政府还拥有另外一个优势。私募股权行业基本不和政府打交道，顶多是有一些个人交情（议员选举时的捐款），或者是某些高官负责的领域出现问题交易时，在国会作证前的几通电话。为了应付这场争斗，并且在公众面前表现得更加透明，一些最大的私募股权基金公司在 2006 年决定成立一个行业协会，而他们在房地产和风险投资业的同伴早在几十年前就发起了类似的游说团体。2007年年初，私募基金理事会（Private Equity Council）成立了。

这个组织的成员包括 KKR、凯雷集团、黑石集团、TPG 这些公司的创始人以及公司内部负责公共事务的高管。他们的设想是尽早对立法机构进行"教育劝说"，告诉他们私募股权基金这个行业已经或者可能经常被公众误解或不信任，有时甚至成为舆论的众矢之的。在几周内，公关的努力是否见效将见分晓。

至少在公开场合以及他们游说团的口径里，私募股权基金经理们的论点是：所谓"有据可依，有法可证"的税收模式是为了鼓励企业家精神和不畏风险的进取心。他们指出，房地产投资合伙人和风险投资家也按此税率交税。上述两方在华府的影响力巨大，从最开始就给私募股权基金打气，并且最后成功帮助了私募股权基金，使得国会对于附带权益的任何立法措施都一拖再拖。共和党内反对加税的派系此时也开始行动起来，以阻止可能的法规修正。

然而，围绕着附带权益更严重的威胁恐怕是私募股权基金在政治方面的机会成本。对普通民众来讲，将附带权益税收一事公开讨论，意味着把"你竟然敢对这些亿万富翁加税"变成了这个行业的决定性议题。这与克拉维斯、邦德曼、鲁宾斯坦和施瓦茨曼等大佬们创立私募基金理事会的初衷背道而驰。剧情很简单：华尔街大亨联合在华盛顿颇有影响力的投资商，正在试图阻止对这个税收漏洞的任何弥补措施，他们想一直缴更少的税。

理事会成员公司团结起来一致对外。这场提高税率的运动直击私募股权基金的核心商业模式。理事会对于这场运动的狙击填满了他们与政府交流的议程，推进所有"教育劝说"立法者的计划。

■ ■ ■

2007 年 3 月，私募基金理事会将处理附带权益一事定性为税收问题。他们与税务部门的人员会谈来解决相关问题。

2007 年 3 月 22 日，黑石集团申请在纽交所上市，故事突然就超出了税收范围，公众开始意识到这些公司赚得了巨额收益。随后，当黑石集团根据规定详细披露了施瓦茨曼和彼得森的个人收入以及他们所持股份的估值后，公众的负面情绪愈加膨胀。突然之间，附带权益不再是一个乏味而抽象的税收问题，而变成了这几个亿万富翁和他们上税多少的讨论。

政府则更深入一步。两位参议员马克思·鲍卡斯（Max Baucus）以及查克·格拉斯利（Chuck Grassley）直接撰写了一个针对上市有限合伙制（publicly traded partnerships）的议案，这一举动很显然是针对黑石集团的，舆论称其为"黑石议案"。而另一位参议员桑德·莱文（Sander Levin）提出的议案是把附带权益视作普通收入，这两拨人马终于开始在抗击私募股权基金的战场上会师了。

在私募基金理事会，大家开始意识到只有少数私募股权基金想要上市，黑石议案带来的负面影响也有限。（在政府内部流传的说法中，这一议案还包含了对黑石集团的免责条款，这是第一家申请上市的私募股权基金的竞争优势，即予以特殊对待。）黑石议案同样搅浑了理事会的主题，一些成员开始质疑他们的奋斗准则究竟是什么。风险投资行业特别指出他们应该被排除于附带权益提案之外，与杠杆收购基金不同，他们把自己定位为经济增长的引擎，附带权益的性质也是不同的。房地产行业在国会议案中提议了表达类似意愿的修正案，但被否决了。将某些行业排除于附带权益提案之外的插曲使得整个讨论轻松了少许。在 2008 年这个选举年，一切基本还算太平，另外，信贷危机占据了报纸头条，舆论开始将话题转向政府对大型金融机构进行巨额经济援助以及金融巨头雷曼兄弟的破产案上来。私募股权基金慢慢淡出了公众视野。

随着 2009 年年初奥巴马的上任，私募股权基金认为对附带权益的税收争论已有定论，接下来只是何时改变的问题罢了。有关税率征收方式的讨论开始发酵——或是"混合税制"以提高部分附带权益的税率，或是固定税率以设定一个介于资本收益和收入所得之间的税率。但是，关于医保改革的辩论又一次边缘化了这个话题。有声音认为，应该拿巨额的附带权益为奥巴马的医保改革计划买单，但法律起草者们还是逐渐达成共识，不利用任何非医疗收入作为医改计划的资金。在 2009 年剩下的时间里，私募股权业又一次侥幸地渡过了难关。

终极对决发生在 2010 年春天，参议员鲍卡斯召集了来自私募股权基金、房地产、对冲基金和风险投资行业的代表一起商议，他表示他正在计划将附带权益作为当年政府收入的增长点。他和参议员莱文一起商量了一个办法：75%的附带权益作为普通收入来征税，剩下的部分按照资本收益来计税。小党派"茶党"⊖ 此时也在进行反加税运动。而压倒骆驼的最后一根稻草就是"企业税收"，简而言之，这种方式将避免私募股权基金高管将自身的附带权益挪至公司名下，并最终通过将公司持有的附带权益卖出以减少税金支付（所以称之为"企业"）。大部分私募股权基金和他们的游说者已经默认可以为附带权益缴纳更高的税金，此时在这个问题上大打法律太极。

私募股权基金辩称这样的税收调整将不仅仅会影响私募股权行业的亿万富翁，就连餐馆老板和其他做小买卖的个体户们也将深受牵连。立法委员会听取了他们的反对意见，并且终止了针对附带权益的一揽子计划。"企业税收"也无疾而终了。

这场角力转了一圈又回到原点，2012 年，对罗姆尼个人税金的猛烈声讨成为了舆论的焦点。经过几个星期的抵抗后，罗姆尼再

⊖ 茶党（Tea Party）是美国的一个政党，发端于 1773 年的美国东北部的波士顿，是革命的代名词。主要参与者是主张采取保守经济政策的右翼人士。茶党运动最初源于反税运动的抗议，并且随着针对 2009 年刺激经济复苏计划所导致的美国国债增加的抗议而不断壮大。2009 年 3 月，由于 AIG 高层雇员的高额奖励被曝光，茶党运动的参与者急剧增加，并在 2009 年茶党抗议大会时达到了第一个高潮。——译者注

也不管对手的持续抨击，在 2012 年 1 月公布了 2010 年和 2011 年的税单。不光是政治新闻记者花费了大量时间来梳理和分析他的缴税情况对于大选的影响，就连广大民众也伺机窥探私募股权大亨的财务状况。有关私募股权基金的事务不再陌生。在财务披露中，罗姆尼展示了他的各类投资，他和妻子或者以他们名义设立的信托基金从 31 只与贝恩资本相关联的基金中获取财务收益。他们也在高盛设立的一家基金中有投资。另外，他们还投资了金门资本（Golden Gate Capital）。金门资本总部位于旧金山，专门从事并购及信贷业务，最为人熟知的投资包括珠宝零售商 Zales 和户外运动品牌 Eddi Bauer。[4]

虽然从私募股权基金的角度来说，罗姆尼的税单并没有特别之处，但是它让圈外人明白了，从私募股权投资中赚得巨额收益的只有圈内的一小撮人。在贝恩资本之外，罗姆尼还在只对合格投资者开放的汽车行业拥有投资。在税单公布的第二天，凯雷集团的鲁宾斯坦在达沃斯世界经济论坛发表演讲时，被问到罗姆尼和税收的话题。鲁宾斯坦说："你们改变法律吧，他们会支付相关税金的。我并不是替他说好话，但罗姆尼说了他会支付所有法律规定的税金。如果你想修改法律，那就改好了，但不要批评他遵照目前法律要求的额度来缴税。"[5]

鲁宾斯坦的逻辑其实没问题，但私募股权基金看起来已经输掉了这场辩论。在对这个问题沉默已久后，私募股权行业最大的投资者开始想方设法在 2012 年宣传他们的意见，这也转移了人们的注意力。约瑟夫·迪尔是 CalPERS 的首席投资官，他在 2012 年 2 月的一个会议上对于他掌管的 2 340 亿美元资产直言不讳道："普通合伙人应当明白，他们所享受的税收政策已经站不住脚了。"迪尔接着说："对普通纳税人和民众来说，目前私募股权基金业的税收政策根本不可理喻……如果民众开始明白普通合伙人获得巨额收入但是应缴税率又比工薪阶层的税率还低，那他们一定会支持那些旨在改革现有税制的举动。"[6]迪尔的强硬言论如果实现，益处多多，并且对于私募股权基金经理们来说，他们也应该同意改革税制的观点。若这个行业最大的投资人都不回避这个话题，那整个私募股权基金体制的变革就迫在眉睫。然而，更高的税率会损害每个纳税人的经济利益。在私募股权基金业存在这样的可能——虽然很小——面对高额税收，大型投资者会权衡对未来收益的期望，导致他们放弃投资。

如今，此事已经在国际金融界引起了广泛的回应。这场久拖未决的争斗已经盖过了私募股权基金需要引起政府关注的其他所有事项。关于附带权益的讨论甚嚣尘上，让本来旨在说明私募股权基金对整个经济贡献良多的友好国会访问也不得不终止了。不信任被带到了私募股权基金的其他举动中，包括 2009 年大肆收购濒临倒闭的银行。联邦监管机构在允许了包括美国第四大贷款机构 Indy Mac 和联合银行（Bank United）在内的少量并购交易后，很快就通过收紧监管政策来抑制私募股权基金的收购步伐。

在国会方面，私募股权基金还远未脱离险境。在 2012 年大选之前，奥巴马总统揭开了税收改革的神秘面纱，他承诺不仅要改变附带权益的税率，也要去除利息减免。在华盛顿，更名的私募股权成长资本理事会（Private Equity Growth Capital Council），从一开始就盯紧了附带收益，他们早就在准备应对这个问题。他们采取的战略是通过增加理事会成员来扩大行业影响力，不再局限于少数几家大型私募股权基金，也包括与私募股权相关的就业和经济研究机构。

但是，政府方面却不愿将并购基金列入其针对银行的方案内。很明显，他们围绕金融改革所采取的种种措施没有把私募股权基金行业包含在内。相反，立法和监管当局在新建立的监管体系内默许了那些野心更大的私募股权基金加速实施他们的计划。

保罗·沃尔克（Paul Volcker）也成为了私募股权业意料之外的盟友。他将自己的名字借给了本场改革的关键——沃尔克规则，这是多德-弗兰克法案[⊖]中的核心条款，意在阻止另一场金融崩盘和一系列的紧急援助。

沃尔克规则的最基本宗旨就是限制大型银行对于资金的使用，以降低风险，与联邦政府担保的存款机构一样。对于人们熟知的自营交易（proprietary trading）和资本投资（principal investments）来说，这意味着严格的限制。在本世纪初，以高盛为首的许多投资银行设立了自己的私募股权投资部门。高盛在 2007 年募集的私募股权基金总额共计 200 亿美元，仅次于同年黑石集团募集的 217 亿美金。在沃尔克规则下，至少根据其书面内容规定，高盛实际上已经不能再从事私募股权投资。拥有同样遭遇的还有摩根士丹利、摩根大通和美国银行。

如果上述这些银行黯然退场，谁又是赢家呢？是黑石集团、凯雷集团和 KKR 这些大型私募股权基金。他们不仅将摆脱那些主要竞争者带来的困扰，还可以趁机收购投行们因受法案限制而不得不

⊖ 多德-弗兰克法案（Dodd-Frank）被认为是"大萧条"以来最全面、最严厉的金融改革法案，为全球金融监管改革树立了新的标尺。其核心内容就是在金融系统当中保护消费者。——译者注

放弃的营利部门或是招揽这部分业务的团队。在 2011 年年初，KKR 就将以罗伯特·霍华德（Robert Howard）为首的前高盛的精英交易员团队纳入麾下，克拉维斯和罗伯特以他们为班底发起了第一只长短期对冲基金。

尽管挑挑拣拣，黑石还是在不断地寻找可能的并购对象。在 2008 年收购 GSO 资本等公司后，黑石集团壮大了信贷部门。在华尔街兵荒马乱之际，黑石集团旗下为客户寻找对冲基金的方案提供部门成为世界上此类业务的翘楚。在对华尔街的广泛质疑中，施瓦茨曼为满足客户对客观公正顾问的需求，也在拓展企业重组和并购顾问部门。就像一个竞争对手的高管所言："黑石集团想要成为高盛第二。"

第十一章

国王史蒂夫

It's a Steve,
Steve, Steve World

黑石大起底

2007 年，在黑石集团举行的年度媒体晚宴上，我第一次接受私募股权基金的正式洗礼。晚宴选址在纽约上东区的高档餐厅丹尼尔（Daniel）。这种非正式的聚会选择了更休闲的场所，而不是会议室，是想邀请那些定期追踪报道黑石集团的记者与公司高管们三三两两地坐在一起，尽兴聊天。

对于我来讲，这一切却有些让我大脑超载了。我刚刚开始接触那些大型 PE 基金，名字是什么？是谁在领导？具体业务又是什么？实际上，我只知道史蒂夫·施瓦茨曼。作为参会者中的新人，我没有能够与其共坐一桌，但有一位友好的黑石集团代表在晚餐后向我简单介绍了大致情况。当我告诉他自己是彭博社新到任的记者，并且今天是入职第一天的时候，他看着我，又环顾了这场奢华的酒宴，目光炯炯有神且伴随着坏坏的幽默——在我来看是这行的典型特征——他说："每天都是这个样子。"

为了顺应业界新兴的节俭之风，黑石集团在 2009 年将晚宴换到了华尔道夫酒店，通过旗下控股的希尔顿连锁酒店，黑石在邀请函里明确使用了"黑石投资之公司"的说法。在 2011 年，更是改成了在总部召开的一系列小型晚宴，以便为记者朋友们提供更多与不同业务线高管进行深入交谈的机会。

对于施瓦茨曼来说，在丹尼尔举办的那场晚宴有着美好的象征意义。在 20 世纪 80 年代中期，这里还没有取代梅费尔酒店（Mayfair）的咖啡厅。施瓦茨曼和黑石的联合创始人彼得·彼得森几乎每天早晨都在这里共进早餐，筹划新公司的蓝图。[1] 这里多次见证了他俩对黑石集团而言意义非凡的谈话。

公司名字是施瓦茨曼自己经过一番头脑风暴想出来的。由于他俩的名字都有些长，于是他提议把两人名字的字面意思结合起来：黑代表施瓦茨曼，石则指代彼得。

戴维·凯里和约翰·莫里斯以黑石集团为蓝本撰写的《资本之王》一书，详尽地记载了黑石集团精彩的发展历程。书中刻画了施瓦茨曼和彼得森早年创办黑石集团时所经历的苦难和考验。他们在公司的快速扩张过程中发现，自己早期在雷曼获得成功的经历很难使他们转变成兼具投资者和顾问角色的 PE 基金创始人。

彼得森目前已经从黑石集团退休，全身心投入到基金会的事务当中，这个基金会的宗旨是：唤起公众对于彼得森自己称之为"国家长期而紧迫的财政挑战"的注意力，培养他们对此长期的热忱。在一次谈话中，他回忆起黑石创立之初的那些困难："我生命中最艰难的时光之一就是为黑石集团第一只基金募集资金的那段时间。"他接着描述自己是如何费尽心思在关系网上寻求帮助，说"我几乎总能找到一些相识之人"。

当然，这些人际关系最终也帮他促成了交易。在黑石创办之前，彼得森曾先后担任电影拍摄及放映设备制造商贝尔-霍威尔（Bell & Howell）的首席执行官、美国商务部长以及雷曼兄弟的总裁。黑石集团最初一步棋即是与知名的大型公司合作，并利用彼得森之前这些职务所带来的人际关系网。与大型公司并肩作战有许多好处：潜在卖方会更认真地看待并购条款，并且也有助于减轻其对黑石集团蓄意收购投资标的并迅速拆解后卖出的担忧。"一旦和那些蓝筹企业联盟，你就立刻变成了白马王子。"摩根大通的吉米·李曾这样说。黑石集团也曾不时为大型公司在业务重组过程中提供咨询顾问服务，以便帮助卖方的 CEO 避免因为以过低价格卖出业务或者眼睁睁看着黑石净吞巨额利润而尴尬万分。

如今，最大的私募股权基金已经远远超越了用借来的钱进行收购的阶段。考虑到他们所拥有的一切以及他们所深入的各个经济领域，这些私募股权基金已经成长为金融资本巨头。黑石集团一路上与恐惧相伴相生，它是私募股权行业的先行者与探路人。

多元化是黑石集团长期的商业发展计划，执行官们解释，部分原因是他们曾眼睁睁看着雷曼兄弟在 20 世纪 80 年代中期倒下，内心充满恐惧。那时，彼得森在雷曼担任过各种职位，其中包括最高级别的总裁一职。但是在与卢·格拉克曼（Lew Glucksma）就雷曼未来发展方向的问题展开激烈争吵后，彼得森被节节逼退，并最终黯然离席。当雷曼最终陷入向美国运通（American Express）出售的泥潭后，类似于白马王子的场景出现了，施瓦茨曼这位年轻的银行家伸出援手，与彼得森重新联合。

这两位在雷曼共同经历过伤痛的男人商定，今后不允许任何人做出伤害新公司的事情。他们划定了彼此的权力界限，但现在彼得森在 IPO 后退休了，于是大权就集中在施瓦茨曼自己手中。他们不愿意过于依靠某一两种业务来赚取利润,公司的生存更不能仅系于此。"这真的是难民心态,"J. 汤米尔森·希尔(J. Tomilson Hill)说道。他是黑石的副总裁,目前掌管着黑石集团资产规模最大的部门——对冲基金解决方案部门。作为前雷曼高管,希尔在 1993 年加入黑石。"我有一种真切的感觉,就是一切可能随时化为乌有,这归因于我在雷曼的那段经历。"

彼得森在雷曼担任 CEO 的时候,眼睁睁地看着雷曼因为一连串的糟糕交易在破产的边缘挣扎了三个星期。他说道:"从这样的事件中我们可以学到特别的功课。其中之一就是必须远离风险,尤其是考虑到我们本已非常有限的权益资本。"

私募股权成就了黑石集团,也在个人财富方面成就了其创始人和其他高管。但无论从资产管理规模还是贡献利润等指标来看,私募股权已不再是黑石集团最重要的业务。这股变革思潮全系于一个人,不论正面还是负面,他都象征着这个行业的顶峰。

那些关于黑石集团的讨论总是与施瓦茨曼本人紧密相连。他是黑石集团的象征,并且在一片争议声中依然充当着私募股权行业的形象代言人。于 20 世纪 80 年代末和 20 世纪 90 年代初,克拉维思利用杠杆收购使得 KKR 吞并雷诺兹公司,广泛活跃在曼哈顿的社交场合,乐善好施的生活态度,都使他成为私募股权行业在那个时代的灵魂人物。类似地,施瓦茨曼则是私募股权行业在本世纪头十年直至现在的霸主。将施瓦茨曼与其他私募股权巨鳄区别开来的是他致力于创建一家基业长青的公司,私募股权业务只是其中一环。"史蒂夫是行业内最早把自己定位为商人的,也是最著名的一位。其他人只能说自己是交易专家或者私募股权投资专家。"希尔这样说。

■ ■ ■

即便是那些偶尔对施瓦茨曼挤眉弄眼的同行们也不得不承认，他创立了行业中最成功和影响力最大的公司。"先有了黑石，万物才得以生机勃发。"一位投资经理这样对我说。

在 Twitter、博客和其他即时通信工具大行其道的今天，施瓦茨曼俨然成为了私募股权行业的代名词，这也让人倍感真实和易于理解。2011 年 9 月发表在《沙龙》杂志上的一篇文章称，施瓦茨曼是"后工业时代资本主义腐朽堕落时期的一枚活化石"。[2] 在 2011 年的晚些时候，一名曾将高盛描写成"有着人面乌贼身的伟大吸血鬼"的《滚石》杂志撰稿人，以不逊于马特·泰比（Matt Taibbi）的讽刺挖苦程度来刻画施瓦茨曼："他是这个世界上仅有的几个招人憎恶而又孤芳自赏者之一。"[3]

施瓦茨曼的这番公众形象主要来自于其不按常理出牌的个性。在 2010 年 7 月某个非营利组织的会议上，他将私募股权行业和政府就税率问题发生的争执与第二次世界大战做了个不恰当的对比："这就是战争。"《新闻周刊》报道了他说的话："这就像 1939 年希特勒大举进攻波兰。"[4] 随后施瓦茨曼对此表示歉意。

施瓦茨曼曾告诉身边的人，他渴望成为政治家一样的人物，但如上所述的丑闻使得他的努力变得格外艰难。

费城阿宾顿（Abington）的郊区是施瓦茨曼儿时成长的地方。在那里，他与父母及两个年幼的双胞胎兄弟一起居住。他在高中时篮球打得不错，也是一名优秀的长跑运动员。他曾告诉《纽约客》杂志的詹姆斯·B. 史迪瓦特（James B. Stewart），在一次跨国境的长跑比赛中，他滑倒并且摔断了手腕，但仍然坚持跑完全程还创造了纪录，之后才去就诊。学校的橄榄球场即以他的名字命名。[5]

自那以后，在创业的几十年中，他逐渐建立起一个全球商业帝国，公司资产规模从最初的 40 万美元到超过 1 900 亿美元。他住在公园大道上曾为洛克菲勒所有的高档公寓里。他的巨额资产让他能够涉足美国最著名的图书馆——纽约公立图书馆主馆，他为该馆的翻新和扩建捐赠了 1 亿美元，随后该馆为纪念这一慷慨之举而改名为史蒂夫·A. 施瓦茨曼大楼。

■ ■ ■

类似于黑石集团这样的公司拥有房地产、信贷和资本市场业务，借着自己无处不在的触角获取巨额收益，这也给予他们分析全球经济和任何一个经济实体的能力。公司的董事会主席和 CEO 在经济领域有着重要的话语权。

为此，施瓦茨曼不定期进行媒体专栏写作，分享他对于全球大事的观点，在 2011 年 9 月的《金融时报》头版文章下方的一篇短文"一根伸向奥巴马的橄榄枝：我将与你共患难"中，施瓦茨曼在狠批某些政客将金融公司描述成导致经济危机的"恶棍"的同时，提出共同努力以减少赤字和增加就业岗位。[6]

因为施瓦茨曼在自己的位置上发挥了积极作用，也使得黑石的声誉有所好转，并且公众形象愈加正面。除去发展业务和上市等职责外，黑石集团总裁托尼·詹姆斯把时间和精力放在了帮助黑石集团在职业操守方面更加规范化上，这也是所有私募股权基金自我革新的重要环节。

黑石集团曾经是崇尚个人主义的合伙制企业，现在已经成长为拥有知名度和约束力的大型成熟企业。在 2010 年和 2011 年，黑石翻新了总部大楼，对早已破烂不堪的办公室进行了重新装修。要知道，原先许多访客在看到办公室地板上有破洞的地毯，又联想到施瓦茨曼个人的奢靡生活时，总是对这样的反差百思不得其解。

如今，来到黑石集团的访客需要穿过安检区域，进入黑石专属的前台，这里配备了豪华的沙发和殷勤的侍者。公司位于 43 层的前厅拥有无敌景色：向北看，曼哈顿上东区绵延至哈勒姆（Harlem，纽约黑人住宅区）和布鲁克斯地区。门厅往前是"午餐间"，黑石集团的员工每天都聚在一起享用公司主厨烹调的精致食物。

新总部的精华是行政会议室，对于一个私募股权基金来说，这个会议室大大超过了常规用途。公司的每位高管几乎都把每周一的部分甚至全部时间花在这间屋子里，互相通报交易进展情况和其他要事。

公司高管会坐在会议桌边，每个座位都安装了语音激活伸出的麦克风。级别稍低的员工则坐在靠墙的沙发上。真正的创新或许是被称为"史蒂夫洞察"的屏幕，它从天花板起铺满整间会议室，可以与全球其他的办公室进行视频通话。

■ ■ ■

在 2011 年 10 月中旬的一个夜晚，当几个小时的投资者季度电话会议结束后，施瓦茨曼来到离他办公室两个街区的华尔道夫酒店，身着礼服，胸别领结，正在与天主教牧师、政客们还有银行高管攀谈，随后他将进行有别于以往的演讲。

这个时刻是施瓦茨曼生活中一个奇妙的融合。阿尔弗雷德·E.史密斯基金会晚宴（Alfred E. Smith Foundation Dinner）是一次年度聚会，本意是为天主教的儿童慈善组织筹款并纪念这位纽约前市长，他曾于 1928 年提名为民主党总统候选人，是第一位天主教徒总统候选人。施瓦茨曼曾向纽约的多家天主教慈善机构捐献巨款，因此这位来自费城的犹太人受邀在晚宴上进行演讲，而之前的演讲者包括几乎每位大党派的总统候选人，再加上鲍勃·霍普（Bob Hope）以及贝弗利·希尔斯（Beverly Sills）。另一方面，晚宴的举办地华尔道夫酒店也是黑石集团下属的企业。这无疑是酒店的实际拥有者第一次以主宾角色出席晚宴。

坐在施瓦茨曼和他笃信天主教的妻子身边的，依次是纽约市长迈克尔·布隆伯格（Michael Bloomberg）、纽约州州长安德鲁·科莫（Andrew Cuomo）、美国银行 CEO 布莱恩·莫伊尼汉（Brian Moyniha）、摩根大通的吉米·李以及二十几位来自宗教、金融和政界的有头有脸的人物。整场活动让人流连忘返，从舞台上的多层讲台到嘉宾的穿着（重要嘉宾系领结，一般的客人则佩戴黑色领带），再到豪华客房和俯瞰整个舞厅的露台。晚宴服务员的平均年龄让人感觉他们可能服务过史密斯本人，他们优雅而平稳地递上半熟的 T 骨牛排以及盛满上等红酒的酒杯。

晚宴将政治气息带到纽约的慈善机构中，尤其在选举年更是如此。（当年并不是选举年，但当年的晚会让施瓦茨曼成为了众人焦点。在前一年，他也坐在讲台上，和巴拉克·奥巴马以及约翰·麦凯恩的位置都相距不远。）即便在歌舞升平的纽约市中心，这场晚宴仍然与众不同，可能是因为兼容并包的立场和悠久的历史。

史密斯基金会晚宴的传统是演讲嘉宾发表一番幽默的讲话，可以拿现场一些名人开涮，即便是贵宾也包括在内。施瓦茨曼同妻子、下属和演讲稿写手一起，共同起草了演讲大纲，他没有让人失望。他把矛头对准了莫伊尼汉，将美国银行和莫伊尼汉兄长在海蒂（Haiti）的孤儿院相提并论（台词是："他俩的父母一定为有这样的两个儿子而骄傲，他们每人都管理着一个资金匮乏的非营利性机构"）；他提到了州长艾略特·斯皮策（Eliot Spitzer）那丢人的性丑闻；他甚至提议犹太教和天主教应当合并。

他也讲到了自己的慈善事业，包括对纽约公立图书馆的巨额捐款。"伴随着黑石集团的成长和成功，我一直保持着务实的作风，"他说，"比方说吧，我和很多人一样，如果想要本书，我就直接去当地的图书馆，借了书然后留下我的名字，把它刻在图书馆大楼门口的大理石上。"

他也没放过揶揄自己，关于那场被坊间热议的 60 岁生日宴会，他讲了一个让人捧腹的笑话："我环顾周围宾客，纽约市好几百号大人物，盛装打扮，齐聚一堂。这时我脑子里就想：我的生日又已经到了吗？"晚宴的嘉宾大都没明白施瓦茨曼所讲的一些关于私募股权和对冲基金的业内笑话——施瓦茨曼将掰面包与解散业绩糟糕的公司相提并论——相较之下，大家对关于华尔街的笑料则纷纷捧场，包括施瓦茨曼数次提到的几英里之外的"占领华尔街"运动，示威者在许多权贵们的豪宅外安营扎寨，其中也包括施瓦茨曼的住所。他将礼仪性的致谢和对晚宴的感谢说完，又蹦出一句俏皮话："或者我这样来称呼今晚吧——占领华尔道夫。"

演讲结束后，施瓦茨曼走下讲台到舞厅中央，与宾客攀谈，互致问候，并接受大家的赞扬和祝贺。在大多数贵宾很快离开后（晚宴的名义主办方纽约大主教蒂莫西·多兰带领大家做了简短的结束祷告并让观众参与了一个小游戏作为结尾，游戏是关于多兰所敬爱的圣·路易斯红衣大主教参加世界职业棒球大赛的奇遇），施瓦茨曼一直在大厅待到人去桌空，尽情享受着这次成功的演讲带给他的无限回味。

他收到许多关于莫伊尼汉那个笑话的赞美，大家都认为这简直酷毙了。但施瓦茨曼还是准备在第二天打个道歉电话。"我将为此付出代价。"他开玩笑道。顺便说一句，黑石集团是美国银行的一个大客户。

这就是施瓦茨曼。他身上有着恶魔般的气质，人们都感觉即使他自己有时也无法抑制。他有自己的行为准则，对外界的传闻置之不理。按照希尔的解释：那些波折总会过去。在生日宴会的高潮部分，他拿自己开涮，这样的转变好像是在向世界宣告——他终于能够公开地谈论自己。在此事之后的数年里，他仍然常常回味起自己在那场宴会上挑起的喧闹和嬉笑。

在《纽约客》杂志名为"生日宴会"的封面文章中，施瓦茨曼对斯图尔特表示，举行如此盛大的生日宴会是源于他自己患有一种有潜在致命危险的蛋白质缺乏症，为此他每几周就会进行医学检查。"人生苦短，我们必须努力过好每时每刻，享受丰盛的生命——我一直信奉此道。"他说，"此时此刻，我很幸福。我很开心自己已经60岁了。这就是生日宴会的缘由。"[7]

令施瓦茨曼和黑石集团公关部门大为懊恼的是，这场生日宴会成为了私募股权行业和华尔街及其地位高高在上，收入不菲的从业者们挥霍无度的象征。每当人们谈论起杠杆收购和私募股权业相关话题，"生日宴会"都成为一个绕不过去的梗，在嬉笑怒骂间无处不在。许多人甚至都不提施瓦茨曼的名字，只是关注宴会的那些细节——曼哈顿市中心公园大道豪华饭店里的黑色领带秀；施瓦茨曼豪宅里的部分场景，包括施瓦茨曼的自画像；由罗德·斯图尔特（Rod Stewart）、派蒂·拉贝尔（Patti LaBelle）和马文·哈米尔茨（Marvin Hamlisch）一起参与的表演；都被广为流传。让施瓦茨曼和他的拥护者耿耿于怀的是，其实类似的生日宴会活动在私募股权行业是家常便饭。TPG 的邦德曼曾经于五年前在拉斯维加斯办了60 岁生日宴会，在活动中他邀请了滚石乐队来演出。2011 年，阿波罗的里昂·布莱克（Leon Black）在汉普顿饭店举办奢华的 60 岁生日宴会，也邀请了英国著名歌唱家埃尔顿·约翰（Elton John）。《纽约时报》一篇关于此事的文章将该宴会与施瓦茨曼的生日宴会相提并论。[8] 看起来，似乎所有私募股权基金大佬们在过去或者将来要办的 60 岁生日宴会，都得跟施瓦茨曼的那场放在一起被评头论足。

■ ■ ■

当施瓦茨曼被繁忙的公司事务和公众的遐想重重包围而不得脱身的时候，他却做了一件他的同僚几乎无人愿意也无人能够去做的事情：他开始寻找自己的接班人。2002 年，托尼·詹姆斯来到黑石，这暗示了黑石的业务开始大步快走。

詹姆斯身着标准的华尔街行头：黑色西装，昂贵的皮鞋，洋溢着现代华尔街人的慵懒和自信。他修长的身材和放松的气质与老施瓦茨曼的矮小和亢奋形成鲜明对比。施瓦茨曼的部分魅力在于人们不知道他下一秒将会说出什么话。詹姆斯给人的印象则是仿佛被超自然力量操控了一般。根据曾与詹姆斯共事的人叙述，他鼓励周围的人对他保持高度忠诚，这是一种伴随着健康的恐惧感而来的仰慕之情。他工作起来毫不松懈，这也是他的个人习惯。每天晚上他会在晚饭后大约九点钟离开办公室，随身带着一大包文件资料，他说回家后会阅读这些资料直至自然睡着，但又会在凌晨三点左右自然醒来，继续阅读文件、回复邮件。大约这样工作一小时后，他再睡个几小时，然后起床上班去。

关于詹姆斯在黑石集团的工作习惯和激情，有点儿让人想不通的是，他在接受施瓦茨曼邀请之前就已经非常富有，并且事业有成。詹姆斯曾供职于投资公司 Donaldson Lufkin & Jenrette（DLJ）长达十余年，一步步成为该公司投资银行业务的负责人，并且在 2000 年参与策划将其出售给知名的瑞士信贷第一波士顿银行（Credit Suisse First Boston，CSFB）。

"对于华尔街而言，那种对金融市场有深刻理解的优秀经理人并不多，"彼得森曾说，"这是因为投资银行家经常倾向于追逐短期利益，签下一单单生意，不愿意专注在长远的公司发展和文化建设上。发掘托尼并且能够最终雇用他，对我们来说是一件有深远意义的事情。"

施瓦茨曼许诺给予詹姆斯一部分黑石集团的股权（大概 5%）。怀着可以更上一层楼的二次创业激情，詹姆斯终于下定决心跳槽来到黑石集团。在黑石内部，他强调了一些 DLJ 相对于华尔街来说几乎是传奇但又一直有些另类的作风：对公司文化和团队合作的重视。他一开始在黑石集团没找到这类文化的土壤，原本的黑石集团是一个唯我独尊而又追名逐利的交易场所。詹姆斯则带来类似于360 度反馈以及规范内部汇报制度等新的元素。

为了复制 DLJ 的文化，他先后挖来一些曾经相熟的同事，包括曾任职黑石首席行政官（CAO）的加勒特·莫兰（Garrett Moran）以及琼·索罗特（Joan Solotar）。索罗特曾是 DLJ 的一位分析师，后来她在美国银行继续担任研究工作。目前，索罗特是黑石集团公开市场业务的负责人以及执行委员会的成员，可以算是私募股权行业女性从业者中的翘楚。DLJ 的一位创始人理查德·詹雷特（Richard Jenrette）在黑石集团董事会任职，要知道黑石集团总共只有四位独立董事，除了他还包括哈佛商学院的杰伊·莱特（Jay Light）、加拿大政府前总理布莱恩·马尔罗尼（Brian Mulroney），以及德勤会计师事务所的前 CEO 威廉·帕里特（William Parrett）。施瓦茨曼、詹姆斯、汤姆·希尔（Tom Hill）和乔纳森·格雷（Jonathan Gray）则是黑石集团的四位董事。

当黑石正在筹划 21 世纪头十年最大的赌注时，詹姆斯加快了从 DLJ 雇用前同事的行动，这不是一次杠杆收购交易，而是公司自身的一单交易。在 2008 年初，詹姆斯说服了多疑的施瓦茨曼，使他相信壮大黑石集团彼时尚弱小的信贷业务（购入对方公司债务并向其提供夹层贷款）的最好方法就是并购，而此前黑石集团从未涉足过该业务领域。那时，世界经济可谓一塌糊涂。2007 年的夏天，杠杆收购的虚假繁荣土崩瓦解，黑石集团及其同类 PE 基金都紧张地盯着那些尚未达成的交易，当然他们对于那些已经交割的交易更为紧张。毕竟，黑石集团在 6 月刚同意以 200 亿美元的价格购买希尔顿集团，这距离信贷市场的冰点只有几个礼拜。

詹姆斯声称，现在是帮助公司从信贷危机中突围的最好时机。他提出一个收购 GSO 资本的方案，GSO 资本是在 CSFB 收购 DLJ 以后被分离出来的独立公司。本内特·古德曼（Bennett Goodman）、特里普·史密斯（Tripp Smith）和道格拉斯·奥斯特里弗（Douglas

Ostrover)（也被称为 G，S 和 O）同意以不低于 9 亿美元的价格出售给黑石集团，这笔交易可以为黑石集团的信贷组合立即贡献 100 亿美元的资产。

当詹姆斯监管诸如 GSO、并购和重组咨询、房地产和对冲基金业务的时候，他从心底里仍然是一个私募股权人。直至 2011 年，他仍然是私募股权业务的实际负责人。当年，他指定陈楚（Chinh Chu）和大卫·布里茨（David Blitzer）作为私募基金业务的联合主席。詹姆斯渴望更多地将私募股权业务的管理工作交由他人打理，这反衬出黑石集团也期待从先前的交易公司转型为有更大业务格局的资产管理公司。

当黑石集团上市时，投资者发现了詹姆斯被正式指定为施瓦茨曼接班人的一点端倪。尤其是相对于凯雷集团和 KKR 这两家并未指定继任者的 PE 基金来说，黑石集团明确的责任分工让有限合伙人和公众投资者均感到高兴。不过，施瓦茨曼可能比詹姆斯在黑石集团待的时间更久，就像一位观察家所言，部分是因为"黑石就是史蒂夫的生命"。

詹姆斯则不会如此，他不敢想象去走彼得·彼得森的道路——留在黑石直至他 80 岁高龄，看起来施瓦茨曼打算这样做。其部分原因是出于施瓦茨曼的政治雄心。黑石集团为他提供了一个平台，既可以汇聚他所需要的人才来把他的想法付诸实践，又让他可以开展宣传。现在，有了詹姆斯负责实际运营，施瓦茨曼终于可以来进行他心中筹谋已久的那些试验。2010 年年底，施瓦茨曼和妻子从纽约暂时移居到巴黎的一处公寓，部分原因是为了实现其在亚洲和中东的旅行计划。

那么，谁会是最终的掌控者呢?

■ ■ ■

乔纳森·格雷是 20 世纪 90 年代初供职于黑石集团的一名年轻分析师，他从宾夕法尼亚大学获得文学和商业本科学位后就加入黑石集团。那时黑石的规模相对较小，只有几十名员工。那时的黑石有一只小型的私募股权基金，混杂了投行和投资业务，将有限的精力分摊在为其他公司提供咨询以及为自己寻找潜在的投资项目上。

格雷喜欢寻找交易且达成交易的部分，并被安排为一只房地产基金撰写基金私募备忘录。最开始，施瓦茨曼和彼得森以合资的方式创建了房地产投资部门，主要负责并购咨询和杠杆收购领域以外的业务。房地产投资业务的合伙人约翰·施赖伯（John Schreiber）是这方面的熟手，能够帮助黑石开拓业务。

包括格雷和布里茨在内的一些分析师被安排去协助施赖伯。据称，首只房地产基金大概有 3.3 亿美元的规模，严格意义上讲其中有 2/3 是夸大其词，承诺认缴的金额仅 1.1 亿美元。其余部分是以联合投资名义认缴的资金，意味着投资者有权决定是否参与某个项目。

根据一份养老保险基金的募集材料记录，这只基金从财务角度上看取得了惊人的成功，年化收益率为 39.7%，回报倍数为 2.4 倍。在 2006 年和 2007 年之前，黑石集团一直是每三到四年就募集一只更大的房地产基金，之后则每年如此。

格雷在 20 多年后成为了黑石集团房地产投资业务的负责人并且主导了公司史上最大的两单业务：收购房地产公司 EOP 以及希

尔顿酒店集团。在2010年和2011年对黑石办公室的翻新也象征性地并且确实提高了格雷的地位。他拥有一间可以俯瞰曼哈顿西北方向的转角办公室，窗台上摆着妻子和四个女儿的照片。他在相邻的有点儿像是起居室的房间里召集会议，这里没有传统的会议桌，取而代之的是沙发和椅子。

私募股权业务在杠杆收购泡沫破裂后瞬间萎缩，但是房地产投资看起来仍有发展空间，黑石集团募集新一只房地产基金的能力则进一步证明了这点。施瓦茨曼的第六只私募股权基金比第五只基金的规模缩水了40%，与之形成鲜明对照的是，第七只房地产基金预计的募集规模比刚刚完成募集的上一只基金的 100 亿美元规模还要大。

黑石集团在房地产领域的主要投资逻辑与私募股权投资相仿，这也在理：杠杆收购行业的商业模式实际上是从包括房地产、石油和天然气领域在内的合作伙伴那里演变而来。想要经营得当并获利颇丰是非常困难的，但其中隐含的前提却非常简单。在杠杆收购业务里，借来的钱是成功的关键。对于黑石集团来说，带着私募股权投资的经验来进军房地产业是其转折点，他们通过在房地产市场中选择合理的金融工具来完成更好的交易和实现利润最大化。

整个20世纪90年代，黑石集团所采取的方法都比较简单。黑石集团募集资金，利用基金池中的部分现金混合银行贷款和债券，来收购他们认为被低估的房地产，然后通过改良和翻新，再在房地产市场上脱手出售。世纪之交刚过，黑石集团的房地产投资业务迎来了突破性进展。当时，格雷和他的团队开始投资长住酒店（Extended stay hotel）。这些酒店被设计成公寓样式，为那些长时间停留的旅客提供家一样的住宿环境，通常是针对一些频繁出差的销售代表。就在 9·11 恐怖袭击之后不久，黑石集团收购了这样的连锁酒店 Homestead Studio Suites。

由于上述投资获得了回报，黑石集团开始寻找更多此类猎物，一些重要事件在此时相继发生。首先，格雷的团队对愈加友好和更具创造性的债务融资市场加以利用，通过债务融资工具的创新来争取更大规模的交易，其中包括商业抵押担保证券（commercial mortgage backed securities，简称 CMBS）和风险更高的夹层贷款。

第二，由于长住酒店可以二次变现，这使得黑石集团愿意承担额外的风险。格雷相信，大型酒店上市公司的总市值要低于旗下各自业务价值之和。基于这一理念，黑石集团在 2004 年斥资 7.9 亿美元收购了酒店集团 Prime Hospitality，并在其后不久将 Prime 旗下的 AmeriSuites 酒店业务以 6 亿美元的价格出售给凯悦集团（Hyatt）。"我先买个水果篮，"格雷说，"接着我把梨卖给最想买梨的客户，然后再如法炮制。"

于是，这种操作模式定型了：格雷利用银行的 CMBS 进行债务融资，然后购买"水果篮"。在接下来的三年里，黑石集团陆续完成了多笔类似的交易，具体模式都大同小异。在 2007 年，黑石集团对 EOP 公司⊖的收购创下了 400 亿美元的交易记录。那时，格雷的团队几乎是刚一买下"水果篮"就开始分别兜售里面的"水果"。对 EOP 分拆出来的不同部门的出售交易在几天内就被尽数宣布，黑石总共出售了价值 270 亿美元的房产。

EOP 是黑石集团历史上规模最大的并购交易。规模第二的交易

⊖ Equity Office Properties Trust，美国最大的商用物业集团。——译者注

同样也属于格雷：在信贷市场刚刚进入冰冻期时，黑石集团以200亿美元收购了希尔顿酒店。收购案于2007年7月3日公开披露（离KKR对其延误许久的上市计划提出第一次申请只有几个小时），现在回顾来看，这也标志了一个时代的结束。基于该宗交易的时间点和难度，这简直可以成为格雷和黑石集团的代表之作。

在2007年，这宗并购案的交易价格并不是最高（毕竟，其在杠杆收购交易历史上仅列第11位）。对于黑石集团来讲，这宗交易算是很大的赌注，它为此付出了57亿美元的权益资本，包括房地产基金和私募股权基金两部分。黑石集团为希尔顿集团的债务重组追加了8亿美元的支出。除此之外，此宗交易的时间点和声名狼藉的收购对象，都注定了它会是受人瞩目的一单。

在那些年，格雷逢人便说：并购希尔顿不仅是一单成功的买卖，还将是一个伟大的商业案例，证明了私募股权基金可以促进企业的发展。克里斯·纳塞塔（Chris Nassetta）在此宗收购案后被格雷招至麾下，负责管理希尔顿酒店集团，他从不掩饰自己对格雷和黑石集团的热爱。在20世纪90年代初，纳塞塔是一名有着多年管理经验的酒店高管，他与格雷相识于其在黑石任职的第二天。纳塞塔在万豪酒店的董事会上认识了约翰·施赖伯，他在管理希尔顿酒店之前曾担任这里的CEO。"不想落后于他们，"纳塞塔说，"你也想驰马飞奔。"

格雷盛邀纳塞塔加入希尔顿，共同实现更美好的梦想。"它曾经是沉睡的巨人，"纳塞塔告诉我，"这类巨型收购可以让你有机会'重启'公司的硬盘，开始认真思考如何才能帮助其改善经营。"

纳塞塔换掉了公司里一半以上的TOP100高级经理，并将注意力转向国际市场，希尔顿酒店在海外市场名声显赫，但缺乏足够数量的酒店实体。2012 年，希尔顿在美国之外在建的酒店数量占比从收购时的 11%上升至 80%。

黑石集团的房地产业务大幅增长，看起来是其灵魂人物施瓦茨曼的决策被坚决贯彻的结果。生逢盛世，运气是成功的关键因素。在业务稳定增长了 15 年后，黑石集团具备了在金融风暴中变危机为转机的本事，对于那些竞争对手——投资银行自行发起的房地产投资部门，黑石也抓住了他们的命门。2011 年，黑石集团创造了竞争对手无法逾越的领先佳绩，至少在资产管理规模和业务覆盖面上确实如此。在 2011 年的投资者会议上，有人问詹姆斯，哪位竞争对手可以在当年募集一只 100 亿美元规模的房地产基金，詹姆斯答道："我想，唯一可以达到目标的就是我们（黑石）。"

截至 2012 年第一季度，黑石已经募集了 100 亿美元，并且计划再多筹集 20 亿美元。[9] 当私募股权投资业务正在大幅缩水时，房地产投资业务却一路高歌猛进。

这也昭示着格雷的才干在黑石集团是有目共睹的，他似乎已经被看成了施瓦茨曼的接班人。他还是集团管理委员会的成员，在 2012 年被提名为黑石集团的董事。

■ ■ ■

黑石集团一直有涉足信贷业务，而作为 IPO 后的第一笔并购交易，对 GSO 的收购在战略上尤为重要。在过去几年里，出于外部环境和内部预期方面的考虑，GSO 也在位于公园大道的公司总部大楼里办公。但或许因为非嫡系出身，GSO 在运营风格和企业文化方面与黑石有显著差异。尽管这种差异很微妙，但给人感觉很重要——只有在和史蒂夫或托尼开会时，GSO 的高管才会系领带。双方都很欣赏这种似是而非的独立性。

GSO 在并入黑石集团后，成为其盈利最多的分支机构，在吸引新投资者以及抢购被其他资产经理抛售的信贷担保基金（Credit Loan Obligation Funds，CLOs）两方面，GSO 都发展迅速。古德曼和詹姆斯有交情已久，在并购前后都有着成功的经营业绩，他在黑石集团被委以重任。他的大名总是和格雷相提并论，他也被认为是公司未来 CEO 的潜在人选。

如果说信贷和房地产市场的业务增长在一定程度上可以预测，由汤姆·希尔团队带来的业务增长则让人始料未及。现在，该业务板块的官方称谓是对冲基金解决方案部门（Hedge Fund Solutions），这个以投资合伙人的资金起家的边缘项目，现在成长为黑石集团资产规模最大的业务，并摘取了该项业务的全球桂冠。希尔对母基金的称呼非常不满，因为他认为这低估了他的团队为客户所做的事情，即对于对冲基金而言更为个性化的定制方案。

希尔在这个职位上的表现实在太过引人注目。他与施瓦茨曼的关系可以追溯到他们在雷曼共事的时光之前。那时二人都还很年轻，他们被安排在纽约的后备役部队服役，辅助牙医工作。希尔在哈佛大学获得本科和 MBA 学位后，较早地开始接触并购业务，他帮助第一波士顿（First Boston）创立了并购部门。在 1982 年，希尔加入雷曼担任合伙人，那时他的职业生涯与施瓦茨曼和彼德森产生了重要交集。后来，希尔被提升为投资银行业务负责人并担任联合 CEO。当雷曼被出售（彼得森和施瓦茨曼离开）后，希尔担任新的希尔森雷曼控股公司（Shearson Lehman Holding Company）的联合总裁和联合首席运营官（COO）。

后来他被革职，于 1993 年和两位前同事在黑石重聚，继续其投资银行的职业生涯，希尔在 20 世纪 90 年代后半段担任黑石集团企业和并购咨询业务的负责人。后来，施瓦茨曼让他涉足那时规模很小的对冲基金业务，并希望能够找出解决之道。在 2011 年与投资人的电话会议中，施瓦茨曼指出，对冲基金业务自从 2001 年希尔接手以来，已经增加了近 80 倍。

最初，施瓦茨曼让希尔寻找一名新高管来负责那时被称为另类资产投资的业务，简称 BAAM（Blackstone Alternative Asset Management）。他给了希尔六个月的时间。三个月后，希尔意识到这将会变成一块相当大的业务，并向老板如实禀报，施瓦茨曼问希尔愿不愿意去亲自负责。

希尔有哈佛大学的"高贵血统"以及雷曼系的不俗出身，能够以一个投资银行家的视角来审视这块业务。在华尔街，长期以来有个传言：电影《华尔街》中的戈登·盖柯（Gordon Gekko）的角色是以希尔为原型的，剧中，盖柯被塑造成心思缜密而又油头粉面的形象。该角色也传神地塑造了华尔街的一个群体——在一间屋子里看到这些人，就像走进了布克兄弟[⊖]的活挂历一样——他们从客户中募集大量资金，并按照各自的风险偏好选择相应的对冲基金。黑石集团与各领域的对冲基金经理保持着良好关系，从所谓的宏观

⊖ Brooks Brothers(布克兄弟)创立于 1818 年,多年来秉承着优质用料、服务至上及不断创新的方针,逐渐成为一个美国经典衣着品牌的创造者。布克兄弟以上班服为主,亦以优质著称,更是不少名人世代之选,历年来不少政界领袖如前美国总统肯尼迪、福特、布什及克林顿都是布克兄弟的长期捧场客,所以布克兄弟更有总统的"御衣"之美誉。——译者注

基金到那些自称为"事件驱动"的基金，即专注于诸如并购等交易的基金。

黑石集团的对冲基金团队已获得如此规模，能够在其他对冲基金启动时予以帮助或"播种"。比如给予一只新的对冲基金足够的启动资金，以换取交易费用的减少并获取基金管理公司一定股权。然后，黑石集团再将客户的资金投向这些新基金。

另外，黑石集团最小的业务恰巧也是历史最悠久的——提供咨询。曾经由汤姆·希尔执掌大权，现在该业务由摩根士丹利和汇丰银行前高管约翰·斯图津斯基（John Studzinski）负责，他是一位个性鲜明的人物（在公司内部和华尔街被简称为"斯达孜"）。他也因在伦敦艺术领域的慈善行为和世界金融文化领域的人际交往圈而知名。

相对于那些华尔街大公司重量级的投资银行业务，黑石的咨询部门只是个小角色，但也在努力争取一些大单，包括在金融危机前夕帮助保险巨头 AIG 进行资产处置。

在咨询业务范畴之内，另一个板块已成为黑石集团的重要门面：蒂莫西·柯尔曼（Timothy Coleman）带领下的业务重组部门。施瓦茨曼和彼得森创立这个部门的初衷是在信贷市场崩溃之后为帮助黑石集团继续壮大前进。20 世纪 90 年代初，已故的亚瑟·纽曼（Arthur Newman）负责创立了业务重组部门，他是施瓦茨曼和彼得森早期聘来为客户提供多样化服务的高管。纽曼雇用了柯尔曼，柯尔曼后来成为他的联合负责人并在他退休后逐渐接掌了业务重组部门。（柯尔曼是行政委员会成员之一，这也意味着在黑石集团业务范围不断扩张的背景下，业务重组部门的重要性与日俱增。）

　　这个部门专攻在华尔街最为杂乱无章的领域：当公司在修复业务和申请破产间挣扎时，债权人和债务人双方的权利相互对抗。黑石的业务重组部门拥有在此类棘手问题上有着丰富经验的精英团队，丝毫不逊于 Houlihan Lokey、Moelis & Company 以及 Alvarez & Marsal 等专业咨询公司。柯尔曼的团队寻找到一些细分行业，包括报业集团、博彩公司。在 2011 年，他们开始为洛杉矶道奇（Dogers）棒球队进行业务咨询，由于球队老板马克考茨（Mc Courts）的离婚案，棒球队进入破产程序。柯尔曼在出售过程中给予建议，最后促成了由前篮球明星魔术师约翰逊的团队以超过 20 亿美元收购道奇的交易。

　　黑石集团的部分业务板块——尤其是房地产和私募股权投资板块以及汤姆·希尔本人，为人称奇地仍然保持了 20 年前的团队。另外，黑石集团比任何一家 PE 基金拥有更为耀眼的校友群体。在大型私募股权基金中，黑石集团是个少有的特例，它安然度过了创始人退休的过渡期，从外部高调聘来了公司二把手，又经历了大量离职事件。竞争对手引用黑石集团的离职数据作为证据，意图指责黑石集团的工作环境不尽如人意，尤其是施瓦茨曼，他是个极为苛刻的老板。一个熟悉黑石集团的人告诉我，那并不是一位优秀的雇主。公司内部职员则认为，离职率较高说明黑石是一家运作成熟的公司。

　　贝莱德（BlackRock，又称黑岩集团）是一家万亿美元级别的资产管理公司，名字里的 "black" 不是什么巧合。由劳伦斯·芬克（Laurence Fink）负责的贝莱德与约翰·施赖伯的房地产业务部门的背景类似。1988 年，黑石以 500 万美元借款和办公室，换来了当时的金融管理集团（Financial Management Group）40% 的股权。

六年后，在芬克和施瓦茨曼为新雇员应得多少股权的问题产生不同意见后，贝莱德被黑石集团踢出局。PNC 银行以 2.4 亿美元的价格收购了贝莱德[10]。2012 年 3 月，如今已成为上市公司的贝莱德管理着超过 3.67 万亿美元的资产，估值超过 300 亿美元，为黑石集团两倍有余。

罗杰·阿特曼（Roger Altman）是一位投资银行家，他曾在华尔街和华盛顿两地工作过，并且也曾与彼得森和施瓦茨曼在雷曼共事。1987 年，阿特曼加入两位前同事创立的黑石集团任副主席。直到 1993 年，他还在担任黑石集团咨询部门负责人和投资委员会的成员。后来，他离开黑石集团并担任克林顿总统的财政部副部长。回到纽约后，他成立了精品型投行 Evercore。

马克·加洛格利 （Mark Gallogly）是黑石集团的早期合伙人，他曾在沃顿商学院的招聘会中面试了乔纳森·格雷。后来他离开黑石集团并创立了 Centerbridge。这家合伙企业精于不良资产和房地产投资，并且与黑石集团保持着密切的合作关系，包括联合并购联合银行。另一位合伙人奇普·肖尔 （Chip Schorr）负责科技投资事务，他在 2011 年离职并成立了一家新公司 Augusta Columbia Capital Group。还有一个名叫杰米·基根（Jamie Kiggen）的技术专家，在 2012 年离职，加入一家名为 Riverside Co. 的私募股权基金担任总裁，该公司专注于购买价值 2 亿美元以内的小型企业，并在其网站上自封为"更像甘地而非盖柯"。

在黑石集团，房地产、信贷以及对冲基金业务在很多时候使得私募股权投资业务相形见绌。若将黑石集团描述为一家从事并购业务的公司并不准确。黑石给自身定下的市场目标是"一家世界领先的投资及咨询公司"。没有专注于杠杆收购业务，是黑石集团招致其他私募股权基金同行批评的主要原因，他们谴责黑石，认为其是"资产收藏家"。

在黑石集团内部，从施瓦茨曼到基层员工，大家都倾向于以耸肩和微笑来面对这样的绰号。2011 年的一期《财富》杂志封面文章标题是"黑石在华尔街的奇迹"，文章认为业界不断增强的共识是，黑石集团降低私募股权业务的比重是正确之举，或者至少将私募股权业务和其他几大重要业务同等对待。

有一件事是非常清楚的：若业务多元化是未来私募股权基金的趋势，施瓦茨曼则是第一位吃螃蟹的人。在 2011 年，他试图发挥他的优势，以投资者不断加强的鼓槌声激励黑石高层继续走多元化业务的道路。继 KKR 和阿波罗与得州教师基金新的合作安排之后，黑石集团也与新州养老基金启动了新的计划，这是黑石集团在当年筹谋良久的内部决策的公开信号，施瓦茨曼本人的鞭策起了很大作用。

这一年的早些时候，施瓦茨曼与整个公司进行会谈，就每个部门在细分市场上的看法进行了深入沟通。他意识到自己正在关注细节分析，高盛就是依靠这种洞察力创造了获利颇丰的交易平台。施瓦茨曼面临一个决定：或者利用公司资金来实践这些创意，或者建立一系列新业务或者产品，并将其出售到世界上最大的资本市场里。

这条路和新州养老基金类似——在与客户沟通后能够更容易地转移资金，是黑石集团针对当前市场环境和预期收益的最好策略。在 2012 年 5 月，CalPERS 同意对 5 亿美元的资产采用独立账户管理。

因为黑石集团原本的组织架构尚不足以支持管理这样大范围的客户关系，施瓦茨曼和詹姆斯任命私募股权投资业务的联合主席布利茨来指导新州养老基金交易。

施瓦茨曼说，这个安排对黑石有额外的好处：继续发展更年轻的合伙人以及他和詹姆斯的继任者。"在全能型投资人才方面，公司只有我和托尼。"他说。除非直接参与最高层决策，否则没有人会考虑不同的业务部门应该如何配合及管理。房地产投资板块的合伙人可能向 GSO 高管打听关于信贷市场的个人意见，并因此备受鼓舞而希望去从事该项事业，但这只是偶然事件而已。"这会培养下一代员工，让他们以不同的方式一起协作。"

施瓦茨曼将他对下一条产品线的探索归因于曾经在投资银行工作的岁月——公司内弥漫的竞争气氛以及持续不断地满足客户对新产品和服务的需要，不管是股票和债券承销业务、并购咨询业务还是过去 20 年来华尔街日益复杂的债务产品等。他也看到了一波又一波希望成为银行家的人在不懈努力后获得了最后的成功。"当你开始涉足投资银行起，你就应该明白此行并无准入门槛。"他说。

第十二章

似是而非

Nor-So-Private Equity

路在何方

在半遮半掩中，私募股权业随着历史的车轮一步步前进，终于拨开云雾见到天日。这就是我在特拉华州特拉华市亲眼看着托尼·詹姆斯被政治家和穿着连身裤的工人们团团簇拥时的真实感受。那是在 2011 年 10 月，由黑石集团以及能源 PE 基金 First Reserve 联合注资设立的冶炼运营商 PBF Energy 正在计划重启一家精炼厂。该炼油厂是 PBF 从瓦莱罗能源公司（Valero）手中买来的，已经关闭一年多了。

私募股权巨鳄们正在以前所未有的姿态出现在公众视野中。詹姆斯在特拉华讲过什么也许不太有人记得，但他与其他黑石集团高层的亲临现场引起了广泛关注。

詹姆斯在处理公共关系时魅力四射，他正在接受彭博电视台的采访，《财富》杂志的记者也已经排好队等候了，上午的采访行程按部就班地进行着。另一边，由六位资深高官代表带领的宣传活动也准备就绪。在停车场后方的白色帐篷里，身着连身裤的工人以及地方政府官员正在狼吞虎咽地吃着迷你乳蛋饼和肉桂卷。短小的横幅挂在帐篷侧面，上面写着"新的开始""祝贺你完成的出色工作！"

黑石集团和 First Reserve 花费了 4.5 亿美元在特拉华市的炼油设施更新以及工厂重整上，新工厂将带来 500 个全职岗位以及 250 名合同工。当地的政客们对此极为重视，四处奔走相告。"当工厂被迫关闭时，"特拉华州的参议员克里斯·科布斯（Chris Combs）表示，"给社会留下了无法填补的深沟，就像对一个家庭的狠狠一击。"接下来他提升了整个话题的高度："我们面临着一个问题：'美国还是一个伟大的国家吗？'"

在参议员托马斯·卡珀（Thomas Carper）和州长杰克·马克尔（Jack Markell）讲完之后，詹姆斯走上了讲台。这位黑石集团主席对他们两位刚刚的发言予以热情的回应，并借此机会向大众媒体、炼油厂工人以及政府官员表达了来自私募股权业诚挚的友好态度。"这种合作伙伴关系应该成为美国未来的发展模式，"他充满激情地讲到，台下的观众齐刷刷站起身来为詹姆斯的这番慷慨陈词鼓掌。"要拯救美国的工业，需要大量的资金。"

在演讲和剪彩活动结束后，詹姆斯站在草地上与工厂老板、政界人士以及钢铁工人联合会的劳工代表们攀谈，身后是高耸入云的炼油厂塔楼。这样友好的会谈实属罕见，要知道，工会长期以来对背负"就业毁灭者"骂名的私募股权业嗤之以鼻。不过，有一位资深劳工，千里迢迢从得克萨斯州乘飞机过来，不是为了向私募股权业扔石子儿，而是要向它发出赞美和感谢。

钢铁工人联合会的副主席加里·比维斯（Gary Beevers）出席了这场活动，因为 350 位钢铁工人联合会的兄弟姐妹重新回到了工作岗位。在他简短的讲话中，他操着一口粗重的得克萨斯男中音，与政客和投资家的字正腔圆相比实在是有点儿新鲜。他指出，在这种情况下，私募股权基金是劳工的友人。几十架照相机对准演讲和剪彩一片咔咔嚓嚓之后，比维斯和我闪到一边聊起天来。我问他要不要坐下歇歇，他说喜欢站立的感觉。他看了看四周，稍微松了口气，从口袋里的哥本哈根（Copenhagen）圆罐里抽出一支烟，就私募股权投资打开了话匣子。交流中，他多次提到了詹姆斯的讲话——大型石油企业在那一周内关闭了三家炼油厂，就发生在 PBF 重启炼油厂前的几天。能够让工会成员重返工作岗位是他目前最为关心的话题。"在别人缺乏资金的时候，他们提供了资金。我们担心的是长期就业岗位，是他们提供了就业机会，"他指着不远处还在忙忙碌碌的工人说道，"这对工人们意味着养家糊口的饭碗。"

私募股权业正在树立全新的公众形象，要知道这件事情本来是资本巨鳄们连想都不敢想的。长久以来，私募股权基金行事极为低调，只有在公开上市后才暴露了行迹。它们乐于让外界转述自己的故事，甚至放弃了反驳自己被扣上"就业毁灭者"这顶帽子的权利。詹姆斯是黑石集团在 2007 年完成 IPO 的首席功臣，帮助整个行业走上了新的台阶，也让黑石集团从私募股权基金中迅速脱颖而出。曾经潜流暗涌的资金流终于在纽交所和纳斯达克舞台上验明正身。业内重量级选手的运作方式发生了翻天覆地的改变。

大型 PE 基金一直在证交所门前徘徊：面对上市与否的问题，要如何去定位企业文化、上市动机以及创始人的个性呢？最佳上市时机是什么时候？上市意味着接受公众的监督、更严格的审查以及符合程式化的标准。诚然，这也增加了 PE 基金的"永久资本"——资产负债表上的权益资本，而不是有时间限制的来自投资者的认缴资本。在并购活动中，已上市的 PE 基金还可以采用股权置换等多种投资方式，而不再局限于现金支付。此外，选择上市的另一个不容忽视的原因是，这给了创始人以及高级管理层从亲手创建的企业中获得回报的机会，黑石集团的彼得森以及凯雷集团的鲁宾斯坦均曾公开承认过这点。另外，通过现金退出也可以帮助创始人将管理权顺利地过渡给下一代接班人。

有一些投资机构也在保留私有化的基础上成功地完成了接班人过渡。例如历史最悠久的 PE 基金之一的华平投资集团，其创始人在 2000 年就已经将管理钥匙交给后起之秀。查尔斯·凯（Charles Kaye）和约瑟夫·兰迪（Joseph Landy）在当年承担起了莱昂内尔·平卡斯（Lionel Pincus）和约翰·沃格尔斯坦（John Vogelstein）的职责。华平投资继续专注于私募股权投资业务，并建立了一只全球基金，目前管理的资产总额约为 300 亿美元。[1]

贝恩资本也选择了坚持私有化路线，即使创始人兼首席执行官决定不再留任转而在政府部门开始政治生涯。在 1999 年，罗姆尼离开了亲手创立的贝恩资本，担任盐湖城冬奥会主席。在离职协议中，他将自己的股份卖给了其他合伙人，以避免出售给外部投资者或者公开发售。作为回报，罗姆尼将继续享有贝恩资本的经营收益。与由一两位创始人紧紧把持的竞争对手不同，贝恩资本采取了律师事务所和咨询公司的运营模式。贝恩资本的九人委员会是首要决策机构。投资审批程序也由多位成员共同参与完成。"我们更重视团队效应，而不是突出单兵作战。这样的组织结构更持久稳固。"马克·纳尼利（Mark Nunnelly）说。

分散的所有权让贝恩资本得以保持私有制。但是在罗姆尼离开后，投资业务增长显著。相比其退休时的 40 亿美元，贝恩资本目前在全球管理的资产价值超过 600 亿美元。另外，贝恩资本发展了更多新兴业务。贝恩重视锻炼内部人才，给予其提升机会，而不是挖竞争对手的墙角。

在黑石集团，施瓦茨曼和詹姆斯打造了一家与众不同的 PE 基金，上市不仅是创始人的转型之作，也带给黑石集团更多的现金以加速业务拓展。虽然黑石集团走向 IPO 是势在必行之举，但直到 2007 年才最终实现。当开始向公众发行股票的时候，已经是 2007 年年中了，施瓦茨曼知道他必须加快速度。

这一年真是热热闹闹。除了生日聚会外，施瓦茨曼不仅登上了《财富》杂志的封面（"属于华尔街男人的巅峰时刻"），[2] 还胜利完成了历史上最大规模的杠杆并购（美国最大的房地产上市公司 Equity Office Properties）。3 月，黑石集团提交了招股说明书，成为举世瞩目的私募股权基金，虽然这并不是首次。经营私募股权、对冲基金以及房地产投资业务的 Fortress 投资集团已经在当年 2 月完成上市。

但是，黑石集团向美国证券交易委员会提交的 S-1 则是完全另一回事。这是公众投资者——当然也包括华尔街的好事者、好奇的商学院学生——首次有机会对充满神秘色彩的并购基金一窥究竟。更何况，他们还可以查到施瓦茨曼和黑石集团高管的实际身家。包括我在内的财经记者，紧紧跟踪着黑石上市的每一步进程，企图从提交给美国证券交易委员会的每一份补充文件中寻找蛛丝马迹。6 月的某个星期一清晨，黑石集团递交了有关所有权和薪酬结构的详细资料。在过去的一年，施瓦茨曼从黑石集团分得 3.983 亿美元。号称世界上最赚钱的投资银行——高盛集团的全球董事长兼 CEO 劳尔德·贝兰克梵（Lloyd Blankfein）的 5 400 万美元年薪与之相比，简直是小巫见大巫。

我们还了解到，按照预期的 IPO 价格，施瓦茨曼所持黑石集团的股权价值将达到 80 亿美元。根据计划，80 岁的彼得·彼得森将兑现绝大部分的股份，并以此成立一个基金会。施瓦茨曼预计将继续持有手里大部分的股票，以 24% 的股份来维持控股权，但出售的部分总价值近 6.84 亿美元。有关薪酬的故事还在继续着，成为了彭博新闻一周内最热门的话题。

然而，虽然由高盛和花旗牵头的 IPO 承销团队在紧锣密鼓地进行着路演活动，杠杆并购市场还是表现出了收紧的迹象，美国次级抵押贷款发生了创纪录的违约事件，波及整个信贷市场，导致投行开始担心能否如期完成融资。6 月 21 日，黑石集团以每股 31 美元的价格募集了 1.33 亿股，比预期理想。投行向市场配售了更多的股份，即所谓的绿鞋（green shoe），以满足更大量的需求。第二日开盘以后，股票上涨至每股 38 美元，并以 35.06 美元收盘，成为黑石集团股票价格的最高纪录。接下来的五年时间里，黑石的股价从未再接近过这个数值，有一次甚至跌破了每股 5 美元。

如果当时他们再耐着性子等几天，很可能就不会选择上市了，甚至在往后的几年里都不会。KKR 就是这种情况。KKR 在 7 月 3 日晚提交了 S-1，然后就结束了美国上市之旅，直到三年后与欧洲基金完成复杂的合并程序后才曲折上市。凯雷集团则把自己的 IPO 梦想实实在在地压了整五年的箱底。

股票市场继续看空私募股权业的未来，黑石集团的股价好像石沉大海，再也抬不起头。施瓦茨曼和詹姆斯四处鼓吹黑石集团可以依靠不断增长的对冲基金及房地产基金业务从触礁的杠杆并购交易中缓过来；不过悲观的投资情绪还是挥之不去。黑石集团也在继续探索私募基金的出路。

从踏上 IPO 征途以来，私募股权业的一举一动总是伴随着各种的争议，就好像公开上市与私募基金从字面上看就自相矛盾一样。总会有人不惜花费大量时间向董事会和高管们晓以利害，认为股票市场有着天生的缺陷，不能理解他们的上市诉求，片面地否定他们。这些人拉长声音表示，保持私有制，你可以随心所欲；选择了 IPO，就休想在公众监督下优哉游哉。有关舆论对上市的看法，投资经理们都是打心眼里认可的，并且他们与华尔街分析师对私募基金的估值也存在争论。另一点让大众不甚满意的是，私募基金的两类投资者之间真实存在的或者说可以感知到的利益冲突：即以养老保险基金及捐赠基金为代表的有限合伙人和在公开市场购买股票的公众投资者。

这样的冲突是明明白白的。有限合伙人仰赖 PE 投资经理为其管理资产，并在一定期限内收回本金和合理的利润。当然，这是有条件的。PE 投资经理唯一感受到的压力就是要为 LP 提供最好的回报。归根结底，只有投资项目赚到了钱，PE 投资经理才能获得附带权益；只有将项目收益分配给 LP 后，剩下的附带权益部分才能落到自己囊中。

但是，突然之间，PE 投资经理却成为了上市公司的一员。需要为股东寻求稳定的回报，或者至少是一些收益。股票的价值部分程度上取决于公司的盈利能力。对私募基金而言，最直接的赚钱方式就是出售所持资产。为了让股东们满意，PE 投资经理要寻找合适的出售机会，这种隐而未现的压力不也随之而来了吗？顺便提一句，PE 投资经理也是自家基金的股票持有者，对于刺激股票价格的需求，他们真的能够稳如泰山吗？

目前，对已上市的私募基金来说，经常在背后说三道四的有限合伙人们并没有表现出减少投资的想法。虽然那些私募基金已经向公众发表宣告，称各利益方的目的是一致的，股票投资者也会分享投资经理努力追求的收益回报。但是，黑石集团在招股说明书中写道，如果出现问题，他们会把有限合伙人的权益放在公众投资者之上。

不过，对于无法持续连贯地评估私募基金真实价值的事实，公众投资者似乎已欣然接受。这个问题是内生因素导致的，可以直接追溯到私募基金的投资原则。私募基金对企业进行投资，获得了其所有权。这些企业的业绩与私募基金经理对其的付出紧密相关，因此，私募基金不受制于公众股东。从理论上来讲，这对私募基金经理和他们的有限合伙人来说是好消息，有限合伙人支付了巨额费用，仰赖基金经理能够确定最佳的购买和出售时机。私募股权基金的公众股东们对于企业何时出售、交易费用收取、附带权益等诸多细节的衡量基本上无能为力。股票的估值是对公司的未来预期。股票投资者把赌注压在短期或长期的企业价值增长上，等股票上涨后卖出获利。或者，他们也会投资于股息丰厚且稳定的股票，即使股票价值不会大幅上升。考虑到这一点，投资者和分析师会根据市盈率对股票进行估值。而对上市的私募股权基金进行估值的最大问题是：未来的收益究竟由什么构成？投资者何时能够看到相关证据？

黑石集团曾经是唯一一家公开上市的大型私募股权基金，现在，私募股权行业有了挂牌纽交所的阿波罗和 KKR，以及挂牌纳斯达克的凯雷集团。市场上有了更多的选择，可以帮助私募股权行业提升在公众投资者眼中的地位，在理论上甚至可以抬高一些私募基金或者整个私募股权行业的股票价格。私募基金正在以更透明的方式出现在公众投资者面前，但还有一项障碍，或者至少是阻碍了股票分析师和投资者更准确地了解它们的业务。黑石集团和其他私募基金依赖一个复杂的经济指标——纯收益（Economic Net Income，简称 ENI）来衡量投资收益，这意味着虽然能更精确地反映业务收入，但是没有考虑到上市过程中包含的部分成本。加之私募基金行业各家企业的价值总是在疯狂地摆来摆去，这使投资者更加困惑。

共同基金和其他机构投资者的普遍反应居然是——草率地决定不购买私募股权基金的股票，尽管多数研究分析师发布了"买入"的投资建议。另外，股权不够分散也体现在相对较低的成交量上。在 2011 年年底，黑石集团股票的日平均成交量约为 44 万股，其难兄难弟 KKR 则仅有一半的交易量。相比之下，同一时期的高盛集团的日平均成交量约为 86 万股。

此外，由于私募股权基金的股权不够分散，导致其价格波动亦非常激烈。一位或者几位股东的买卖决定，例如抢购股票以哄抬市价，或者大量抛售以做空价格，都可以使市场产生较大幅度的价格上涨或者下跌。黑石集团的股票尤为如此，这种情况被戏称为"史蒂夫效应"（the Steve effect）。黑石集团通常在上午 8:30 左右进行信息披露，并在一个小时后举行公开的答记者问，接下来是投资者和分析师的答疑时间，这将在上午 11 点通过其官方网站向公众开放并传播。季度收益的复杂性常常让投资者在信息披露和电话会议之间的几个小时里陷入困惑。施瓦茨曼抛出的几个应景的词汇就能使股票止跌反弹。总之，在公众的印象中，股票价格成了史蒂夫在公开市场的心情指示灯。

2011 年 10 月一个清晨，黑石集团公布的财务数据显示，该季度亏损为每股 12 美分，远远没有达到华尔街对其每股盈利 1 美分的普遍预期。这将触发黑石集团被迫对其旗下公司计提减值准备的事实，尽管有理由认为这些公司很可能在随后的季度中重拾盈利。黑石集团的股价下跌了超过 3%。

此时，施瓦茨曼的评论使股价止跌回升。在股市收盘之际，股价扭转了亏损局面，涨幅超过 3%。按照施瓦茨曼的说法，尽管经济陷入颓势，黑石集团的房地产业务部门却迎来了有史以来最好的时期，黑石集团在本季度为其每一笔业务注入了大量资金。当日，"史蒂夫效应"产生了 6% 的效益。

■ ■ ■

私募股权投资正面临着行业内最重要和最紧迫的问题。普遍的观点是，有一部分私募股权基金因为杠杆收购而声名远扬——黑石集团、KKR、凯雷集团、贝恩资本、阿波罗以及 TPG 是最常被提及的几个名字——这些投资机构应该与单一的私募股权基金完全区别看待，因为二者有着本质的区别。虽然大型私募股权基金很不喜欢投资者把它们说成正在减少私募股权业务、扩大非并购业务；但是它们拓展另类资产类别的意图是无可否认的。黑石集团自上市以来管理的资产规模增长超过了一倍，达到了 1 900 亿美元。其中大多数来自膨胀的信贷基金和对冲基金，只有少数新基金投资在私募股权和房地产方向。凯雷集团和黑石集团专门设立了资产管理部门（Assets Under Management，简称 AUM）。2011 年，凯雷集团买了母基金 AlpInvest 的大部分股权，使得旗下管理的总资产规模达到了 1 590 亿美元，仅次于黑石集团。这也使得这两家公司在资产总规模方面将其他竞争对手远远甩在身后，排名第三的 KKR 管理着约 620 亿美元的资产。这也使得黑石集团和凯雷集团之间的竞争更加激烈，这在讨论中经常出现。凯雷集团的一位高管告诉我，双方的关系等同于杜克大学校队和北卡罗莱纳大学校队或者橄榄球纽约洋基队（Yankee）和波士顿红袜队（Red Sox）之间的伟大较量。

在凯雷集团上市后，谁将最终赢得股东的青睐变得容易判断。最近双方在管理资产规模方面所做出的一系列努力包括了在私募股权以外的多元化业务增长，施瓦茨曼还特意提出了成为现代金融服务巨头的伟大远景。这些举措在很大程度上会影响股票价格，而它们也将更多地依赖社会公众股东来决定企业价值。投资者们无法对附带收益进行合理估值，尽管在理论上，这是公众股东利润的主要来源。母基金的管理费用则更容易预测，因此也吸引了更多的公众投资者。

公众投资者变得越来越重要，他们的支持是大型私募股权基金进化成新一代资本巨鳄的必要条件。目前的私募股权基金仍然主要依赖有限合伙人，养老保险基金和捐赠基金是私募股权业的基石。最终，即使创始人开始考虑退休生活，他们还是在路上奔跑，巩固现有的合作关系，并不断寻求新的合作伙伴。这就是私募股权业务的核心，在几十年前发起的时候就是如此。

施瓦茨曼就是活生生的例证。他很少出现在总部的办公室，但是他从来不会拒人于千里之外。在主观上他亦不想这样。在最近的一次访谈中，我在情人节当天来到他的办公室，这天也是他的生日。我坐在临近他办公室的一间小屋子里。不久，从巴黎传来高清影像，施瓦茨曼出现在屏幕上。

他正在系列旅途当中，目的地包括中东、欧洲和亚洲等地，终点站是回到美国参加 CEO 联合商务理事会。前一天，他在伦敦出席会议，以确保欧洲的员工能够与美国和其他地区的员工保持行动一致。这是属于活动家施瓦茨曼的荣耀和逍遥，在合纵连横的多地巡讲中，他始终通过网络与他人保持联系。在接下来的两个小时里，我们总共有好几次长达 20 分钟的沟通，施瓦茨曼利用中间的休息时光与其他人进行电话会议。虽然他大多时候回避用电子邮件交流，但他喜欢使用电话，只要电话声一响，他从来不会抗拒。

施瓦茨曼充满激情地介绍，他正在努力使自己变得不重要。"即使我死了，也不会发生任何改变，"他说道，"我无关紧要。我已经完成了该做的事情。"

但在仅仅几分钟后，他就开始自相矛盾了。他兴奋地描述着前日在伦敦举行的会议详情，他向 183 名员工（他知道确切的人数）进行演讲，其中大部分是两年内加入的。"我走上台前，然后说道：'这是我们信仰并奉行的。我不在乎你们曾经听说了什么。眼下才是康庄大道。'这才是当务之急，就好像汽车隔一段时间就需要保养一下。"

拥有几十个家喻户晓的企业，这究竟意味着什么呢？他回想了一下告诉我，这从根本上改变了黑石集团内部成员如何思考手头的工作，甚至包括他自己。他说："当你拥有了世界上最大的连锁酒店时，一切都发生了改变。"

施瓦茨曼可能正在抓紧培养接班人，但这个过程是漫长并且不平静的，跟大部分竞争对手所面对的情况类似。他已经将公司牢牢地掌控于手中，由他带领着黑石集团前进。这意味着时时刻刻为最大的客户着想、保持竞争领先优势以及把大部分时间花在公园大道以外。几十亿的资金不会自动自发地募集完成。

施瓦茨曼总是全神贯注，对消逝的时间浑然不觉。当他完成一项任务后，就会立刻全身心地转向下一个目标，毫无留恋。这一天结束的时候，他终于意识到妻子还在等着为他庆祝生日。晚饭过后，在返回纽约的路上还有好多个电话等着他，总部的同事在一天的末了还有很多工作需要向他汇报。当这一切终于完结，亚洲的清晨又被唤醒。他很快站起身来，留下的只有一张空凳子。

离开黑石集团办公室后，我来到了公园大道。凯雷集团的大卫·鲁宾斯坦可能在不远处向未来的股票持有者介绍即将上市的凯雷集团以及未来的增长计划。KKR 的克拉维斯则刚刚结束了中东和亚洲之旅，正在预备向股东们介绍凯普斯通的咨询业务以及对啤酒制造商东方啤酒和胶囊制造商 Capsugel 的并购计划。TPG 的库尔特正在修改曾于斯科茨代尔（Scottsdale）发表的演讲，为了配合在柏林召开的私募股权业年度投资会议有关工会的话题。

他们都瞄准公司或行业的目标，在各自的道路上奔波劳碌，而顾不上看一眼别人的战略。新的一年，投资者在业绩上的更大压力，自己定下的宏伟目标，越来越庞大的组织结构，叠加在一起，实在是重担累累。为了继续扩张的资本帝国，他们要不停地募集资金，不停地购买企业，永不止息。

后记

近一年前，我和妻子带儿子参观乐高乐园后的第二天，全家在百老汇大街上闲逛。我们把整个下午的时间花在美国自然历史博物馆，参观恐龙化石和太阳系模型。然后我们去吃晚饭，我指给他们看对我而言有特别意义的地方——他们的叔叔启程去法学院的地方；我最喜欢的汉堡外卖店；纽约大苹果马戏团每年表演的地方。还有，百老汇西62街往北，有一个通往林肯中心的大卫·鲁宾斯坦中庭的入口。看到我朝那里指，我妻子只是摇了摇头。

在采访和写作这本书之后，对于我周围的人来说，我比以前更让人生厌了，这恐怕是因为我不断地发现私募股权基金无处不在的身影。我思考黑石集团和贝恩资本是否的确使得天气频道改善了其iPad应用程序。我也不确定这些私募股权巨头是否在超级碗（Super Bowl）比赛期间在视频网站Hulu上播出了Will Arnett的广告。我还差点儿听了一个朋友的建议，就是花一周或者一个月的时间只用私募股权基金投资的公司生产的商品。感谢我的家庭，我还是没这么干。

作为一名记者，我总是被教导去挖掘惊人之事。私募股权行业触及的范围之广确实让我大吃一惊——即便这已是本书的主题而且也是我多年报道的对象。之后我开始意识到，即便私募股权基金尚未接触的那些公司，在某一天也可能被其收入囊中，或者那些公司里的某个分析员正用黑石集团或KKR设计的某个Excel表格进行分析。即便是繁华尽褪的后杠杆收购时代，似乎也没有什么地方是这些巨头们浅尝辄止或不曾涉足的。

同时，基金创始人留给公司的传统及遗产也让我倍感惊讶——也许只是我大惊小怪。毕竟，六七十岁的老头子喜欢思忖他们有什么成就、有哪些影响，尤其是他们的大名象征性地刻于大门上时。他们赚得了或许连自己也未曾料到的巨额财富。终于到了英雄迟暮的年岁，是时候想想可以为后世留下些什么了。

百老汇大街那栋刻着"鲁宾斯坦"字样的建筑使我想起纽约公立图书馆主馆——当地象征着私募股权基金显赫地位的史蒂夫·施瓦茨曼大楼。我曾在写作中频繁提及该地，它位于曼哈顿中心区与布莱恩特公园（Bryant Park）相邻的地方，其美丽的图标状设计外型精彩绝伦。在这里，纽约市民可以在冬天滑冰，或者在夏天一边野餐一边看露天电影。

一日下午，我正艰难地思考着本书的主题，不知不觉间随着前面的游人蹚上施瓦茨曼大楼的台阶，他们中间有人穿着 Wolfskin 品牌的夹克。哦，该品牌由黑石集团所拥有。我使劲抑制住想上前告诉那位陌生游人这事的冲动，四处张望想找个能给我的笔记本电脑充电的插座。我平常工作的那个主阅览室这会儿变得不可思议地安静，只有拖拽椅子与地面碰撞的声音以及手机的振动声才偶尔打破这片宁静。我在那里度过了几个小时，书写关于施瓦茨曼和其竞争者之间的事情。

为了避免大家忘记这栋大楼的捐赠者，施瓦茨曼的名字遍布整栋大楼——在指示牌上可见，在大转门外的地面上也铭刻着。在前厅，还有诸如投资家阿斯特（Astor）这样的名人的雕塑。这些私募股权巨头们真的很厉害。

既然有巨额钱财和各色人等参与其中，问题交织在一起，答案一点儿也不简单。我不可能无条件地为私募股权行业背书，同样我也不能全盘否定地谴责它。一位私募股权业内部人士在我写作本书时透露，私募股权无所谓好坏，它就是一个行当罢了。

对于任何一位拥有如此巨额财富并且对千百万人有重要影响的人来讲，他肩上的担子都不轻松，不能仅仅用他为客户或者自己赚了多少钱这个标准来评价他。我们甚至也不能用他创造或消灭过多少个就业机会来衡量他。

机构投资者将巨额钱财交予私募股权基金打理，同时也把属于他们的重负转嫁了出去。即便他们如饥似渴地期盼着这些巨鳄们先前承诺的高额回报，这些大机构投资者们——尤其是公共养老基金——依然对私募基金经理如何赚取收益产生了重要影响。最优秀的基金经理必须用资产负债表上的数字来证明，他们有能力使其投资的企业基业长青。

这就是私募股权基金给我们每个人带来的终极影响。虽然我的孩子们并不会特别在意谁是大卫·鲁宾斯坦，但假以时日，他们总会喜欢上林肯中心的古典或者惊讶于"大宪章"的精彩。没准儿他们会在施瓦茨曼大楼内上自习或者在大都会博物馆的一角欣赏亨利·克拉维斯的艺术作品。或许有一天，他们还需要依靠KKR、凯雷集团以及黑石集团的投资回报来生活。同时，我的儿子们已经准备好提出要在唐恩都乐餐厅里买点儿什么来喝。

哪个部门在杠杆收购后会面临最大规模的破坏？这方面的研

究特别有趣，也有助于为私募股权基金在世界范围内赢得更好的声誉。私有化交易涉及在纽交所或类似股票交易所上公开交易的公司，这些历史上最大规模的交易包括了从凯撒酒店到希尔顿再到雷诺兹。对比同类上市公司，这些企业由于私有化而造成了近 10%的职位损失。这些公司也经历了研究者所称的职位创造期，包括设立新办公室、工厂或分支机构等。作者总结说："上市公司私有化进程的透明度逐渐升高，将有助于我们进一步了解私募股权与企业裁员之间的关系。"

致谢

最开始写这本书，可一直追溯到 2007 年 2 月，准确地说是土拨鼠日（Groundhog Day），那时彭博新闻社的编辑交给我一项在纽约的新任务。不过，中间几经辗转。在这漫长的五年，我见证了杠杆收购热潮的巅峰和最大的崩盘。我很庆幸有这个难得的机会来著书记述这段往事。

若没有 John Wiley & Sons 出版社的 Evan Burton 的洞察力，此书的写作本是天方夜谭，他在我心中播下了写这本书的念头并且帮我构思。Emilie Herman 使我在整个写作和编纂过程中都心无旁骛，Donna Martone 负责了整个出版过程。

主编 Matt Winkler 开始，许许多多的人都向彭博新闻社提供了支持和建议。对于彭博社总裁和 CEO Dan Doctoroff 的鼓励，我深表感谢。Reto Gregori 与 Dan Hertzberg, Rob Urban, Otis Bilodeau, Katherine Snyder, Cesca Antonelli, Karen Toulon, Jennifer Sondag, Tom Contiliano 以及 Marybeth Sandell 一道，在最开始时就给予这本书坚定的支持。Josh Tyrangiel, Bryant Urstadt 和 Cynthia Hoffman 帮助完成了 2011 年《彭博商业周刊》关于 TPG 的文章，这也是本书叙事梗概的基础。

Norm Pearlstine, Ben Cheever, Wendy Naugle 和 Gwyneth Ketterer 在整个写作过程中提供了宝贵的意见，使得最后的版本更

加精彩。

美国投资团队的纽约分公司有个非官方名称——"海湾"，那里人才济济。我特别感谢 Katherine Burton, Saijel Kishan 以及 Christian Baumgaertel。我们的总编 Larry Edelman，从我开始涉猎私募基金这个话题的第一天起就让我专心写作。自写作这本书的念头确定后，Cristina Alesci 就一直是一位卓越的合作者。Devin Banerjee 和 Sabrina Willmer 挺身而出填补了我的职位空缺，使得我能够一直投入在这本书的写作上。

从如今和过去的许多其他同事身上，我学习到了记者应有的特质和坚毅的品行，这其中包括 Deirdre Bolton, Jeff McCracken, Mary Jane Credeur, Laura Marcinek, Allison Bennett, Jim Aley, Laura Chapman, Ian King, Beth Jinks, Sharon Lynch, Bob Ivry, Lisa Kassenaar, Robin Wood, David Scheer, Serena Saitto, Zach Mider, Adam Levy, Liz Hester, Jane Seagrave, Jonathan Keehner, Dick Keil, Nora Zimmett, Emma Moody 和 Anne-Sylvaine Chassany。

本书所涉及的许多公司都为我提供了极大的采访便利，并且有许多人士接到我不计其数的电话、Email 和面谈，他们是：Kristi Huller, Peter Rose, Christine Anderson, Chris Ullman, Randy Whitestone, Adam Levine, Tom Franco, Brian Marchiony, Jennifer Zuccarelli, Mary Winn Gordon, Owen Blicksilver, Alex Stanton, Duncan King, Melissa Daly, Ellen Gonda, Suzanne Fleming, 和 Brooke Gordon。另外，Marshall Mays, Kathy Daw, Lindsey Poff, 和 Aaron Nagler 耐心地帮助我整理确认了书中许多事件的时间点和地点。

在这里，我谨向在睡谷中学每周聚会的慢跑俱乐部表示感谢，尤其是 Beth Loffredo，他和我一同跑了数百英里，陪伴我抗击神经官能症。在我去西部出差时，Kendra 和 Billy Robins 给了我热情的招待。许多人士和机构在无意中也帮了大忙。奥西宁公立图书馆和纽约公立图书馆提供给我风景如画的写作室，Drive-by Truckers 和 R.E.M.提供给我每日写作的录音带。

我来自一个土生土长的南方家庭，家庭对我的支持从未间断。我的父母，Dennis 和 Debby Kelly，培养了我对商业的好奇心和对创造力的鉴赏能力，为我之后成为一名财经记者打下基础。不管在这个世界的什么地方，我的兄弟 Wynne 和 Sam 都是我的诤友与楷模。Alice 和 Jack Kane 有个特异功能：总是在我开口之前就晓得我对他们的需要。

我的儿子们 Owen、William 和 Henry 是我最得意的杰作，也是我幽默感和洞察力的源泉。我把最深的感谢留给我的妻子 Jennifer。她的爱、耐心和聪明才智笔难尽述。

关于作者

　　贾森·凯利是彭博新闻社在纽约的撰稿人，专攻全球私募基金行业。在彭博社工作的 10 年时间里，他关注科技行业，还撰写了"卡特里娜飓风"（Katrina）、"阿富汗战争"等专题的财经文章。对于彭博电视台和《彭博商业周刊》来说，他都是一位高产作家。在加入彭博社前，他曾担任过得克萨斯州东南部地区科技和金融行业的杂志 *Digitalsouth* 的主编。贾森的新闻职业生涯始于《亚特兰大宪法报》和《亚特兰大商业纪事报》。他在乔治城大学获得了学士学位。目前，贾森与妻子珍妮弗居于纽约睡谷，育有三子。

注释

引言

【1】Paul Hodkinson, "Logjam Gives Buyout Firms $1.2 Trillion Hangover," *Financial News*, March 19, 2012. http://media. efinancia- lnews.com/story/2012-03-19/logjam-gives-buyout-firms-hangover

【2】Katie Gilbert, "New Green Portfolio Program Could Change Private Equity," *Institutional Investor*, September 6, 2011. www. instit-utionalinvestor.com/Article/2895315/New-Green-Portfolio- Program-Could-Change-Private-Equity.html

第一章　募资之道

【1】Jason Kelly, "Private Equity Finds the Easy Money Gone," *Bloomberg Businessweek*, August 26, 2010.

【2】Hui-yong Yu, "Oregon Pledges $525 Million to KKR's New Buyout Fund," Bloomberg News, January 26, 2011.

【3】Jason Kelly and Jonathan Keehner, "BCE Lenders May Sidestep C$10 Billion in Losses," Bloomberg News, December 8, 2008.

【4】Jason Kelly, "Ontario Teachers' Gives Blackstone, KKR a Run for Their Money," *Bloomberg Businessweek*, March 1, 2010.

【5】Michael Marois, "California Prison Physician Ranks Atop State Payroll Figures," Bloomberg News, July 6, 2011.

【6】Robert Novy-Marx and Joshua Rauh, "The Crisis in Local Government Pensions in the United States," Northwestern University's Kellogg School of Business, 2011, Forthcoming in *Growing Old*: *Paying for Retirement and Institutional Money Management after the Financial Crisis*, Robert Litan and Richard Herring, eds., Brookings Institution, Washington, DC.

【7】"Private Equity Principles 1.0," Institutional Limited Partners Association website. http://ilpa.org/principles-version-1-0/

【8】"Private Equity Principles 2.0," Institutional Limited Partners Association website. http://ilpa.org/principles-version-2-0/

【9】Jonathan Keehner and Jason Kelly, "The People vs. Private Equity," *Bloomberg Businessweek*, November 28, 2011.

【10】Beth Jinks and Jason Kelly, "New York Pension's Schloss Raising Allocation to Private Equity," Bloomberg News, September 28,2011.

【11】Devin Banerjee and Sabrina Willmer, "Blackstone's Biggest Investment Shows Clients' Clout," Bloomberg News, December 9, 2011.

【12】Dalton Conley, "Seeking SWF," *Democracy*, Issue 12, Spring 2009. www.democracyjournal.org/12/6674.php?page=all

第二章 满城尽带黄金甲

【1】Notes 1.Georr Colvin,"Carlyle Chief: Opportunity Is Everywhere,"*Fortune*, April 5, 2010. http://money.cnn.com/2010/03/31/news/companies/carlyle_group_rubenstein.fortune/index.htm

【2】James Glassman, "Big Deals," *Washingtonian*, June 2006.

【3】Ibid.

【4】Henry Sender, "From a Carlyle Founder, a Warning Shot," *Wall Street Journal*, Deal Journal, March 1, 2007. http://blogs.wsj. com/ deals/2007/03/01/from-a-carlyle-founder-a-warning-shot/

【5】Glassman, "Big Deals."

【6】Dan Primack, "Could Carlyle Reunite with the bin Ladens?" Fortune.com, May 2, 2011. http://finance.fortune.cnn.com/2011/05/ 02/how-long-until-carlyle-reunites-with-the-bin-ladens/

【7】Jason Kelly and Katherine Burton, "Carlyle to Shutter Blue Wave Hedge Fund After Losses," Bloomberg News, July 31, 2008.

【8】Jef Feeley and Miles Weiss, "Carlyle Group Sued by Fund Liquidator Over Losses," Bloomberg News, July 7, 2010

【9】Edward Evans, "Carlyle Capital Nears Collapse as Rescue Talks Fail," Bloomberg News, March 13, 2008.

第三章 债务世界

【1】Miles Weiss, "Black's Apollo Strengthens Former Drexel Links with Push into Brokerage," Bloomberg News, April 12, 2011.

【2】 William D.Cohan, "Private Equity's Public Subsidy Is a Tragedy," Bloomberg View, January 22, 2012.

【3】 Cristina Alesci and Laura Marcinek, "Morgan Stanley Targets Mid-Market Private Equity to Boost Fees," Bloomberg News, March 18, 2011.

【4】 Peter Lattman and Jeffrey McCracken, "Equity Firms Cheer Return of 'Staple'; Critics Don't" *Wall Street Journal*, March 5, 2010.

【5】 Jason Kelly and Ian King, "Freescale Weighs IPO to Ease Chipmaker's $7.9 Billion in Debt," Bloomberg News, August 26, 2010.

【6】 Heino Meerkatt and Heinrich Liechtenstein, "Get Ready for the Private Equity Shakeout," The Boston Consulting Group and IESE Business School, Dec.2008.www.iese.edu/en/files/PrivateEquity-White- Paper.pdf

【7】 Steven N. Kaplan and Per Stromberg, "Leveraged Buyouts and Private Equity," *Journal of Economic Perspectives* 22, no.4 (Season2008). http://faculty. chicagobooth.edu/steven.kaplan/research/ ksjep. pdf

【8】 PitchBook Annual Private Equity Breakdown 2012. www. pitchbook.com/ component/option,com_performs/Itemid,179/formid,70/showthank,1/uid,g2fXicZXff YPSGNFaWcV

第四章　"你上次购买马桶座圈是什么时候？"

【1】 Debbie Howell, "Dollar General's Cal Turner Sr. Dead at 85," DSN *Retailing Today*, December 11, 2000.

【2】 Steve Matthews and Rachel Katz, "Dollar General to Pay $10 Million to Settle SEC Probe," Bloomberg News, March 15, 2004.

【3】 Simon Clark and Randy Whitestone, "KKR Seeks Repeat of Past Supermarket Profits with Safeway Bid," Bloomberg News, January 19, 2003.

【4】 Dollar General Proxy Statement filed with the U. S. Securi- ties and Exchange Commission, filed May 21, 2007. http://sec.gov/ Arc- hives/edgar/data/ 29534/000104746907004478/a2178068zdefm14a. htm

【5】 Dakin Campbell and Andrew Frye, "Buffett Says Buyout Funds 'Don't Love the Business,'" Bloomberg News, November 12, 2010.

【6】 Whitney Kisling and Joshua Fineman, "Ackman Buys Family Dollar Stake, Says It's an LBO Candidate," Bloombery News,May 25,2011.

第五章　现代艺术

【1】Bryan Burrough and John Helyar, *Barbarians at the Gate: The Fall of RJR Nabisco* (New York: Harper Perennial, 1990), 133.

【2】Jason Kelly and Oliver Staley, "Kravis Pledges $100 Million for Columbia Business School Campus," Bloomberg News,October 5,2010.

【3】www.redf.org

【4】Oregon Public Employees Retirement Fund Alternative Equ- ity Portfolio. www.ost.state.or.us/FactsAndFigures/PERS/ AlternativeEquity/FOIA%20Q3%202011.pdf

【5】Henny Sender, "KKR's Two Rising Stars Depart to Launch Fund," *Wall Street Journal*, September 14, 2005. http:// webreprints. djreprints.com/15525401780-06.pdf

【6】Mary Childs and Julie Johnsson, "KKR's TXU Buyout Faces 91% Default Odds in Shale Boom: Corporate Finance," Bloomberg News, January 19, 2012.

【7】Devin Banerjee, "KKR Hires RPM's Farley, Rockecharlie to Grow Oil and Gas Investments," Bloomberg News, November 1,2001.

第六章　套上你的皮靴

【1】JeffFeeley, "J. Crew/s $16 Million Settlement over Buyout Approved," Bloomberg News, December 14, 2011.

【2】Anne-Sylvaine Chassany, "Private Equity Has $937 Billion in 'Dry Powder,'Preqin Reports," Bloomberg News, October 17, 2011.

【3】www.equityhealthcare.com/what_we_do/portfolio_companies. html

第七章　离经叛道

【1】Devin Banerjee and Cristina Alesci, "Rubenstein Says Carlyle IPO Benefit Is Freeing Up Money to Give to Charity," Bloomberg News, February 1, 2012.

【2】Jason Kelly and Will McSheehy, "TPG Sees Itself on 'Tail End' of Buyout IPO Parade," Bloomberg News, December 11, 2007.

【3】Jason Kelly, "Bonderman Says TPG Isn't Planning to Go Public Like Rivals," Bloomberg News, February 1, 2012.

【4】Adam Bryant, "Deal Maker Takes Aim at Skies," *New York Times*, November11, 1992. www.nytimes.com/1992/11/11/business/deal-maker-takes-aim-at-skies.

html? pagewanted=all&src=pm

第八章　对比悬殊

【1】www.pegcc.org/education/pe-by-the-numbers/

【2】Jason Kelly and Laura Keeley, "Private Equity Seeks to Avoid Scrutiny as Washington Sets Rules," Bloomberg News, July 27, 2011.

【3】"Private Equity Compensation Report Reveals More Good News." Private EquityCompensation.com press release. Distributed via PR Newswire, December 19, 2011.

【4】Steven J. Davis et al., *Private Equity and Employment*, U.S. Census Bureau Center for Economic Studies, Paper No. CES- WP-08-07R, October 1, 2011.

【5】Ibid.

【6】Maeve Reston, "Gingrich, Romney Exchange Blows," *Los Angeles Times*, December 12, 2011.

【7】Devin Dwyer, "Axelrod Jabs Gingrich: Higher a Monkey Climbs... More You Can See His Butt," Abcnews.com, December 13, 2011.http://abcnews.go.com/blogs/politics/2011/12/axelrod-jabs-gingrich-higher-a-monkey-climbs-more-you-can-see-his-butt/

【8】Matthew Mosk and Brian Ross, "Fired Factory Worker Calls Mitt Romney a Job Killer," Abcnews.com, December 28, 2011. http:// abcnews.go.com/Blotter/romney-critic-resurfaces/story?id=15244767

【9】Peter Lattman, "Bain Defends Itself Amid Attacks on Romney," Nytimes.con,March 13,2012.http://dealbook.nytimes.com/ 2012/03/13/bain_defends_itself_amid_attacks_on_romney/?scp=5&sq=bain%20capital&st=cse

【10】National Venture Capital Association website.http://nvca. org/index.php?option=com_content&view=article&id=119&Itemid=621

【11】Blackstone conference call, July 21,2011.

【12】Transcript, "Can America Get Its Entrepreneurial Groove Back?" Brookings Institution, November 15, 2011.www.brookings. edu/~/media/Files/events/2011/1115_private_capital/20111115_private_capital_panel2.pdf

【13】James P. Hoffa,"Wrecking Healthy Companies and Killing Good Jobs Are Lousy Reasons to Get a Tax.Break," *Huffington Post*, April 16, 2010.www. huffingtonpost.com/james-p-hoffa/wrecking-heal- thy-companie_b_540371.html

【14】Service Employees International Union, "Beyond the Buyouts." April 2007.http://gobnf.org/i/wog/behindthebuyouts.pdf

【15】Service Employees International Union, "Who Owns Times Square?" Distributed by PR Newswire, July 18, 2007. www. prnewswire.com/news-releases/ who-owns-times-square-52748002.html

【16】SEIU Local 722, "A Stubborn Union Storms the Gates at Carlyle Group," February 18, 2008. www.seiu722.org/PressReleases/ AStubbornUnion.html

【17】Michael J.De la Merced, "Protesting a Private Equity Firm (With Piles of Money)," *New York Times Dealbook*. October 10, 2007. http://dealbook.nytimes.com/ 2007/10/10/protesting-private-equity-with-piles-of-money/

【18】Andrew Ross Sorkin, "Is Private Equity Cheating?" Columbia- Business-School website, February18, 2008. www4.gsb. columbia. edu/publicoffering/ post/131034/Is+Private+Equity+Cheating%3F

【19】Michelle Hillman, "Blackstone Group, Boston Janitors Reach Deal," *Boston Business Journal*, August 15, 2007. www. bizjournals.com/boston/ stories/2007/08/13/daily27.html

【20】Judy Woodruff, "Stern Says Obama Ultimately May Ease Tax Rule," Bloomberg Television, June 23, 2011. www.bloomberg. com/news/2011-06-23/ stern-says-obama-ultimately-may-ease-tax-rule- transcript-.html

【21】"Union Members Summary,"Bureau of Labor Statistics, January 27, 2012. www.bls.gov/news.release/union2.nr0.htm

【22】KKR Green Portfolio. http://green.kkr.com

第九章　急流勇退

【1】Kevin Roose,"Decking the Halls, Carlyle Style,"*New York Times Dealbook*, December 15, 2011. http://dealbook.nytimes.com/2011/12/15/decking-the-halls-carlyle-style/

【2】"Private Equity Principles, Version 2.0," January 2011. http://ilpa.org/ index.php?file=/wp-content/uploads/2011/01/ILPA-Private-Equity-Principles-version-2.pdf&ref=http://ilpa.org/principles-version-2-0/&t=1333650254

【3】"Transaction and Monitoring Fees: On the Rebound?" Dechert LLP and Preqin, November 2011. www.preqin.com/ docs/reports/ Dechert_Preqin_Transaction_and_Monitoring_Fees.pdf

【4】Ken Hackel, "How Dividends Can Destroy Value," Forbes. com, December

13, 2010. www.forbes.com/sites/kenhackel/2010/12/ 13/ how-dividends-can-destroy-value/3/

【5】Michael Barbaro, "After a Romney Deal, Profits and Then Layoffs," *New York Times*, November 12, 2011. www.nytimes.com/ 2011/11/13/us/politics/after-mitt-romney-deal-company-showed-profits-and-then-layoffs.html?_r=1&scp=1&sq=Dade%20Romney&st=cse

【6】Andrew Ross Sorkin, "Romney's Run Puts a Spotlight on Private Equity," *New York Times*, December 12, 2011. http:// dealbook.nytimes.com/2011/12/12/romneys-run-puts-spotlight-on-past- job-and-peers/

【7】Dan Primack, "A Romney Talking Point That Should Stick," Fortune.com, December 13, 2011. http://finance.fortune.cnn.com/ 2011/12/13/a-romney-talking-point-that-should-stick/

【8】Anne-Sylvaine Chassany, "LBO Firms Leave Backers in Lurch in Secondary Buyouts," Bloomberg News, October 5, 2010.

【9】Ibid.

【10】Jason Kelly and Jonathan Keehner, "Pension Plans' Private- Equity Cash Depleted as Profits Shrink," Bloomberg News, August 20, 2009.

【11】Devin Banerjee, "Carlyle Said to Return Record $15 Billion Ahead of Going Public," Bloomberg News, December 27, 2011.

【12】Jason Kelly and Jonathan Keehner, "Pension Plans' Private- Equity Cash Depleted as Profits Shrink."

【13】Oliver Gottshalg, "Why More Than 25% of Funds Claim Top Quartile Performance," Buyout Research Program Research Brief, February 2, 2009.

【14】Robert S.Harris, Tim Jenkinson, and Steven N. Kaplan, "Private Equity Performance: What Do We Know?" (February 10, 2012).Fama-Miller Working Paper; Chicago Booth Research Paper No.11-44; Darden Business School Working Paper No.1932316. Available at SSRN: http://ssrn.com/abstract=1932316 or http://dx.doi.org/ 10.2139/ssrn.1932316

【15】"AIM Program Performance Overview," CalPERS website. www.calpers.ca.gov/index.jsp?bc=/investments/assets/equities/aim/private-equity-review/overview.xml

【16】"Oregon Public Employees Retirement Fund Alternative Equity Portfolio." www.ost.state.or.us/FactsAndFigures/PERS/ Altern- ativeEquity/FOIA%20Q3% 202011.pdf

【17】Private Equity Growth Capital Council website.www.pegcc. org/education/pe-by-the-numbers/

【18】"Private Equity Glossary." Website of the Center for Private Equity and Entrepreneurship, Tuck School of Business at Dartmouth. http://mba.tuck.dartmouth. edu/pecenter/resources/glossary.html

第十章　纳税光荣

【1】Andrew Ross Sorkin, "A Professor's Word on the Buyout Battle," *New York Times Dealbook*, October 3, 2007.

【2】Lisa Lerer, "Professor's Proposal Angers Wall Street," *Politico*, October 30, 2007. www.politico.com/news/stories/1007/ 6594.html

【3】Victor Fleischer, "Two and Twenty: Taxing Partnership Profits in Private Equity Funds," *New YorkUniversity Law Review*, 2008；University of Colorado Law Legal Studies Research Paper No.06-27；UCLASchool of Law, Law-Econ Research Paper No.06-11.Available at SSRN: http://ssrn.com/abstract=892440

【4】Cristina Alesci and Jason Kelly, "Romney Reports Income from Funds at Goldman Sachs, Golden Gate." Bloomberg News, January 25, 2012.

【5】Howard Mustoe, "Don't Criticize Romney's Taxes, Carlyle Group's Rubenstein Says," Bloomberg News, January 25, 2012.

【6】Michael Marois and Cristina Alesci, "CalPERS's Dear Calls Private Equity Tax Break 'Indefensible,'" Bloomberg News, February 14, 2012.

第十一章　国王史蒂夫

【1】David Carey and John Morris, *King of Capital* (New York: Crown Business, 2012).

【2】Alex Pareene, "Billionaire Private Equity Mogul Will Get America Back to Work by Complaining about Government Spending," *Salon*, September 12, 2011. www.salon.com/2011/09/12/schwarzman_ dimwit/

【3】Matt Taibbi, "A Christmas Message from America's Rich," Rollingstone. com,December 22, 2011.www.rollingstone.com/politics/ blogs/ taibblog/a-christmas-message-from-americas-rich-20111222

【4】Jonathan Alter, "A' Fat Cat' Strikes Back," Newsweek, August 5, 2010. www.thedailybeast.com/newsweek/2010/08/15/schwarzman-it-s-a-war-between-obama-wall-st.html

【5】James B.Stewart, "The Birthday Party," *New Yorker*, February 11, 2008

【6】 Steve Schwarzman, "An Olive Branch to Obama: I Will Share the Pain," Financial Times, September 11, 2011. www.ft.com/ cms/s/ 0/d5a798f8-db10-11e0-bbf4-00144feabdc0.html#axzz1rAzfYUue

【7】 James B.Stewart, "The Birthday Party."

【8】 Peter Lattman, "Birthdays Are Still Big in Buyout Land," *New York Times Dealbook*. August 18, 2011. http://dealbook. nytimes.com/2011/08/18/birthdays-are-still-big-in-buyout-land/

【9】 Craig Karmin, "Blackstone Raises $100 Billion," *Wall Street Journal*, February 24,2012. http://online.wsj.com/article/SB1000142- 4052970203960804577-243352810410114.html

【10】 Kambiz Foroohar and Bhaktavatsalam, "BlackRock Is Go-To Firm to Divine Wall Street Assets," Bloomberg News, May 8, 2009.

第十二章　似是而非

【1】 Michael De la Merced and Peter Lattman, "Warburg Stays in the Fray, but off the Public Market," *New York Times Dealbook*, August 17, 2011. http://dealbook.nytimes.com/2011/08/17/warburg- stays-in- fray-but-off-public-market/?partner=Bloomberg

【2】 Nelson D.Schwartz, "Wall Street's Man of the Moment," *Fortune*, March 3, 2007. http://money.cnn.com/magazines/fortune/ fortune_archive/2007/03/05/8401261/

北京金多多教育咨询有限公司

北京金多多教育咨询有限公司（www.jinduoduo.net）是国内首家以金融精英职业技能提升为目标的培训机构。自 2010 年成立以来，先后开设了面向金融投资行业职业技能及投资专业人才系统培养的项目投资决策、上市公司估值建模、杠杆收购、并购估值、研报图表、PPT 金融行业应用等实务操作课程，为多家金融投资机构及企业集团提供内训及网络课程服务。目前金多多教育为国内授权注册估值分析师（CVA）认证培训机构。

优秀的人才，特别是投资并购人才，对企业发展起着至关重要的作用，不论是央企或大型机构动辄百亿元的并购，还是中小企业几千万的并购，任何一单出现失误，都会给企业带来无法弥补的损失。投资并购人才的培养不仅需要针对性的短训，更需要长期系统的学习和训练。金多多教育为企业并购估值人员提供最前沿的专业实务教材和长期系统的培训方案。

作为投资并购及估值专业培训机构，金多多教育也为众多的中小企业主及创业者提供估值建议及融资服务。在大并购时代，经历过艰苦创业的企业家，面对并购整合的浪潮，务必做好准备，在日常经营中按照价值最大化的模式来改善经营管理，为自己的企业出售或融资争取最大的价值！

联系方式：

电话：86 10 6848 2894 / 135 0101 9971（同微信）

邮件：info@jinduoduo.net

微信公众号（第一时间提供新出版图书信息）：

JINDUODUO.NET
金融教育 多多益善

序号	中文书名	英文书名	作者	定价	出版时间
1	如何吸引天使投资：投资人与创业者双向解密	Attracting Capital From Angels: How Their Money - and Their Experience - Can Help You Build a Successful Company	Brian E. Hill Dee Power	58.00	2013.6
2	并购之王：投行老狐狸深度披露企业并购内幕	Mergers & Acquisitions: An Insider's Guide to the Purchase and Sale of Middle Market Business Interests	Dennis J. Roberts	78.00	2014.5
3	投资银行：估值、杠杆收购、兼并与收购（原书第2版）	Investment Banking, Valuation, Leveraged Buyouts, and Mergers & Acquisitions(2nd Edition)	Joshua Rosenbaum Joshua Pearl	99.00	2014.10
4	投资银行练习手册	Investment Banking: Workbook	Joshua Rosenbaum Joshua Pearl	49.00	2014.10
5	投资银行精华讲义	Investment Banking: Focus Notes	Joshua Rosenbaum Joshua Pearl	49.00	2014.10
6	财务模型与估值：投行与私募股权实践指南	Financial Modeling and Valuation: A Practical Guide to Investment Banking and Private Equity	Paul Pignataro	68.00	2014.10
7	风险投资估值方法与案例	Venture Capital Valuation, + Website: Case Studies and Methodology	Lorenzo Carver	59.00	2015.1
8	亚洲财务黑洞	Asian Financial Statement Analysis: Detecting Financial Irregularities	Chinhwee Tan, Thomas R. Robinson	68.00	2015.4
9	大并购时代	Mergers and Acquisitions Strategy for Consolidations: Roll Up, Roll Out and Innovate for Superior Growth and Returns	Norman W. Hoffmann	69.00	2016.3
10	做空：最危险的交易	The Most Dangerous Trade	Richard Teitelbaum	59.00	2016.6
11	绿色国王	Le roi vert	Paul-Loup Sulitzer	49.90	2016.8
12	市场法估值	The Market Approach to Valuing Businesses	Shannon P. Pratt	79.00	2017.3
13	投行人生：摩根士丹利副主席的40年职业洞见	Unequaled：Tips for Building a Successful Career through Emotional Intelligence	James A. Runde	49.90	2017.5

序号	中文书名	英文书名	作者	定价	出版时间
14	公司估值（原书第2版）	The Financial Times Guide to Corporate Valuation (2nd Edition)	David Frykman, Jakob Tolleryd	49.00	2017.10
15	投资银行面试指南	The Technical Interview Guide to Investment Banking, +Website	Paul Pignataro	59.00	2017.11
16	并购、剥离与资产重组：投资银行和私募股权实践指南	Mergers, Acquisitions, Divestitures, and Other Restructurings	Paul Pignataro	69.00	2018.1
17	公司金融：金融工具、财务政策和估值方法的案例实践	Lessons in Corporate Finance: A Case Studies Approach to Financial Tools, Financial Policies, and Valuation	Paul Asquith, Lawrence A. Weiss	99.00	2018.1
18	财务模型：公司估值、兼并与收购、项目融资	Corporate and Project Finance Modeling: Theory and Practice	Edward Bodmer	109.00	2018.3
19	杠杆收购：投资银行和私募股权实践指南	Leveraged Buyouts, + Website: A Practical Guide to Investment Banking and Private Equity	Paul Pignataro	79.00	2018.4
20	证券分析师实践指南（经典版）	Best Practices for Equity Research Analysts: Essentials for Buy-Side and Sell-Side Analysts	James J. Valentine CFA	79.00	2018.6
21	私募帝国：全球PE巨头统治世界的真相（经典版）	The New Tycoons: Inside the Trillion Dollar Private Equity Industry that Owns Everything	Jason Kelly	69.90	2018.6
22	证券分析师进阶指南	Pitch the Perfect Investment: The Essential Guide to Winning on Wall Street	Paul D. Sonkin, Paul Johnson	139.00	2018.9
23	财务建模：设计、构建及应用的完整指南（原书第3版）	Building Financial Models	John S.Tjia	89.00	2020.1
24	7个财务模型：写给分析师、投资者和金融专业人士	7 Financial Models for Analysts, Investors and Finance Professionals	Paul Lower	69.00	2020.4
25	财务模型实践指南（原书第3版）	Using Excel for Business and Financial Modeling	Danielle Stein Fairhurst	99.00	2020.5